华东师范大学教材出版基金资助出版

U0639365

HISTORICAL LITERATURE

METHODOLOGY

APPLICATION

历史文献学方法运用训练

胡逢祥　　王传◎编著

TRAINING

华东师范大学出版社
·上海·

图书在版编目（CIP）数据

历史文献学方法运用训练/胡逢祥,王传编著.—
上海:华东师范大学出版社,2022
华东师范大学教材出版基金
ISBN 978 - 7 - 5760 - 3470 - 7

Ⅰ.①历… Ⅱ.①胡… ②王… Ⅲ.①史籍—文献学
—中国—高等学校—教材 Ⅳ.①G257.33

中国版本图书馆 CIP 数据核字（2022）第 226870 号

历史文献学方法运用训练

编　　著　胡逢祥　王　传
责任编辑　皮瑞光
特约审读　李　莎
责任校对　王丽平　时东明
装帧设计　俞　越

出版发行　华东师范大学出版社
社　　址　上海市中山北路 3663 号　邮编 200062
网　　址　www. ecnupress. com. cn
电　　话　021 - 60821666　行政传真 021 - 62572105
客服电话　021 - 62865537　门市（邮购）电话 021 - 62869887
地　　址　上海市中山北路 3663 号华东师范大学校内先锋路口
网　　店　http://hdsdcbs.tmall.com

印 刷 者　上海昌鑫龙印务有限公司
开　　本　787 毫米×1092 毫米　1/16
印　　张　10.75
字　　数　229 千字
版　　次　2023 年 3 月第 1 版
印　　次　2024 年 8 月第 3 次
书　　号　ISBN 978 - 7 - 5760 - 3470 - 7
定　　价　45.00 元

出 版 人　王　焰

目录

引言

　　人类社会在长期的发展过程中，留下了各种遗迹和记录。这些遗迹和记录，通常被称为史料，是后人了解和研究历史的主要依据。围绕着史料的采集和运用，历代史家积累了丰富的经验，并逐渐形成了有关史料学的一些专门学问。

　　按照现代史学的观念，所谓史料，至少包括三个大的方面，即实物史料、口传史料和文字史料。

　　实物史料指前人活动遗留的各种人文古迹、墓葬、遗物乃至人体遗存和语言风俗等。是一种看得见，但未形成文字的史料。也有兼实物和文字两种性质的史料，如有字的甲骨和有铭文的金石器皿等。

　　口传史料也称口述史料或口碑史料，如流传民间的各种包含了史迹的神话传说、民间故事、民歌和个人与集体的经历回忆等。不过这些口述史料一旦形诸文字，便会渐渐汇入文字史料，成为其中的一类。当然，其来源与史官记载或档案类文献有所不同。

　　文字史料即我们通常所说的"文献"，虽然与上两种史料比较起来，其出现要晚得多，但却是积累最快和数量最大的一种史料。其内容不但包括历代传世的典籍，也包括各种甲骨文字、金石铭刻及其他非书籍形式的散存文字材料，如档案、户籍、契约、日记、信札、票据、公文告示等。不过，档案以下的各类文献史料，在某种意义上说，也是文物，因而也兼具了实物史料的性质。就此而言，现在看到的文献，从其来源讲，有部分是和口述或实物史料相通的，其间的边界并非十分清晰。

　　对于历史研究来说，这三种史料都有其特殊的价值。无文字的实物史料更多地保持了某些历史事物的初始风貌，且实感性强，但所反映的历史往往只是某一片段或场景，缺乏整个过程的动态感；口传史料常包含着一些文献阙载的事实，不少还因出自民间，多能言官方文献不能言或不敢言之事，缺点是在流传过程中几经加工，易以讹传讹，虚实混杂；文献史料虽然也会有上述缺点，但总的来说，它可以比较完整和系统地反映某些历史事件的全过程，同时流传方便，易于获得，因而成为我们历史研究中运用最多和最为常见的史料。文献史料一旦成形后，会留给后人比较确定的时间信息，即使与后人增补的有所重叠，也可以利用其中留下的信息设法予以复原。特别是一些档案、票据、公文等，本身就是某种历史活动的直接遗存，在没有经过后人改动的情况下，史料价值就更高。

而历史文献学，便是人们在长期的历史研究实践中逐步形成的一门讨论文献（文字资料）搜集、整理、分析、研究和利用等专业知识技能的学问。翦伯赞说过："要使历史学走上科学的阶梯，必须使史料与方法合而为一。即用科学方法，进行史料之搜集、整理与批判；又用史料，进行对科学方法之衡量与考验。使方法体化于史料之内，史料融解于方法之中。"① 显然，要实现这样的治学目标，认真学习和正确掌握历史文献学的方法，是其中很切要的途径之一。

按照我国目前的学科体制，历史文献学是一级学科"中国史"下设的二级学科，其主旨是研讨如何接触和利用作为史料的古今文献的理论与方法。它与一级学科"中国语言文学"下设的二级学科"古典文献学"的工作对象略有差异。比较而言，首先，古典文献学的工作对象一般指先秦至清末的（亦有主张延至1919年者）各种典籍文献。② 而历史文献学的工作对象应是所有历史文献，即不仅涵盖了古代文献的内容，还应包括现当代的历史文献。虽然在处理历史文献的技能上，古代文献由于其语言及外在形式与现今存在一定差异，造成了阅读理解上的某些特殊性，整理和解读的技能也更复杂困难。而现当代则因其时间上距今不远，音容遗响犹在，整个社会留存的手稿（包括书信日记和未刊著述等）、档案，散落民间的账册、票据、谱牒、口述资料，以及现代报刊、外国人相关记载、图片、录音和电子文档等都远较古代为多，故无论在操作对象还是方法上，都会较古代文献更显多样化。其次，历史文献学并不仅仅以文献的搜集、整理考订、解读和编集为目标，还须结合历史研究的实际需要，对史料运用的一些基本原则和技巧展开说明。在此意义上，其所涉略的范围可能也会更广泛些。

历史文献学的方法，主要包括了文献的检索、搜寻、文字释读、校勘、标点、注释、辨伪、辑佚、田野采集（社会调查）、网络搜检，以及与此相关的书目或文献编集，乃至书籍提要撰写等。在实际工作中，还会涉及文字音韵学、训诂学、地理学和其他各种历史文化知识的运用。一般来说，从事这项工作的人，掌握的相关知识越是广博厚实，操作时就越是得心应手。

综上可见，作为史学研究的一门辅助学科，历史文献学的工作范围和知识涉略面都十分宽广。实际上，仅仅是作为历史文献学基本架构的版本、目录和校勘学，在历代学者的辛勤耕耘下，都早已各成其为专家之学。故在高校的课程设置中，其内容往往非一门课程所能囊括。

---

① 翦伯赞：《略论搜集史料的方法》// 蒋大椿：《史学探渊——中国近代史学理论文编》，吉林教育出版社1991年版，第890页。

② 如黄永年《古籍整理概论》（陕西人民出版社1985年初版，上海书店出版社2001年增补再版）即将古文献主要研究对象的"古籍"下限定在清末，许逸民《古籍整理释例》（中华书局2011年版）则主张以1919年"五四"新文化运动为下限。

　　本教材的编写及其课程的开设，目的在于为文史专业本科高年级和研究生阶段的学生提供一种文献学的综合视野，并通过一定的专题训练，使之初步掌握基本原理与技能，以便为日后进行专业研究打下基础。依据这一主旨，在内容安排上，有关文献学基本理论的讲授尽量简明扼要，疏而不漏，并辅以相应的参考书籍，引导学生利用课余时间补充相关知识；偏重历史文献学方法的运用训练环节，力求通过多方举证和课内课外结合的专题练习，对文献搜集、阅读理解、比较考证、观点把握等各环节的操作进行实践训练和讲评，使学生在理论与实践结合的基础上，较好地掌握相关文献的检索、整理分析和运用手段，提高其独立思考和研究的能力。

思考题：

1. 试说明史料、文献和文献学三者的联系与区别。
2. 历史文献学的主要研治对象和工作范围是什么？

一、甲骨文献

甲骨文本是商和周初人用小刀刻在龟甲兽骨上的文字，其内容大多为占卜凶吉之事，因其最早出土于晚商（自盘庚迁殷至帝辛灭国，凡 273 年）都城的所在地"殷墟"（今河南安阳小屯），故习惯上又称为"殷墟卜辞""殷墟书契"或"甲骨卜辞"。这也是我国现存已知最早的文献。

清光绪二十五年（1899），甲骨文最早为山东福山人、国子祭酒王懿荣（1845—1900）所发现，他看到一种刻在中药"龙骨"上的古朴花纹，经推敲确认其为商代文字（关于这一说法，也有人不认可，因为现在没有明确的材料证明王懿荣生前已提出这点），遂托古董商人四处搜求，先后约得千余片。王氏死于庚子事变，其所藏甲骨归丹徒刘鹗（1857—1909）。刘氏续加搜罗，约得五千余片，将其中字迹完好者千余片集为

图 1-1　朱书甲骨片

《铁云藏龟》，拓印行世，是为甲骨文印行之始。八国联军之役后，刘氏因事遣戍新疆死，家藏甲骨遂分归罗振玉等人所有。其后以私人之力收藏甲骨最富者为罗振玉，他不但从古董商人处收购甲骨，还遣其家属至安阳实地采掘，十余年间，共得甲骨计三万余片，先后拓印成《铁云藏龟之余》《殷墟书契》《殷墟书契菁华》《殷墟书契后编》和《殷墟书契续编》等行世。甲骨文的出土，引起了世界各国的注目，当时美、英、德、加拿大等国传教士以及一些日本人也纷纷加以搜罗。1928 年 10 月至 1937 年 5 月，在前"中央研究院历史语言研究所"（后文简称"'中研院史语所'"）的组织下，对殷墟进行了十五次系统的科学考古发掘，共得有字甲骨 24 918 片。尤其是 1936 年 6 月的殷墟第 13 次发掘，考古队员在一处编号为 YH127 的窖穴中发现了整坑形状规整、积叠有序的甲骨，该坑为一圆形窖，口径约 1.8 至 2.0 米，窖内堆积分三层，深约 4.3 米，其中甲骨堆积层为 2.3 米，出土甲骨的数量达 17 096 片，其中完整的龟甲就达三百版之多，并杂有一具人骨。这是殷墟历次科学发掘出土甲骨最多的一次，当时就被"中研院史语所"连土一起就原状运回清理并保存。[①] 中华人民共和国成立后，中国科学院考古研究所复对其作了十余次发掘，计得甲骨 5 000 余片。

---

① 参见董作宾《殷墟文字乙编·序》（"中研院史语所"编《中国考古学报》第四册，1949 年版，第 258—259 页）和李济《安阳殷墟发掘》（《李济文集》卷二，上海人民出版社 2006 年版，第 383—386 页）。

　　此外，周代的占卜甲骨自 1950 年代起也陆续有所发现，特别是 1977 年在陕西周原地区出土了约 1.7 万余片周代甲骨（公元前 12 世纪物，少数属商晚期物），其中卜甲 1.67 多万片，卜骨 300 多件，清理出有字甲骨 293 片，每片文字少则 1 字，多则 30 余字，总字数为 900 多个，内容多与占卜有关。所刻文字相当精细，且甲骨片上一般还有穿孔，估计当时已开始采用以绳贯穿的文档连缀法。此后的大宗发现，当数宝鸡岐山县周公庙遗址，2004—2011 年间，该遗址出土甲骨累计达 1 万余片，其中卜骨 7 000 片以上，有刻辞者 800 多片，可辨识文字近 2 600 个，是中国其他地区出土西周甲骨文字总和 1 100 个的两倍还多，其中有"王季""文王""王"等周王称谓。其中"王季"是首次发现，据推断这个名字就是指文王的父亲季历，还有"毕公""叔郑""周公""召公"等重要历史人物以及数字卦辞等内容。周公庙大量甲骨文的出土揭秘，为明确周公庙遗址的性质和甲骨文研究奠定了重要基础，尤其是首次发现周文王的父亲"季历"的名字，对进一步完善西周诸王年表有重要意义。①

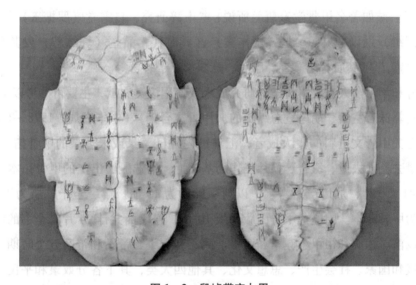

图 1－2　殷墟带字卜甲

　　据胡厚宣 1984 年的统计，当时世界各地所存甲骨共 154 604 片（主要指商代甲骨），其中大陆各单位收藏 95 880 片，私人收藏家 47 人共藏 1 731 片，保存在台湾地区 30 204 片，香港地区 89 片，三地合计凡 127 904 片。流散于日本、加拿大、英、美、德、俄、瑞典、瑞士、法、新加坡、比利时、韩等国 26 700 片。② 后又补充说，据其进一步调查，大陆公私所藏，"至少是 97 956，很可能超过 10 万片"。③ 如此，则存世总数当在 16 万片以上。甲骨文上所使用的单字，目前可知的约在 4 500 左右④，其中已识出者约占三分

①《周公庙出土甲骨万余片可辨识文字 2 600 个》，《中国社会科学报》2011 年 12 月 15 日第 1 版。
② 胡厚宣：《八十五年来甲骨文材料之再统计》，《史学月刊》1984 年第 5 期。
③ 胡厚宣：《大陆现藏之甲骨文字》，台北"中研院"《历史语言研究所集刊》67 本 4 分册，1996 年。
④ 此从李学勤说，见李学勤《建国六十年来甲骨学研究的回顾与展望》，《殷都学刊》2010 年第 1 期。《甲骨文编》认为有 5 000 字。

文字，尤其是钟鼎一类器物上。大致最初仅刻上自己的名字或某些符号以示区别，后来则流行刻上有纪念性的文字，或说明作器的原因、用途和作器人，或刻上需永久保存的重要文献。春秋末年，郑、晋等国还将法律条文铸在鼎上，史称"铸刑鼎"，公诸于众，传诸后代。刻于青铜器上的铭文，按照王国维的说法，"古器文字所在，有一定之处。如钟铭皆在钲间及左右两鼓，或有延及两橤上者。鼎铭皆在器内，自口而下。尊、壶、罍亦如之。敦与簠、簋铭皆在器之中间。爵铭则在鋬内及柱上，其文之稍多者，亦或铸于口内。觚在外底，觯在内底，斝在口上，盉或同之。皆有一定之制，无有稍出入者。古器文字，大抵阴文，其花纹则凸起为阳文。其冶铸时，文字必先刻阴文范，乃制阳文范；花纹必先刻阳文范，乃袭阴文范，然后可以镕金于其中。是古代冶铸之工，实本于雕刻之工，观其冶铸之精良，则其雕刻之精良从可知矣"①。而由于刻字的版面不像甲骨那样受到材质的严格限制，加之其时文字表述能力的逐步提高，故其单篇文字的篇幅往往比甲骨文要大得多，特别是西周金文，最长的有四五百字之多。同时，与现存甲骨文基本上为宗教卜辞不同，金文已有明显的纪念性记事特征，这是有意识保存的有关古代政治、经济、军事的重要纪实史料。因此，从各方面看，金文都是后人研治殷周时期历史非常重要的文献。

近些年来，有关古代青铜器的考古仍不断有重要发现。如2002年保利艺术博物馆发现并搜集到了约2 900年前铸有98字长篇铭文的西周青铜器遂公盨，其中涉及有关大禹治水和为政以德等内容，特别是把历史文献对大禹的记载一下子提早了六七百年，这对于"古史辨"以来有关大禹的争论提出了新的证据。②

 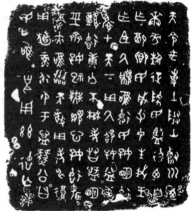

图1-3 遂公盨及其铭文

2003年1月，陕西省眉县马家镇杨家村村民在村北坡半崖挖土时，发现一青铜器窖藏，距地表约5米多，窖呈圆形，直径约1.8米，高约1米。经宝鸡市文物局紧急抢救

---

① 王国维：《二牖轩随录》//《王国维全集》卷三，浙江教育出版社、广东教育出版社2009年版，第455页。
② 详情见《人民日报》2002年10月22日报道《撼世青铜铭文面世》一文。

此外，周代的占卜甲骨自 1950 年代起也陆续有所发现，特别是 1977 年在陕西周原地区出土了约 1.7 万余片周代甲骨（公元前 12 世纪物，少数属商晚期物），其中卜甲 1.67 多万片，卜骨 300 多件，清理出有字甲骨 293 片，每片文字少则 1 字，多则 30 余字，总字数为 900 多个，内容多与占卜有关。所刻文字相当精细，且甲骨片上一般还有穿孔，估计当时已开始采用以绳贯穿的文档连缀法。此后的大宗发现，当数宝鸡岐山县周公庙遗址，2004—2011 年间，该遗址出土甲骨累计达 1 万余片，其中卜骨 7 000 片以上，有刻辞者 800 多片，可辨识文字近 2 600 个，是中国其他地区出土西周甲骨文字总和 1 100 个的两倍还多，其中有"王季""文王""王"等周王称谓。其中"王季"是首次发现，据推断这个名字就是指文王的父亲季历，还有"毕公""叔郑""周公""召公"等重要历史人物以及数字卦辞等内容。周公庙大量甲骨文的出土揭秘，为明确周公庙遗址的性质和甲骨文研究奠定了重要基础，尤其是首次发现周文王的父亲"季历"的名字，对进一步完善西周诸王年表有重要意义。①

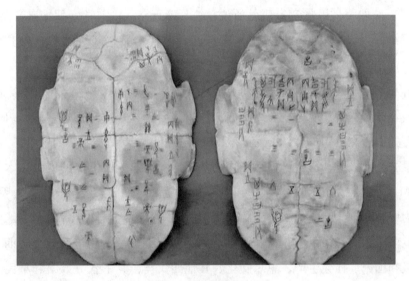

图 1－2　殷墟带字卜甲

据胡厚宣 1984 年的统计，当时世界各地所存甲骨共 154 604 片（主要指商代甲骨），其中大陆各单位收藏 95 880 片，私人收藏家 47 人共藏 1 731 片，保存在台湾地区 30 204 片，香港地区 89 片，三地合计凡 127 904 片。流散于日本、加拿大、英、美、德、俄、瑞典、瑞士、法、新加坡、比利时、韩等国 26 700 片。② 后又补充说，据其进一步调查，大陆公私所藏，"至少是 97 956，很可能超过 10 万片"。③ 如此，则存世总数当在 16 万片以上。甲骨文上所使用的单字，目前可知的约在 4 500 左右④，其中已识出者约占三分

① 《周公庙出土甲骨万余片可辨识文字 2 600 个》，《中国社会科学报》2011 年 12 月 15 日第 1 版。
② 胡厚宣：《八十五年来甲骨文材料之再统计》，《史学月刊》1984 年第 5 期。
③ 胡厚宣：《大陆现藏之甲骨文字》，台北"中研院"《历史语言研究所集刊》67 本 4 分册，1996 年。
④ 此从李学勤说，见李学勤《建国六十年来甲骨学研究的回顾与展望》，《殷都学刊》2010 年第 1 期。《甲骨文编》认为有 5 000 字。

之一。

现存的甲骨大多为殷王室占卜的记录，其上文字简古，每片甲骨刻字从几字到几十字不等，目前所知最多的达一百八十字。通常一条完整的卜辞由四个部分组成：叙辞记占卜的时间、地点和占卜者；命辞即命龟之辞，是向龟陈述要贞问之事；占辞是因卜兆而定吉凶；验辞则为日后补刻的记录占卜应验之辞。由于这些卜辞保留了大量有关殷代职官、征伐、祭祀、农业、畜牧业、手工业、建筑、交通商贸、天文历法、宗教习俗等记载，因而对于殷商史的研究，甲骨文具有无可替代的史料价值。

自甲骨文问世以来，对其研究大致经历了"草创时期"（1899—1928）、"发展时期"（1928—1937）和"全面发展时期"（1949—），目前已成为一种与语言文字学、历史学、考古学、古代科学技术史研究等学科有密切关联的学科和国际性学问。其中贡献最著者为罗振玉（雪堂）、王国维（观堂）、郭沫若（鼎堂）、董作宾（彦堂），人称"甲骨四堂"。诚如著名甲骨学家唐兰所说："卜辞研究，自雪堂（罗振玉）导夫先路，观堂（王国维）继以考史，彦堂（董作宾）区其时代，鼎堂（郭沫若）发其辞例，固已极一时之盛。"① 其后有胡厚宣、唐兰、陈梦家、于省吾等。

要了解和学习前人有关甲骨学的研究成果或使用该类文献，主要可参考以下论著：

首先是郭沫若主编、胡厚宣总编辑的《甲骨文合集》（中华书局，1978—1982），该书为迄今有关甲骨文资料的集大成者，汇集国内外已著录或未著录的甲骨拓片 140 300片，在大量去伪、去重、缀合、换片工作的基础上，精选殷墟出土的甲骨拓本、照片和摹本，共 41 956 片，加以严密考释，以珂版影印为 13 册。第一至十二册为甲骨拓本，第十三册为甲骨摹本。附原色甲骨图版 8 版 10 片，连反面共计 14 片。全书的编辑，分武丁及其以前、祖庚和祖甲、廪辛和康丁、武乙和文丁、帝乙和帝辛五个时期，并将内容区为阶级和国家、社会生产、思想文化、其他四大类，其下各分奴隶和平民、奴隶主贵族、官吏、军队刑罚监狱、战争、方域、贡纳、农业、渔猎畜牧、手工业、商业交通、天文历法、气象、建筑、疾病、生育、鬼神崇拜、祭祀、吉凶梦幻、卜法、文字、其他等二十二小类，检索材料集中而方便。

其后又有彭邦炯、谢济、马季凡编著的《甲骨文合集补编》（语文出版社，1999），凡 7 册，分上下两部分，"上"为图版，"下"为释文及来源表和索引。收录甲骨（以殷墟出土为主）共 13 450 片。其对《甲骨文合集》的补充包括：补其漏收者，更换部分甲骨片，修补某些原先残缺的甲骨，吸收海内外学者的缀合成果约 500 余版，并纠正了一些错误的缀合。另增收《殷墟以外遗址出土甲骨》316 片。唯该书所收有不少与《甲骨文合集》相重，且有自相重复之处，释文和其他方面也存在一些问题，使用时应加注意。

---

① 唐兰：《天壤阁甲骨文存·序》，辅仁大学出版社 1939 年版。

有关甲骨学的专论，则可参考陈梦家的《殷墟卜辞综述》（中华书局，2004）和日本学者岛邦男的《殷墟卜辞研究》（上海古籍出版社，2006）。关于甲骨学史可以阅读吴浩坤、潘悠合著的《中国甲骨学史》，王宇信、杨升南主编的《甲骨学一百年》（社会科学文献出版社，1999）和王宇信的《新中国甲骨学六十年（1949—2009）》（中国社会科学出版社，2013），后两书是迄今对整个甲骨学的产生和发展史所作最为详细的论述。另有沈之瑜的《甲骨文讲疏》（上海书店，2002）也可参考。

此外，四川大学出版社、中国天元文化产业有限公司和新加坡紫云斋出版公司于2001年联合出版的《中国古文字大系——甲骨文献集成》也很值得我们注意。该书由中国社会科学院历史研究所编纂，凡40册（8开，每册600页左右），分五个门类，收录国内外数代几千位学者撰写的甲骨学著作，全面展示了近百年来甲骨学研究取得的丰硕成果。从内容看，该书具有这样几个特点：（1）所收资料以全面、系统和权威为特点，凡是具有学术研究价值，或在甲骨学界有重大影响，有关甲骨文方面的发展情况记录、甲骨学研究、文字考释，及主要利用甲骨文对有关天文地理、分期断代、宗法世系等社会各方面进行研究的中外文专著、论文均在收辑之列，共计五千种左右（百年来相关论著总数约在万种以上）。（2）搜集了许多海内外难以一见的珍稀版本，诸如罗振玉《殷墟书契考释》初版本、容庚《甲骨文字概论》、林义光《文源》、胡厚宣《甲骨学商史论丛》，以及日本学者池田末利《殷墟书契后编释文稿》，等等。甲骨学兴起早期出现的大量手抄、油印之讲义、文稿，如王国维《殷墟书契后编上卷释文》、孙海波《甲骨金文研究》、商承祚《甲骨及钟鼎文字研究》、容庚《中国文字学：开篇、义篇》等也在搜罗之列。这些抄本或油印本不少属海内外孤本，不仅给学者提供了平时难以寻觅的研究资料，更使本书的珍藏性极大地提高。（3）将大量散见于各种报刊、文集的甲骨学文献汇于一书，分类整理，其中不少刊物由于历史原因搜求不易，如大陆的《国学丛刊》《实学》《说文月刊》，台湾地区的《中国文字》，日本的《甲骨学》，欧美的《中国评论》《中国杂志》《亚洲学会杂志》等，从而为中外学者查阅上下百年间甲骨学研究的大量散篇信息提供了便捷条件。

二、金石文献

所谓金石文献，"金"指铸刻在金属制器上的文字，一般也称"金文"；"石"指石碑铭刻文字。对于金石，后人又称"吉金乐石"，因周代彝器之铭，多有"吉金"的字样，吉者，坚结之意也；乐石，则言其石质之美也，故汉碑又称"嘉石"，六朝墓志或曰"贞石"。以下分别作一简介：

（一）金文

金文盛行于殷周时代，当时青铜冶炼和铸器技术已达到了相当高的水准，贵族们不但制作了大量的青铜礼器如钟、鼎、鬲、尊、爵、盘等以供日用，还常常在礼器上铸刻文字，尤其是钟鼎一类器物上。大致最初仅刻上自己的名字或某些符号以示区别，后来则流行刻上有纪念性的文字，或说明作器的原因、用途和作器人，或刻上需永久保存的重要文献。春秋末年，郑、晋等国还将法律条文铸在鼎上，史称"铸刑鼎"，公诸于众，传诸后代。刻于青铜器上的铭文，按照王国维的说法，"古器文字所在，有一定之处。如钟铭皆在钲间及左右两鼓，或有延及两栾上者。鼎铭皆在器内，自口而下。尊、壶、罍亦如之。敦与簠、簋铭皆在器之中间。爵铭则在鋬内及柱上，其文之稍多者，亦或铸于口内。觚在外底，觯在内底，鬲在口上，盂或同之。皆有一定之制，无有稍出入者。古器文字，大抵阴文，其花纹则凸起为阳文。其冶铸时，文字必先刻阴文范，乃制阳文范；花纹必先刻阳文范，乃袭阴文范，然后可以镕金于其中。是古代冶铸之工，实本于雕刻之工，观其冶铸之精良，则其雕刻之精良从可知矣"①。而由于刻字的版面不像甲骨那样受到材质的严格限制，加之其时文字表述能力的逐步提高，故其单篇文字的篇幅往往比甲骨文要大得多，特别是西周金文，最长的有四五百字之多。同时，与现存甲骨文基本上为宗教卜辞不同，金文已有明显的纪念性记事特征，这是有意识保存的有关古代政治、经济、军事的重要纪实史料。因此，从各方面看，金文都是后人研治殷周时期历史非常重要的文献。

近些年来，有关古代青铜器的考古仍不断有重要发现。如2002年保利艺术博物馆发现并搜集到了约2 900年前铸有98字长篇铭文的西周青铜器遂公盨，其中涉及有关大禹治水和为政以德等内容，特别是把历史文献对大禹的记载一下子提早了六七百年，这对于"古史辨"以来有关大禹的争论提出了新的证据。②

图1-3 遂公盨及其铭文

2003年1月，陕西省眉县马家镇杨家村村民在村北坡半崖挖土时，发现一青铜器窖藏，距地表约5米多，窖呈圆形，直径约1.8米，高约1米。经宝鸡市文物局紧急抢救

---

① 王国维：《二牖轩随录》//《王国维全集》卷三，浙江教育出版社、广东教育出版社2009年版，第455页。
② 详情见《人民日报》2002年10月22日报道《撼世青铜铭文面世》一文。

清理，共出土青铜器 27 件，包括鼎 12 件、鬲 9 件、方壶 2 件，盘、匜、盉、盂各 1 件。这些器物造型精美，保存完整。值得一提的是，过去一同出土的西周青铜器中只有少数有铭文，而这个窖藏出土的 27 件器物上均有铭文，总字数多达 3 500 余字，为国内所罕见，其中一件三足附耳盘铭文多达 340 余字，是新中国建立以来出土铭文最长的西周青铜重器。据专家初步研究分析，这批青铜器大约为西周晚期（约在"烽火戏诸侯"之前）器物，多数应为宣王时所铸造，铭文将西周时期除幽王之外的诸王逐一列出，涉及逨、单五父、叔五父等历史人物的活动，并提到了与戎人作战等史实。这次出土的文物还提供了一批西周晚期的标准器，其中有两件集中了年、月、干支与月相四要素，分别注明四十三年和四十二年，是西周纪年青铜器中年份最大的，为研究西周历史和"夏商周断代"工程提供了重要的实物资料，是我国西周考古史上又一次重大收获。①

目前已知有铭文的古铜器约万余件，有关金文文献及其研究成果的论著已不下几千种，比较集中的主要可参考罗振玉《三代吉金文存》、容庚《金文编》《金文续编》《商周彝器通考》、郭沫若《两周金文辞大系图录考释》、陈梦家《西周铜器断代》、马承源《商周青铜器铭文选》、周法高主编的《金文诂林》（香港版）及戴家祥主编的《金文大字典》等。日本出版的金文著作有《欧美搜储□□古铜菁华》（梅原末治，1933）、《日本搜储□□古铜菁华》（梅原末治，1959—1962）等。澳大利亚出版的有《中日欧美澳纽所见所拓所摹金文汇编》（巴纳、张光裕，1978）。关于金文资料总结的著作，有《金文总集》（严一萍）与《商周金文集成》（邱德修）。1980 年代出版的《殷周金文集录》（徐中舒，1984）一书，收新中国成立后新出土的铜器铭文九百七十三件。

2001 年 10 月，中国社会科学院考古研究所编辑的《殷周金文集成释文》由香港中文大学中国文化研究所陆续出版。其书凡六卷 18 册，为中国社会科学院考古研究所从 1960 年代初开始，经长期集体努力完成。包括 13 000 余件青铜器上的铭文约 10 万字，器物说明约百万字。收录自殷周到春秋、战国时期生成的各类青铜器铭文，其下限断至秦统一以前。取材包括宋代以来各公私著录、海内外主要博物馆和各地新出土的，以及过去未曾发表的发掘和采集品，时间下限至 20 世纪八九十年代。其中对传世著录器物去伪存真，错误纠正，是一部翔实准确的先秦青铜器铭文资料汇编。铭文释文经学者采用古文字学界多方研究成果，融会贯通，详为参酌写定。此书最为便利之处是将全部拓本图版缩小附于每器释文之旁，并附必要的说明（如时代、出土、现藏等）。故既能满足各界专家学者研究的基本需要，也可以为一般读者学习和了解青铜器铭文提供一部较为准确的读本。中国社会科学院考古研究所还与香港中文大学中国文化研究所达成协议，将释文连同《集成》全部资料移交中国文化研究所，由该所建立"金文电脑资料

---

① 陕西省考古研究所等联合考古队：《陕西眉县杨家村西周青铜器窖藏》，《考古与文物》2003 年第 3 期。

库"，作为其"中国古代文献资料库"的一部分。其后集成性著作尚有吴镇烽的《商周青铜器铭文暨图像集成》及其《续编》（上海古籍出版社，2012；2016）。前者 35 册，收录青铜器 16 704 件（下限为 2012 年）；后者四册，收录编者 2012 年以后所见公私藏品 1 509 件，两书于各器时代、形制、收藏情况及铭文释文信息均有记录。

另外，中国社会科学院考古所刘庆柱等编《中国古文字大系——金文文献集成》46 册（另索引一册，北京线装书局和香港明石文化有限公司 2005 年联合出版），汇集了 1092—1989 年间中外论著近 2 000 种，也极具参考价值。

（二）石刻

石刻的出现也很早，不过在铁产生之前，因青铜比较软，不易在石上刻写长篇文字，故还不可能盛行。石刻的增多，大约是在铁的冶炼和运用之后，也即春秋时期。我国发现最早的石刻是唐代发现于陈仓（今陕西宝鸡）的石鼓，共 10 枚，高约二尺，径约三尺，分别刻有大篆四言诗一首，章法与《诗经》相似，10 首诗组成一组，原为 718

图 1-4 石鼓文

字。因其外形似鼓，这些文字被称为石鼓文。其上文字多残，现仅"千沔""车工"两鼓诗句较完整，其余多只留片言只语，"马荐"鼓已一字无存。现所见文字最早为宋拓本。北宋欧阳修录时存 465 字，明代范氏《天一阁》藏本仅 462 字。因最初被认为所记系周宣王出猎的场面，故又称"猎碣"或"陈仓十碣"。后一般认为此出自春秋时秦国。宋代郑樵《通志·金石略》序云："三代而上，惟勒鼎彝。秦人始大其制而用石鼓，始皇欲详其文而用丰碑。自秦迄今，惟用石刻。"至其具体制作时间，有秦文公、穆公、襄公和秦始皇时不同说法，迄无定论。罗振玉和郭沫若都对此有专门研究。近年有人认为，内容系对秦自创建直至始皇统一中国事功之描绘。如是，则此组石鼓或非作于一时，或即作于秦始皇时。① 石鼓从发现至今，辗转 1 300 多年（从秦文公至今已历 2 600 年），历经磨难，目前陈列于北京故宫博物院石鼓馆。秦时，刻石勒铭以歌功颂德和记事，成为一时风气，著名的有峄山、泰山、琅邪诸石刻，其风历代不替。

石刻的类型，据朱剑心《金石学》之说，大致可分碑碣、墓志、塔铭、浮图、经幢、造象、石阙、摩崖、地莂等，内容则有儒家经典、佛经、道经、封禅、诅盟、诏敕、符牒、典章、谱系、界至、题名、诗文等。现存石刻文献的形成时间虽多较金文为

① 刘星、刘牧：《石鼓诗文复原译释》，贵州大学出版社 2011 年版。

晚，但其数量之大，种类之多，分布之广，沿用时间之长，皆远非金文可比。尽管各类石刻记事的可靠性有高低之分，但其作为一种重要文献的史料价值是不可忽视的。

有关石刻文献的著录和汇集，历代以来，不胜枚举，要了解这方面的情况，可先从李遇孙《金石学录》、陆心源《金石学补》、褚德彝《金石学续补》、叶昌炽《语石》、容媛《金石书录目》、郭沫若《石鼓文研究》等书入手。通论性的著作则有朱剑心《金石学》（商务印书馆，1940）和马衡《中国金石学概论》（1923 年讲义，时代文艺出版社，2009）等可供参考。

于前代石刻搜罗资料较广的有王昶所编《金石萃编》（1805）160 卷和《金石萃编未刻稿》3 卷，收元以前金石铭刻 1 580 种，其中绝大多数为石刻。其后陆增祥编《八琼室金石补正》130 卷，加以补正，计 2 000 余种。尤以 1988 年中州古籍出版社出版的《北京图书馆藏中国历代石刻拓本汇编》规模为大，共收历代拓本约 2 万种。其次为中国文物研究所等合编的《新中国出土墓志》，以省为单位分卷出版，第一期 10 卷 19 册已于 2009 年完成出版。第二期 10 卷 20 册也基本完成。

至于历史研究常用的墓志铭资料，则以一些断代墓志铭搜罗为全。如赵超编《汉魏南北朝墓志汇编》（天津古籍出版社，1992)①，系在赵万里《汉魏南北朝墓志集释》所做工作的基础上，参考增入北京图书馆和北京大学图书馆所藏拓片，并补充 1949—1986 年间各地出土的相关墓志而编成。王其祎编《隋代墓志铭汇考》（北京线装书局，2007），凡 6 册，收录约 643 方隋代墓志（不含塔铭、塔记、砖志），其中有近 230 方未见著录，大部分内容都与《隋书》列传人物不重复。全书体例为先图后文，每方墓志汇集了卒葬时间、行款书体、撰书人名、志文标题、志盖标题、形制纹饰、出土时地、存佚状况、主要著录情况等九个方面的信息。全书对每方志文进行了隶定和标点，并附有相关金石志著录和研究文献对各方墓志的考证和整理者评语。周绍良主编《唐代墓志汇编》及《唐代墓志汇编续集》（上海古籍出版社，1992；2001），前者著录唐墓志 3 607件，按年号先后编号排列。后者复增录 1 564 件，录全文加标点，并注明石刻或拓本来源。拓本中以周氏自藏为多，无拓本可寻则注明志文录自何书，个别伪造之物也收入而加注"伪"字。后附人名索引。毛阳光、余扶危主编《洛阳流散唐代墓志汇编》及《洛阳流散唐代墓志汇编续集》（国家图书馆出版社，2013；2018），前者收录 2000 年来在洛阳及其周边地区出土的唐代墓志 300 余方，后者收 2010 年后出土墓志 400 余方，每方墓志编者都加以释文和标点，著录其尺寸、书体、行款等相关信息，并配以拓片图版。《隋唐五代墓志汇编》（天津古籍出版社，2008），共收隋唐五代墓志拓本 5 000 余种，按收藏地域和单位分为洛阳、河南、陕西、北京（附辽宁）、北京大学、河北、山西、江苏山东、新疆等九卷，将现存的绝大多数隋唐五代墓志囊括其中。以图版为主，

---

① 本书另有 2008 年版，对原书错误有所校正厘定。

对其出土时间、地点、撰人、书丹人、收藏等情况加以说明。

其他如蔡美彪编的《元代白话碑集录》（科学出版社 1955 年初版，中国社会科学院出版社 2017 年修订本）、陈垣编《道家金石录》（文物出版社，1988）等也都足供治史者参考。

至于石刻的研究资料汇编，目前以台湾新文丰出版公司的《石刻史料新编》（1977—2006）规模最大，已出 4 编 100 册，共收历代石刻论著 1 095 种。中国国家图书馆善本部金石组编《历代石刻史料汇编》（北京图书馆出版社，2000）以时代先后为序（内分先秦秦汉魏晋南北朝、隋唐五代、宋代、辽金元、明清等五种"石刻文献全编"），汇辑单篇石刻原文，并附历代学者考订文字。书同文数字化公司根据该书制作了中国历代石刻史料汇编数据库全文检索版，使用方便。

三、简牍帛书文献

中国真正的史籍，应以书写在简牍帛书上者为最早。因为甲骨和金文文献虽然出现的时间很早，但多非有意写作的史籍，且篇幅短小，又受到材质条件的限制，很难广泛流传。只有以简牍或帛书作为书写材料的书籍，才得以形成后世那种便于流传的史籍规模。至于简牍和帛书作为书写材料起于何时，已无确年可考。但简牍的起源肯定很早，因为竹木取材比较方便，制作和书写又较甲骨金文为易。考古发现，中国东部沿海地区——从辽东半岛直到杭州湾一带，其"新石器时代陶器的突出特点，在于它们的形状，许多罐和盆肯定都是竹制器皿的模仿品：由明晰的凹槽或凸脊显示的纵切面，内凹的器底和棱角分明的底折，都使黑陶清楚地区别于黄河上游地区发现的彩陶。这些特点可以说全部是由竹器模仿而来的"。[1] 足见我国上古文明与竹的关系。甲骨文和金文均有"册"字，估计在商朝便有简册。《墨子·贵义》有"古之圣王，欲传其道于后世，是故书之竹帛，镂之金石，传遗后世子孙，欲后世子孙法之也"的说法。近人王国维也说："书契之用，自刻画始。金石也，甲骨也，竹木也，三者不知孰为后先，而以竹木之用为最广。"[2] 故李学勤认为："我们知道从文字结构上来说，甲骨文的'册'字写得已经和竹简一样，可以肯定，公元前 1300 年的商代后期就有简了。这是没问题的，而且应当还要早，我们可以设想，在公元前 2000 年左右时就有简了。帛可能晚一些，用帛来写字，以我们现在所得到的知识来说，大约始于春秋时期。"[3] 当然，由于竹木和帛岁久易腐，以致留存于今天的这类古书不多，残存者年代一般也不早于春秋。竹木简史籍盛行于春秋至东汉末年，到南北朝才渐废而不用。因此，考古方面发现的竹木简对研究秦

---

① 李济：《古代中国文明》，《考古》1996 年第 8 期。
② 王国维：《简牍检署考》//《王国维全集》卷二，第 479 页。
③ 李学勤：《考古与古文献的整理》//杨牧之：《古籍整理与出版专家论古籍整理》，凤凰出版社 2008 年版，第 355—356 页。

汉以前的历史尤有极大的史料价值。

所谓"简牍",一般统指用竹简作为书写材料的文书。《礼记·中庸》说:"文武之道,布在方策。"这个"方策",也是泛指书籍。但其实,简、策、牍、方这些字的原意是有区别的。"简"原指用竹片制成的书写材料,也称为"策",一般"简谓据一片而言,策是编连之称"①,"策"与"册"通;"牍",也称"方",原指书写的木板,当然,实际上也有许多简是木制的,特别是在西北地区,称为"木简"。这种现象的出现,王国维以为,"汉时版牍,但为奏事、移文、通问之用,其写书则皆用竹帛。此乃用木,盖西北少竹,故以木代之欤。"又说:"木简之长者,得汉建初尺一尺五寸许,其余大抵长一尺,即所谓尺牍是也。其形制之异者,有觚有薄。觚者作三棱形,以一面广者为底,而以二狭面向上,自其端望之,则成一钝角等边三角形。"② 敦煌、居延出土的棱形觚,有的多至七八个面,以便容纳更多的字,用来记事或练字。制作书写之简,须先将竹子经火烤,除去多余水分,以防虫蛀和变形,称为"杀青"或"汗青"。木牍则多用杨木或柳木,因其色白而质轻,且易吸收墨汁之故。

一部古书,一般要用很多简,以绳(编简用的丝称"丝编",皮带称"韦编")上下编连,或用二编(绳),或三编、四编,而以二编最为普遍,捆扎成束。每束通常为一篇首尾完整的文字,称为"篇"。书尾写上篇名,首装二枚空简以护书,称"赘简"。有的简册每段文字之前有小题,末简有尾题和总计本篇字数,或以扁方框、圆点、圆圈、三角形等符号标明篇、章、句的所在位置。有的还在每枚简末或简背上标上"页码"。简册存放时,多以赘简为轴心,将有字的一面向里卷起,并在首简背面从右到左题有篇名和篇次。秦代简册也有以首枚简为轴心,而将篇名题在末简背上者。可见其外形和书写方式有不少都孕育着后世纸质书的雏形。

简策的长度,在同一时期内是比较一致的,但各个时期则有不同。春秋战国时,最长者为二尺四寸,其次一尺二寸,又次八寸。汉简最长为二尺,次一尺五寸,次一尺,最小为五寸。宽度一般为 1 厘米左右,少数则达 4 厘米多。古人以长简写经典,短简写传记杂文,国家法律则写在特长的三尺简上,以示重要,故旧时有以"三尺朝纲"代称"王法"之说。每简字数无定,少者八字,多者三十余字,一般为二十二到二十五字之间。

木牍主要用于通信和书写短文,故《仪礼·聘礼》有"百名(即百字)以上书于策,不及百名书于方"③ 的说法。有时也用以画地图,这是后世称一国疆域为"版图"的由来。又因古人所用木牍一般长一尺(秦汉时一尺相当于今 23 厘米),后人常把书信称为"尺牍",其外用木封括称"检",用帛封括称"帖",然后用绳结起来,加上封

---

① 贾公彦:《仪礼·聘礼疏》//《十三经注疏》,中华书局 1979 年版,第 1072 页。
② 王国维:《东山杂记》28 条、72 条//《王国维全集》卷三,第 337、412 页。
③《十三经注疏》,中华书局 1979 年版,第 1072 页。

泥，在泥上盖发出人名和地名之印。

简牍的发现，虽然宋以前就不断有记载，但古代出土的实物久已无存。直到20世纪初英籍匈牙利人斯坦因（Marc Aurel Stein，1862—1943）和瑞典人斯文·赫定（Sven Anders Hedin，1865—1952）相继在新疆民丰尼雅遗址和罗布淖尔楼兰遗址发现简牍，才引起了世人的关注，并随着其后出土的不断增多和研究的深入，逐渐发展为一门现代专学。

20世纪上半叶，中国西北一度是简牍的主要出土地，而其中最大宗的出土，当数1930年代初中瑞合组的西北科学考察团在额济纳河流域发掘所获的万枚"居延汉简"，现藏台北"中研院史语所"。新中国建立后，简牍在中原及南方各地陆续有大量发现，其整理和研究事业更是进入了一个全新的时期。

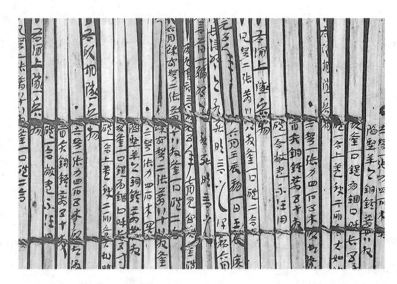

图1−5　汉代木简《永元器物簿》（1930年代出土于内蒙古额济纳旗漠居延遗址）
全册长91厘米，由77枚简编联而成，是目前发现保存编联最长的简册

据有关统计，一个多世纪以来，公布的简牍总数已达30万枚左右，其中80%为文书简牍。[①] 主要集中在战国、秦汉、魏晋时期，内容包括古代典籍、律令、文书、历谱、契约等，具有极高的史料价值。兹就1949年以来发现的简牍文献，按其形成时代为序略作介绍：

（一）战国楚简

1. 1957年河南信阳长台关1号楚墓出土，近50支，为《申徒狄》，有周公与申徒狄对话内容。

2. 1981—1989年湖北江陵九店出土东周简，234支，为古佚书《季氏女训》《日书》等。

---

① 李均明、陈民镇：《简牍学研究70年》，《中国文化研究》2019年秋之卷，第2页。

3. 1987年湖南慈利石板坡36号楚墓出土，战国中期前段简1 000余支，有与《国语·吴语》和《逸周书·大武》相关之内容，尚未完全公布。

4. 1993年湖北荆门郭店1号楚墓出土，战国中期偏晚简804支，有《老子》《缁衣》《五行》及一些儒家佚书。

5. 1994年从香港购入藏上海博物馆之简，1 200支，35 000多字，估计出土地与郭店相近，其中有先秦儒家佚书。

6. 2008年从香港购回入藏清华简，约2 500支。其简形制多样，最长为46厘米，是战国时的2尺，最短不到10厘米。较长的均为三道编绳，文字大多精整。经专家鉴定，当系楚地出土的战国简册。目前已整理公布《清华大学藏战国竹简》1—10辑（上海中西书局，2010—2020），内容涉及《书》类文献、诗、史书、子书、数术、岁时星历和乐律等。这批简的发现，为先秦史和古典文献的研究提供了不少重要线索。如儒家重要典籍《尚书》经秦"焚书"后，汉代出现了今、古文两个系统

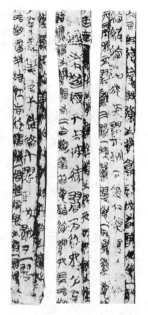

图1-6 湖北荆门包山战国中晚期楚简

的版本。前者为秦博士伏生所传，汉武帝时官方即立博士而传之；后者据传发现于武帝末孔子旧宅壁中，原系用战国文字书写，故称"古文经"。两家经不但篇目文字有异，观点也时有冲突。西晋永嘉之乱，文籍丧失，其后传世之《古文尚书》为东晋豫章内史梅赜提供，其中存在不少问题，唐以后屡遭学者质疑，至清代，经阎若璩《尚书古文疏证》考定为"伪书"。清华简堪称2000年来第一次向世人展示了先秦《尚书》写本的部分真相，其中《金縢》《康诰》《顾命》等篇目与传世本文句多差异，有的篇题都不相同，更多的则是前所未见的篇章。像《尚书》中的名篇《傅说之命》，即先秦文献引用的《说命》，和传世伪古文就不同。而《厚父》《封许之命》《摄命》亦皆属《尚书》佚篇。足证今本《古文尚书》确包含了不少后人作伪的成分。而简中的《楚居》篇，详细叙述了先秦楚国君主自始祖季连直到战国中期楚悼王（前401—前381）的世系和居住建都之地及其历次迁徙原因。《系年》所记西周初年到平王东迁的历程，其中战国前期各章，不少重大事迹多为传世文献所缺载，或对我国传世的《左传》《国语》《史记》等典籍有重大订正作用。其余如《子产》《郑武夫人规孺子》《管仲》《郑文公问太伯》《子仪》诸篇，也都有类似的价值。此外，其中还保留了有关我国古代最早实用算具、战国时代楚地占筮方法、节气推算等方面的珍贵材料。

（二）秦简的发现

1. 1975年湖北云梦睡虎地11号墓等出土，1 150余支，其中有秦《日书》和秦律等。

2. 1986年甘肃天水放马滩出土，400余支，内容与《日书》相似。

3. 1989 年云梦龙岗出土，160 支，多为秦律。

4. 1993 年湖北江陵王家台 15 号秦墓出土，400 支，除《日书》和秦律外，还有《归藏》残简。

5. 2002 年 6 月湖南龙山县里耶镇里耶战国—秦汉古城废弃的秦末一号古井中发现的 37 000 余枚秦代简牍和 2005 年 12 月在北护城壕 11 号坑中出土的 51 枚秦代简牍，约 20 余万字，字体属古隶，内容多为官署档案，内容极为丰富，涵括了户口、土地开垦、物产、田租赋税、劳役徭役、仓储钱粮、兵甲物资、道路里程、邮驿津渡管理、奴隶买卖、刑徒管理、祭祀先农，以及教育、医药等相关政令和文书等社会各方面。公文中的朔日干支是研究秦汉时期历法的重要依据，数量众多、内容详备的公文形式，为研究秦汉公文制度打开了新的窗口。其中还发现了我国最早、最完整的乘法口诀表。而简书上"洞庭郡"，史书无记，经考证，知为原楚黔中郡入秦后所改（或以为乃分其南部置此），为秦三十六郡之一，即班固所说"长沙郡"，秦二世末废，入汉，改置长沙国（南）和武陵郡（北）。

（三）汉简

汉简数量更多，继 1957 年甘肃武威出土 469 枚汉简后，1970 年代以来，山东临沂银雀山、河北定县（今定州）八角廊、湖南长沙马王堆、湖北江陵张家山、青海大通孙家寨、江苏连云港东海县尹湾村等，均有大量发现。进入新世纪后，有 2003 年长沙市中心湖南省供销社基建工地 8 号古井出土的西汉简万余枚。北京大学于 2009 年初获赠一批西汉竹简（自海外购得），总数达 3 300 多枚，内容为《仓颉篇》、保存最完整的古本《老子》、目前所知年代最早的古小说《妄稽》，以及《周驯》（诸子类，失传已久）、《反淫》（汉赋类）等。2010 年长沙地铁五一广场站工地 1 号井窖内出土东汉简牍近 7 000 枚，内容多与侦查追捕罪人及诉讼相关。2011 年江西南昌西汉海昏侯刘贺墓出土简 5 200 多枚，为《诗经》《礼记》类、祠祝礼仪类、《论语》《春秋》经传、《孝经》，以及子书、六博、方术类等文献。2012 年 7 月至 2013 年 8 月，成都金牛区天回镇出土的九部医书简，计共 920 枚。2018 年 10 月至 2019 年 3 月湖北荆州胡家草场西汉墓出土简 4 600 余枚，内容涉及岁纪、历日、法律文献、日书、医方、簿籍、遣册等七类，其中历日简具有数量最多、年代跨度最大的特点；法律简新见律名有外乐律、蛮夷杂、蛮夷士等六种律，堪称目前出土文献中数量最多、体系最完备的西汉律典。

此外，1996 年长沙走马楼建筑工地 22 号古井发现三国吴简十几万枚，数量巨大，总字数超过 300 万，为三国吴嘉禾元年（232）至六年（237）长沙郡的部分档案。按形制可分为大小木简、木牍、竹简、封检、标识签牌等；按书体包括楷、隶、章草、行、草书等多种形态；按内容可分为券书、司法文书、长沙郡所属人名民簿、名刺和官刺、账簿等，大多与户籍人口登记及缴纳赋税有关。这些简牍，对了解三世纪时长沙郡和吴国历史乃至我国中古史具有十分重要的价值，目前经整理为《长沙走马楼三国吴简·竹简》（9 卷 27 册）等，分卷陆续出版。

这些竹简古书的发现，极富史料价值。而从古文献学的角度看，裘锡圭认为至少有三个方面的重要意义："1. 提供了大量有价值的佚书。2. 提供了一些目前尚有传本的古书的最早本子。3. 使我们对古书的真伪、时代和源流等方面的问题有了进一步的认识。"如双古堆和居延、敦煌汉简中的《仓颉篇》，为目前所见最早的字书。张家山 247 号汉墓出土的《脉书》《引书》和马王堆帛书中讲经脉、导引等书和五十二病方等，是目前所见最早的医书。有的则为我们提供了目前所能见到的最早律令、军法、历谱、地图、天文、数学等古书。马王堆、银雀山、郭店等地出土的《老子》《孙子》等，使我们看到了这些书的早期面貌。还有一些先秦古籍，如《六韬》《尉缭子》《晏子》《鹖冠子》等，相当一个时期以来被人认为是汉以后人的伪作，但出土简帛书则表明其确为先秦作品。作为三《易》之一的《归藏》，过去认为古书所引者乃伪书而非先秦之旧，王家台秦墓出土的《归藏》残简却证明古书所引的正是先秦之作。凡此，都将改变学术界的一些旧说。①

而一大批战国简的发现，还对我国古文字的一个特殊系统，即战国时东方六国文字的研究起了极大的推动作用。民国初年，王国维曾在《史籀篇疏证》《桐乡徐氏印谱序》《战国时秦用籀文六国用古文说》等文中，通过先秦古文、籀文与战国时兵器、陶器、玺印、货币所刻文字的比较，对古文字的演变系统提出了独到的见解。认为汉儒许慎等以"古文"早于"籀文"的说法实系一种误解，事实上，"古文、籀文者，乃战国时东、西二土文字之异名，其源皆出于殷周古文。而秦居宗周故地，其文字犹有丰镐之遗，故籀文与自籀文出之篆文，其去殷周古文反较东方文字（即汉世所谓古文）为近。自秦灭六国，席百战之威，行严峻之法，以同一文字，凡六国文字之存于古籍者，已焚烧划灭；而民间日用文字，又非秦文不得行用。观传世秦权、量等，'始皇廿六年诏'后多刻'二世元年诏'，虽亡国一、二年中，而秦法之行如此，则当日同文字之效可知矣。故自秦灭六国以至楚汉之际，十余年间，六国文字遂遏而不行。汉人以六艺之书皆用此种文字，又其文字为当日所已废，故谓之'古文'。此语承用既久，遂若六国之古文即殷周古文，而籀、篆皆在其后，如许重叔《说文序》所云者，盖循名而失其实矣"②。虽然其"战国时秦用籀文"之说难以令人信服，但对"古文"的看法则显示出敏锐的判断力。如果说当年王国维下此判断时，由于战国文字尚未大量发现（王氏只能依据兵器、陶器、玺印和货币上所刻少量文字立论），还只能算是一种推测的话，那么，随着近几十年来大量战国简书的出土，这一结论已完全得到了证实。近几十年来，有关六国文字的研究已成为古文字学界最具创造活力的一个热点和亮点，并出现了何琳仪

---

① 裘锡圭：《中国出土简帛古籍在文献学上的重要意义》//《北京大学古文献研究所集刊》（一），北京燕山出版社 1999 年版，第 4 页。

② 王国维：《战国时秦用籀文六国用古文说》//《王国维全集》卷八，第 197—198 页。

《战国文字通论》（中华书局，1989）和汤余惠主编《战国文字编》（福建人民出版社，2001）等比较系统成熟的研究著作。

有关简牍文献的编集、解说和研究论著很多。汉简方面比较集中的资料汇编有 1977 年日本东京堂出版的《汉简》十二册，以及《武威汉简》《银雀山汉墓竹简》。而目前最系统的当推初师宾主编的《中国简牍集成》（标注本，敦煌文艺出版社），全书以图文形式囊括了 20 世纪国内发掘并发表的所有简牍，凡正编 12 册，包括图版卷、甘肃省卷、内蒙古自治区卷，出版于 2001 年。二编 8 册，包括湖南省卷、新疆维吾尔自治区卷、青海省卷、山西省卷、河南省卷、河北省卷、安徽省卷、江苏省卷、江西省卷、四川省卷、广西壮族自治区卷、北京卷，出版于 2005 年。内容涵盖律令、官府和社会文书、私人日记和书信等最原始的第一手资料，涉及政治史、经济史、古文书学、古文献学、档案学、考古学、语言学等，相当于建立了一座简牍资料文库，不仅收录了这些珍贵的原始资料，同时对全书进行整体的文字整理、标点和注释，尤其是对各历史时期简牍的特定用语、习惯用语以及口语文字进行考证性解释。

至于帛，本是丝织品的统称，又有素、缯、缣等名称。它作为书写材料，约盛行于春秋战国至汉时，较之简牍，有着质地轻软、易于书写和携带等优点。写在帛上的文字，可依篇幅的长短剪裁下来，折叠起，称为"幡纸"。通常一篇文字卷为一卷，短文则几篇合为一卷。帛书一般高二尺二寸，汉代的帛书形式更讲究，有专门用作写书的帛，上织有色界行，称"朱丝栏""乌丝栏"。不过，帛缣价格昂贵，不便推广，东汉以后，自蔡伦纸出，用者渐少。《后汉书》云："自古书契多编以竹简，其用缣帛者谓之纸。缣贵而简重，并不便于人，伦乃造意，用树肤、麻头及敝布鱼网以为纸。元兴元年（105）奏上之，帝善其能，自是莫不从用焉，故天下咸称'蔡侯纸'。"①

由于帛较竹木简更易毁坏，故现在保存下来的帛书文献极少。最为著名的有 1942 年 9 月出土于长沙东南郊子弹库的战国中晚期楚帛和 1973 年长沙马王堆 3 号汉墓出土帛书。前者包括较完整帛书一件和十多件残片，较完整者长 38.5 厘米，宽 46.2 厘米，图文并茂，上书楚文字 900 余。中间为两大段字，一段 8 行，一段 13 行，行文方向上下相反；四周有 12 个图像，旁各附一段文字。四角还有青、赤、白、黑四色树枝图像。内容涉及四时、天象、月忌、创世神话等，当系术数类文书，对研究战国楚文字以及当时的思想文化有重要价值。原件后辗转流至美国，由华盛顿赛克勒美术馆转入纽约大都会博物馆。后者是迄今我们能看到的最完整、最丰富的古代帛书，包括近 50 种古籍和图谱，凡 12 万字，详情可见文物出版社的《马王堆汉墓帛书》。

综合性的研究性论著有陈梦家《汉简缀述》、林剑鸣《简牍概述》（陕西人民出版社，1984）、郑有国编著《中国简牍学综论》（华东师范大学出版社，1989）等。兼及简

---

① 范晔：《后汉书·宦者列传·蔡伦传》，中华书局 1965 年版，第 2513 页。

图 1-7　长沙子弹库出土战国中晚期楚帛

帛两者有张显成《简帛文献学通论》（中华书局，2004）、陈斯鹏《简帛文献与文学考论》（中山大学出版社，2007）和李均明等《当代中国简帛学研究》（中国社会科学出版社，2011）等，可参考。

四、写本文献

这里所说的写本，主要是指在雕版印刷普遍流行之前的手写文书卷册。本来这部分文献历经岁月，保存下来的很少，即使有，也都被视为秘宝，一般人极难看到。清末以来，随着一系列西北考古的大发现，情况有了极大的改变，其中最为重要的，是敦煌石室遗书、西夏文书和吐鲁番文书的现世。

（一）敦煌遗书

壁封于甘肃敦煌千佛洞第 16 号窟甬道北壁小窟（即今编第 17 号窟，世人所称之"藏经洞"）上千年的大批经卷和文书，1900 年 6 月被发现，其后又有一些经卷文书陆续出于他窟（如今编第 464 号窟）、土地庙残塑和当地民间。这些出土文书，统称"敦煌遗书"，多为六朝、唐人写本，也有晚至蒙元时期者。1907 年和 1908 年，英国人斯坦因和法国人伯希和（Paul Pelliot，1878—1945）先后通过欺骗和许诺向寺院捐功德钱的贿赂手段，将大量精美的文书和绢画珍品劫往国外。稍后赶到的日、俄、美等国探险人员也争相掠夺。直到 1909 年，清廷才在一些学者的催促下，将藏经洞劫余 8 000 多件运至京师图书馆收藏，只是这一过程中，仍有不少遗书被敦煌道士王圆箓和各级官员用各种手段，私下截留。

图 1-8 伯希和在藏经洞挑选文书（左）、《金刚经》敦煌写本

据最新估计，敦煌遗书总共五万多件，包括汉、藏、梵、婆罗迷、突厥、于阗、龟兹、粟特、回鹘等多种文字，其中：中国国家图书馆藏 16 000 件，英国国家图书馆藏 13 677 件，法国国立图书馆藏 7 000 余件，俄罗斯科学院东方学研究所圣彼得堡分所藏 18 000 余件。内容以宗教典籍最多，约占 80%，涉及佛教、道教、景教、摩尼教、袄教等，世俗文献占 20%①，内中传统经史子集四部之书，有不少为久佚之作，其余有关户籍、账册、历本、契据、信札、状牒等文书，有很高的史料价值，对研究当时的政治、经济、文化、边防、民族关系、宗教，提供了十分难得的依据。

有关敦煌文书资料的集录，较早多赖参见中国社会科学院历史研究所编的《敦煌资料第一集》与日本池田温编的《中国古代籍账集录》，以及王重民编的《敦煌遗书总目索引》等。但供一般学者查阅使用的材料毕竟太少。近些年来，随着敦煌文献大规模整理出版工作的推进，情况始得到了极大改善。1987 年，中国社会科学院历史研究所和中国敦煌学会"敦煌文献编辑委员会"、英国大不列颠图书馆东方写本与图书部、伦敦大学亚非学院两方四家单位在伦敦议定出版《英藏敦煌文献·汉文佛经以外部分》（四川人民出版社，1990—1995），凡 15 卷。1990 年夏，上海古籍出版社与苏联决定联合出版列宁格勒（今俄罗斯圣彼得堡）所藏全部敦煌、吐鲁番和黑水文献，共计 20 册，其中《俄藏敦煌文献》（1992—2001），全 17 册。1994—2005 年，上海古籍出版社又与法国国立图书馆合编出版《法藏敦煌西域文献》，全 34 册。1992—2007 年，上海古籍出版社复推出《敦煌吐鲁番文献集成》。2005—2012 年，北京图书馆出版社陆续推出《国家图书

---

① 杨富学：《敦煌遗书研究：机遇与挑战并存》，《中国社会科学报》2014 年 2 月 28 日 6 版。

馆藏敦煌遗书》，共 146 册。继俄藏、法藏和中国国家图书馆藏敦煌文献出版后，浙江大学敦煌学研究中心也主持出版了《敦煌文献合集》（佛教文献除外，经部 11 册于 2008 年出版，小说部分 1 册 2010 年出版）。由上海师范大学和英国国家图书馆共同编辑英藏 14000 号遗书（其中后 6000 号为首次公布），还首次全部编就《英国国家图书馆藏敦煌遗书》（总计约 100—120 册），其第一批 10 册，2011 年 9 月由广西师范大学出版社出版，2013 年 3 月和 12 月又分别出版 11—20 册和 21—30 册，至 2017 年，已出 50 册。这些都为今后的研究提供了极大的便利。在此基础上，上海师范大学还组织人员着手《敦煌遗书库》数据库的编制工作，拟将 58 000 条汉文文献按照文物、文献、文字等三个方面进行著录，共有 14 个大项 47 个小项，已初步具备了按不同预设条件进行检索、分类、索引、缀残等功能。其目标是建立一个包含敦煌遗书总库（遗书目录库、图版库和壁画库）、研究资料库、知识库、古籍库、参考工具书等多方面功能的网络资料和研究平台。

有关敦煌文献及其研究的综合性论述，则可参考林家平等撰写的《中国敦煌学史》（北京语言学院出版社，1992），以及刘进宝《敦煌学通论》和荣新江《敦煌学新论》（两书均为甘肃教育出版社 2002 年版）等。

（二）西夏文书

西夏（1038—1227）是古代党项族建立的王国，前后延续近二百年，不仅创造过西夏文（据专家研究，全部西夏文字共计 5 917 字，而实际上有意义的字共 5 857 字），还留下了大量文献。蒙古灭西夏后，其文字尚在当地流行至明代，后渐湮没，至清已无人能释读。直到嘉庆九年（1804），西北学者张澍在甘肃武威家乡大云寺发现西夏崇宗乾顺天佑民安五年（1094）《重修凉州护国寺感应塔碑》，销声已久的西夏文才重新为人所知。1908 年，俄国科兹洛夫探险队在内蒙古黑水城遗址发掘到了西夏文写本，次年再到该地发掘，收获更为丰厚，总计得西夏文刊本和写本达数百种，其中 80% 为佛经，为 345 种，其他方面文献 60 种，其中还包括了著名的夏汉对译字书《番汉合时掌中珠》，并有汉、藏、回鹘、突厥、叙利亚、女真、蒙古等多种文献。1914 年 5 月斯坦因又在同一地点发掘出大批西夏文献（后被收藏于英国国家图书馆）。其中除大量佛经外，还包括字典、辞书、类书、法律文书和译自汉籍的兵书

图 1-9　重修凉州护国寺感应塔碑

及儒家经典等。这些发现，使之成为与殷墟甲骨、居延汉简、敦煌遗书并称的 20 世纪最重大考古发现，同时也为西夏学的建立和研究奠定了材料基础。1917 年，宁夏灵武县修城墙时掘得五个陶罐，内藏许多西夏文写本和刻本经典，这些出土文献，除有十多卷流失到日、美、法等国外，大多在 1929 年被北平图书馆收购，凡 17 种 99 卷。其中除佛教典籍外，还有《瓜州审案记录》《军抄账》和《粮账》等，以及现存最早的木活字印本《华严经》。1972 年 1 月和 1989 年 9 月，在张义乡小西沟岘、新华乡亥母洞寺先后发现了一批西夏文书，有西夏文和汉文。西夏文书有汇款单、契约、收支账等 6 件，是研究西夏社会政治、经济制度的珍贵实物资料。其中有 2 件盖有西夏文印章的文书，是迄今发现的西夏文书中仅有的资料。

对于西夏文字的研究，早期以罗福苌《西夏国书略说》（1919）和本哈第与查赫的《西夏语文评注》（1919）为代表。1969 年前苏联学者克平等整理刊布了西夏文字典《文海》后，国内外对此研究更有明显的推进。近年来，韩荫晟编《党项与西夏资料汇编》（三卷九册，宁夏人民出版社，2000）对此有相当的反映。1996 年起，上海古籍出版社陆续推出《俄藏黑水城文献》，将俄藏西夏文献 8 000 多编号，整理编为 30 册，包括汉文文献 6 册、西夏文世俗文献 8 册和西夏文佛教及其他民族文字文献 16 册三大部分出版，每一部分皆独立起讫，2021 年已完成出版。同时，《英藏黑水城文献》（5 册）和《中国国家图书馆藏西夏文献》（4 册，2006）也相继出版，为该方面的深入研究提供了极大的方便。

此外，李范文编《西夏研究》（中国社会科学出版社，2005—2007）6 册，汇录了有关西夏学研究的各类论著，杜建录主编的《二十世纪西夏学》（宁夏人民出版社，2004）分类介绍了 20 世纪以来中外学者对西夏学各领域研究的成就得失，对了解西夏学的整个研究状况及其发展趋势也有很大的参考价值。

（三）吐鲁番文书

新疆中部的吐鲁番地区，自汉建高昌壁，至魏晋时均为戊己校尉驻地。东晋时，前凉设为高昌郡。公元 460 年后，称高昌国。唐贞观中灭之，改为西昌州。其间制度文物和通行文字，多同于内地。其地遗留的古文物，20 世纪前期已有不少为外国探险家掠去。

1959 年到 1975 年，新疆文物考古工作者以阿斯塔那、哈拉和卓两墓葬区为重点，进行十三次大规模发掘和清理，获得了 2 700 多件汉文文书，其中晋十六国时期 100 多件，高昌国时期 700 余件，唐代约 1 700 多件。年代最早为西晋泰始九年（273），最晚为唐大历十三年（778）遗物，前后历时五百年。这些文书，主要为契约、籍账（包括户籍、受田账、退田账、差科簿、定户等账）、官府文书、私人信札、经籍写本和随葬礼物疏，以及与十六国政权有关的文书，皆属这一历史时期的社会政治、经济、文化生活诸方面的原始资料，深受学术界重视。

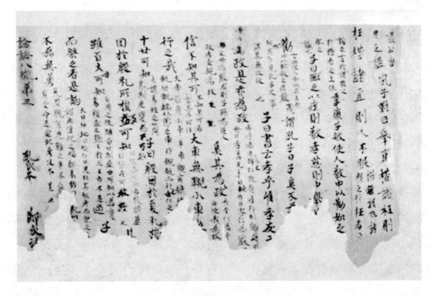

图 1 - 10 吐鲁番文书《论语》写本

1975 年年底起，国家文物局组成"吐鲁番文书整理组"，汇集这方面文献，编成《吐鲁番出土文书》，分简装释文本（10 册，文物出版社，1981—1991）和精装图版本（4 册，文物出版社，1992—1996）行世。所收皆唐代文书，上起太宗贞观十七年（643），下迄中宗景龙四年（710），共收图版 1 200 余幅，释文 900 余条，内容包括诏令、奏表、符牒、辞状等。

此外，荣新江、李肖、孟宪实主编的《新获吐鲁番出土文献》（中华书局，2008）也很值得注意。该书主要刊载了 1997 年以来，特别是 2004—2006 年间吐鲁番新出土写本文书与墓志的碎片和释文，以及部分征集文书，凡 300 多件。时间上偏重于十六国到唐西州时期，出土地点比过去有所扩大。内容以世俗社会公私文书为主，如唐代历日和前秦建元二十年（384）的户籍等。

综合性的研究著作则有柳洪亮《新出吐鲁番文书及其研究》（新疆人民出版社，1997）、王启涛《吐鲁番出土文书研究》（巴蜀书社，2005）、刘安志主编《吐鲁番出土文书新探》（武汉大学出版社，2019）等。

除了以上这些大宗写本文献外，其他各代，包括明清以来的未刊档案、契约、账本、户籍，及未刊手稿、清稿、清抄本等，其性质实也属于或近乎此类。

第二节 传世文献的积存和分布现状

自东汉发明纸张后，始有石刻拓本类文献出现。及至唐宋，随着雕版印刷和活字印刷术的流行，刊本书籍日见盛行，此类传世文籍遂成社会积累最富和最为常见的历史文献。兹略述其历代积存及分布现状如下。

一、古代文献的公私典藏制度

中国古代，官方很早就形成了自觉的文献保存意识和制度。还在殷周时期，作为贵族垄断文化代表史官的基本职责之一，便是负责保存各类国家文档典籍。《尚书·多士》称："惟殷先人，有册有典。"甲骨文中，也零星发现有存档的编号，可见殷墟的甲骨文献实为当时的王室档案。周代则有守藏室之史或柱下史专掌保存文献之职，并制定了"凡藏秘书，藏之于匮，必以金缄其表"① 的保管措施。秦汉以后，这方面的制度日臻完善，司马迁写《史记》，就曾大量参考王室的"金匮石室"藏书。东汉的东观、兰台，魏晋南北朝的秘书内外之阁，唐代的三馆，宋元的架阁库，明代的皇史宬，清代的内阁大库，都是历代王朝集中保管文献之处，其所保存的材料，既有历代的典籍，也有当朝的各种政府档案。并都设有专掌典籍文档的官员，如秦汉的太史令、兰台令史，魏晋六朝的著作郎和著作佐郎等。几乎每个朝代的开国之初或前期，因感鼎革战乱之后，文献损毁严重，都会发布诏令，征集天下图书。同时招聘才学之士，开馆修纂前朝史和国史。如西汉王朝建立后，即"大收篇籍，广开献书之路。迄孝武世，书缺简脱，礼坏乐崩……于是建藏书之策，置写书之官，下及诸子传说，皆充秘府。至成帝时，以书颇散亡，使谒者陈农求遗书于天下"。② 又命光禄大夫刘向等系统校理，共整理出图书 3.3 万多卷。东汉光武帝"未及下车，而先访儒雅，采求阙文，补缀漏逸"，及"迁还洛阳，其经牒秘书载之二千余辆"③，以后东汉政府又屡次组织硕学名儒在东观校理群书。六朝隋唐至清，此风沿袭不替，如唐毋煚精心校理图书 3 060 部、51 852 卷，编为《古今书录》，以及明纂《永乐大典》（收书七八千种，总计 22 877 卷）和清编《四库全书》（收书 3 461 种、79 309 卷，一说收书 3 503 种、79 337 卷，另有"存目"6 793 部、93 550卷）等，皆为官方组织的大规模文献搜集整理工作。

与此同时，民间私家藏书也蔚为风气，唐宋以后尤盛。明清以来著名的地方和私家藏书楼，如明代宁波范氏天一阁和清代山东聊城杨氏海源阁、常熟瞿氏铁琴铜剑楼、浙江湖州陆氏皕宋楼和十万卷楼、钱塘丁氏八千卷楼（以上号称清四大藏书家）等均对近代图书的收藏有很大影响。现对这几家藏书楼的文献收藏情况略作介绍：

（一）宁波天一阁

创建人范钦（1506—1585），明浙江鄞县人。嘉靖十一年（1532）进士，官至兵部右侍郎。其藏书楼建于嘉靖四十至五十年。其后子孙十余代恪守此业 400 多年，藏书最多时达七万余卷，其中多宋元以来刊本、稿本、校本，尤以明代方志、登科录、政书为收藏特色。前后收藏的明代方志达 435 种，现存 271 种，约 65% 为海内孤本，1980 年代

---

① 《尚书·金滕序》孔颖达引郑注//《十三经注疏》，中华书局 1979 年版，第 196 页。
② 班固：《汉书·艺文志序》，中华书局 1962 年版，第 1701 页。
③ 范晔：《后汉书·儒林传序》，中华书局 1965 年版，第 2545、2548 页。

图 1-11 宁波范氏天一阁

上海古籍书店曾选择其中 107 种刊为《天一阁藏明代方志》。其藏书楼至今仍保存完好。

（二）铁琴铜剑楼

位于常熟古里镇西街。创建者瞿绍基，于清道光年间收购常熟稽瑞、爱日两家藏书，合旧藏积十余万卷，因楼中收藏古铁琴、铜剑各一，遂以"铁琴铜剑楼"名之。其子镛继承父业，再收黄丕烈士礼居藏善本，前后得宋、金、元旧刻及稀见稿本和抄本 1 242 种，其中经部 82 种，史部 265 种，子部 370 种，集部 525 种。建国后分别捐于北京图书馆（善本 70 余种）和上海图书馆，其余一度归常熟市图书馆。其后人瞿凤起后

1-12 常熟瞿氏铁琴铜剑楼

入上海图书馆工作。1986 年，常熟市对铁琴铜剑楼重新修整，并将部分图书归还该楼。

（三）海源阁

位于山东聊城古城万寿观街路北。创建人杨以增，官至清兵部侍郎、江南河道总督、漕运总督，生平嗜书，后得"士礼居"大部藏书，于道光二十年（1840）建此阁。其子绍和、孙保彝复加搜集，藏书达 3 200 余种，20 万卷以上，其中宋元珍本约 460 余种，11 000 余卷，其他如唐人写经、宋元抄本及明清珍本尚未统计在内。1927 年杨敬夫将其家藏书移至天津，颇受损失。1931 年杨家复以八万银元抵押于天津某私人银行，后辗转归于北京图书馆，部分流散于山东济南与全国其他图书馆。

（四）皕宋楼和十万卷楼

创建人陆心源（1834—1894），清浙江归安（今湖州）人。咸丰举人，官至福建盐运使。聚书 15 万卷，自以有宋版书 200 多种，元版 400 多种（其中有不少为分一书为数种或以翻宋本为宋本者，故实际仅百余种，元本亦为百余种），较黄丕烈"百宋一廛"多一倍，故有"皕宋楼"和"十万卷楼"之称。后因家道中落，1907 年被迫将书出售日本岩崎弥之助，现藏日本静嘉堂文库。

（五）八千卷楼

由清钱塘（今杭州）丁国典创建，以其北宋时祖先有书八千卷，故题此名。其孙丁丙与兄丁申复将搜集与访书抄录所得另辟室收藏，称"后八千卷楼""小八千卷楼"，总称"嘉惠堂"。藏书凡八千余种，二十万卷。其中多《四库全书》未收之宋、元、明刻善本。1907 年，丁氏经商破产，变卖家产，本欲将藏书出售日本"静嘉堂文库"。经缪荃孙呼吁，清官方始以 73 000 元购归江南图书馆，曾藏于南京龙蟠里，现在南京图书馆。

二、历史文献的分布现状

中国古代文献历经各种战乱、自然因素以及统治集团出于政治考虑的禁毁，曾屡遭严重破坏。隋牛弘曾论及隋以前书有"五厄"，即秦始皇焚书、西汉末战乱、东汉末董卓之乱、西晋"八王之乱"和南朝梁侯景之乱。隋以后，又经历隋末之乱、唐"安史之乱"、北宋末"靖康之变"、南宋末元兵南下等，毁及图籍无数。清以修《四库全书》为名，将征集来的图书中大量不利其统治的书籍销禁，总数达 13 862 部，孙殿起指出："乾隆三十九年八月诏书中曾明言：'明季末造，野史甚多，其间毁誉任意，传闻异词，必有抵触本朝之语，正当及此一番查办，尽行销毁，杜遏邪言，以正人心而厚风俗，断不宜置之不办。'四库馆臣以后并议定查办违碍书目条款……据《禁书总目》、《掌故丛编》、《办理四库全书档案》诸书考之，在于销毁之例者，将近三千余种、六七万部以上，种数几与四库现收书相埒。"① 这是另一类型的"焚书"。近代以来，八国联军之

---

① 孙殿起：《清代禁书知见录·自序》，商务印书馆 1957 年版。

役、民国后的军阀混战、抗战时期，也都使我国历代文籍遭到空前浩劫。因此，历代著录的古籍和其他文献，有许多今天已无法看到。

中国的古籍，包括史书在内，究竟有多少，目前尚难提出精确数字。据有人粗略估算，我国历代著录的图书，据不完全统计，至清代已在 18 万部以上（当然其中不少已经散失）。仅 1959 年上海图书馆所编《中国丛书综录》，收入单种文献计 38 891 种，未收入丛书的单刻本文献，据孙殿起《贩书偶记》与《续编》统计，清人著述约 16 000 余种。清以前至少有 10 000 种，两者共计 26 000 种左右。另加全国 180 多个图书馆收藏的地方文献、方志等 8 500 多种，和各种小说、戏曲、唱本、佛经、道藏以及谱牒、金石拓本等，总数已在 8 万种以上。实际上，这还是比较保守的估计。因为仅《中国古籍善本书目》所收我国大陆地区的现存善本书即有 6 万种。而根据 2009 年 6 月完成的《中国古籍总目》（26 卷，中华书局与上海古籍出版社，2012），现存古籍总量约为 20 万种。如果加上民国以来出版的图书，总数可能在 80 万种以上。这些文献分布在全国各地的图书馆、高等院校、研究院所和档案馆，现将其分布的地区特点略作说明。

（一）古籍文献

主要指清以前形成的古代典籍或文献，行文用文言，多无标点，外形通行线装，20 世纪以来的重排本则多取平装，1949 年之前刊印的平装本也称"旧平装"。此类文献，特别是线装古籍，目前收藏最多的是北京国家图书馆，这是历史原因造成的。其次是上海图书馆。其他典藏古籍较多的地区性图书馆有南京图书馆、浙江省图书馆、广州中山图书馆、天津图书馆、湖北省图书馆、四川省图书馆、陕西省图书馆、云南省图书馆等。上海周边的苏州、常熟，原为东南人文荟萃之地，故其地方藏书也颇具特色。此外，中国科学院国家科学图书馆、北京大学、清华大学、北京师范大学、南京大学、南开大学、复旦大学、武汉大学、四川大学、山东大学、中山大学等历史较悠久的高校，也都有相当的收藏。

（二）现代文献

这主要是指 20 世纪以来形成的各类文献和出版物。就其出版物而言，国内收藏较集中且颇具特色的，一是上海图书馆，处近代以来华洋杂居之地，近代印刷业发达较早，于该时段早期（1900—1928）出版的平装书和期刊收藏尤多。上海辞书出版社资料室保存的原上海商务印书馆藏书的劫后余存，虽然数量不大，也颇值得留意。二是南京图书馆，其所在地为国民党时期首都，乃当时全国书刊的集散之地，故自具其收藏方面的优势。三是重庆图书馆，为抗战时期国民党政府陪都，此期出版的书刊，以之为交流集散中心，故相关收藏亦富。

（三）地方文献

其中最值得注意的为两方面：

一是方志，包括总志、省、府、厅、县、卫、所、关、镇、岛屿，以及山、水、湖、塘、园、寺庙、书院和名胜古迹等志，这些方志的编纂，大多依据当时当地的档

图1-13 《中国地方志联合目录》

案、卷册、谱牒、传志、碑碣、笔记、信札等原始资料，保存了丰富的地方自然和社会史料，极具参考价值。目前全国所存方志的数量，据中国科学院北京天文台所编的《中国地方志联合目录》（中华书局，1985），国内190个藏书单位实际收藏的传统方志共达8 500余部，其中北京图书馆约6 000余部，上海图书馆约5 000部（其中原藏徐家汇藏书楼的方志为过去天主教传教士所搜集，极有特色），南图约4 000部。如果加上流散国外的方志，数量将更大。

二是谱牒，包括家谱、族谱、宗谱、世谱等，在研究地方史、人物事迹和社会史方面，都有相当的参考意义。其中家谱的数量尤巨。家谱的中心是记载世系，内容以男子为主干，其排列按照血缘关系，先兄后弟，妇女附于男子，女儿附于父亲，且女子往往不记名。家谱的编写，大体包括世系（血缘关系图）、世系录（简要记录每人的出生、排行、字号、科第、仕途、封赏、婚姻、生卒年月日、葬地、子女等）、谱序（叙修谱经过等）、恩荣录（收录有关诰命、敕书、御制碑文、匾额等）、谱例、像赞、图、传志（重要人物墓志表等）、诵芬录、懿行录（有关妇女之懿言嘉行）、宗规家训、文献、志（有关专门事项之记载）、陈设图（祭祀时陈设祭品之位次图）等。其所提供的人物传记、诗文、人口、迁徙、宗族制度等资料，都足资历史研究和社会学研究参考。一些有远见的学者和收藏家，早就对家谱的价值十分关注，如已故的原上海图书馆馆长顾廷龙曾率领十多人在上海、江苏、浙江、安徽、江西等地抢救家谱，从废纸化浆池边抢出5 800余种47 000多册，使上图收藏的家谱达到了12 000余种，近十万册。最新的数据是上海图书馆共收藏有约15 000种（1949年前编的为11 700种）中国家谱，为国内外收藏中国家谱（原件）数量最多的单位。这些家谱分为328个姓氏，其中张、陈、王等姓在500种以上，吴、李、刘等姓在400种以上，周、朱、徐、黄、杨、胡等姓也达数百种之多，冷僻姓氏有80余种。地区涵盖全国20余个省市，以浙江、安徽为最多，前者以浙东地区为多，后者以徽州地区最为集中。其次是江苏、湖南、江西、四川、福建、山东、湖北等省。其中多为清代、民国期间木活字本和刊本，但也不乏珍稀版本，最早者为宋内府写本《仙源类谱》（残页），明刊本、明抄本有200余种，稿本及纂修底本也不少见。此外，还有相当一部分上海开埠后外地来沪发展人士的家谱，对于研究上海近代史有重要的史料价值。①

---

① 关于上海图书馆家谱的收藏情况，详请参阅王鹤鸣等主编的《上海图书馆馆藏家谱提要》（上海古籍出版社1999年版）。

关于现存家谱的数量，仅 1997 年中华书局出版的《中国家谱综合目录》著录 1949 年以前出版的就达 14 719 条。在祖国大陆，这方面的文献，除各地图书馆有收藏外（有的地方图书馆设有专门的收藏部），还有不少流散在民间，其中绝大多数都未刊印。据江西研究家谱的学者估计，仅该省民间收藏的家谱就可能超过 4 万种。台湾地区有相当的收藏，如 1987 年出版的《台湾区族谱目录》，即收有 10 600 多部（其中多新修者），台湾《联合报》文化基金会 1981 年所设立的国学文献馆，也十分重视家谱的收藏。此外，日本东洋文库、国会图书馆和东京大学东洋文化研究所等部门也收藏了 1 700 多种中国家谱。美国哥伦比亚大学藏有 1 000 余种，美国国会图书馆 500 余种，哈佛燕京图书馆 200 种，加州大学、芝加哥大学也有收藏，特别是总部在犹

图 1 - 14　中国家谱综合目录

他州盐湖城东北庙街的犹他家谱学会，收藏中国家谱的胶卷达 5 000 余种。我们的研究应注意开发这方面的资源。

（四）民间文书

民间文书的发掘和研究，近几十年来成果显著，其中影响较大的有：

1. 徽州契约文书

指唐宋以来徽州一府六县（黟县、祁门、歙县、绩溪、休宁和婺源）地区民间积存的各类文书。唐中叶至明清时代，随着徽州一带文化教育的发达和徽商的渐渐崛起，该地区逐步形成了重视契约文书保存的民间习俗，加之其地处山区，历代兵燹较少波及，使当地长期积淀了大量内容丰富的契约文书，其中既有土地山林等买卖和租佃契约、土地户口册（即鱼鳞图册）和赋役黄册、公私告示禁约、宗法家族文书、宗教祭祀文书，也有徽商的商业合同、借据、会票，另外，地方官府的公务文书特别是各种法律诉讼文书、教育文书等也数量颇丰。

20 世纪以来，随着社会变迁和动荡的加剧，这些躺在深山的文书逐渐外流，尤以抗战结束以后、1950 年代全国土地改革和"文革"动乱时期为甚。这一过程，一方面使大量徽州契约文书遭到人为毁弃，另一方面也引起了社会学术部门的注意。当抗战胜利之初，南京和沪、杭等地就有一些徽州人为接济生活窘困，在市场出售此类古旧的契约文书，被复旦教授方豪购得，方氏 1949 年赴台湾后，1971 年至 1973 年以《战乱中所得资料简略整理报告》为副标题，将之发表于台湾复刊的《食货月刊》上，共 12 篇。1956 年后，大陆学术机构也日益重视这方面资料的搜集保存，中国第一历史档案馆、中国历

史博物馆、北京图书馆、北京大学图书馆、北京师范大学图书馆、中国社会科学院历史研究所和经济研究所图书馆、南京大学历史系图书馆、安徽省博物馆、安徽省档案馆、安徽省图书馆、黄山市博物馆以及黄山市属各县和绩溪、婺源等县博物馆、档案馆、图书馆，都开始积极收藏徽州契约文书，其过程一直持续到 1960 年代"文革"前夕。据估计，这次流传出来被各大收藏机关收藏进库的徽州契约文书大约有 10 余万件。其中，目前已知的南宋时期徽州契约文书全部是这一时期流传出来的。"文革"中，徽州契约文书再次遭受浩劫。直到改革开放后，徽州山区的部分契约文书再次引起了学术界的重视，此后，海内外收藏和研究机构以及研究者个人，乃至从事文物收购的商贩都加入了这项文书的收购行列。有专家估计，其间流出的徽州契约文书约达 15 万余件，仅安徽省图书馆、安徽大学、黄山市博物馆、徽州师范专科学校（现黄山学院）、祁门县博物馆和安徽师范大学等单位所收就有近 8 万件。另外，集中在北京、上海、合肥和黄山等地的私人收藏者，此期收藏也可能有 5 万余件，而徽州民间尚未流传出来的徽州契约文书大约还有 10 万件左右。如果再加上台湾地区，以及美国、日本等国的收藏单位和不为人所知的收藏者所收藏的徽州契约文书来看，其总数应不下于 35 万—40 万件，甚至可能达到 45 万—50 万件。

徽州契约文书目前所知时间最早的可追溯到南宋时期，恰好与敦煌文书的下限相接，最晚的在民国年间，其中有土地买卖的红契、皇帝的敕书和名人的墨宝等，其本身就具有历史文物的价值，安徽省博物馆收藏的宋元时期数张徽州契约文书，有的已被文物专家鉴定为一级文物，就是一个典型的例证。其次，徽州契约文书具有重要的学术研究价值。徽州千年契约文书作为那些时代社会生活的真实记录，更是为后人研究当时徽州和全国经济与文化状况提供了难得的第一手材料，以致这项大宗民间文书的发现，还直接触发了一门新学科——"徽学"的产生和繁荣。

在徽州契约文书的整理出版方面，目前已标点或影印的相关文献约有一百部（种）之多。其中较重要的为：① 张海鹏、王廷元主编的《明清徽商资料选编》（黄山书社，1985），这部分类辑录的徽商资料专集，至今仍是很多徽学入门者的必读之书；② 王钰欣、周绍泉主编的大型影印本《徽州千年契约文书》（花山文艺出版社），分宋元明编20 册（1993）和清民国编 20 册（1994），收录相关租佃文约、田土契约、合同文书、卖身契、典当文约、税契凭证、赋税票据等；③ 黄山书院编纂《中国徽州文书》影印本，其中民国部分前 10 卷由清华大学出版社出版于 2010 年，后 10 卷由合肥工业大学出版社出版于 2016 年；④ 李琳琦主编《安徽师范大学馆藏千年徽州契约文书集萃》（安徽师范大学出版社，2014）；⑤ 刘伯山主编《徽州文书》（广西师范大学出版社，2005—2017），目前已出 6 辑，每辑 10 卷。皆足供参考。

2. 清水江文书

即"清水江民间契约文书"，又称锦屏文书，主要是指明末清初以来直至 1950 年代约四百年间，贵州清水江中下游地区苗族、侗族林农为经营混林农业和木商贸易而形成的大量民间契约和交易记录，其中包括契约、账单、税单、家产清单、纳粮执照、诉状、判辞、官府告示、算命书、风水书、清白书、分关书、婚书、休书、过继契约、陪嫁资契、保结书、碑铭、日记、教材稿本等类别的文书。2010年2月被列入"中国档案文献遗产名录"。据估计，目前至少尚有十多万件遗存于民间，也有专家推测为三十余万件，主要分布和保藏在清水江流域中下游黔东南苗族侗族自治州的锦屏、黎平、天柱、三穗、剑河、台江、岑巩等县苗族侗族农户家中。1964年，中国科学院贵州分院民族研究所（现贵州省民族科学研究院）少数民族社会历史调查组成员杨有赓等人首先关注到此类民间文书，并从村民手中获得了300余份带回贵阳作为重要历史资料保存。1988年，杨有赓发表的有关清水江文书研究成果引起了日本武内房司（日本学习院大学中国史学教授）和唐立（东京外国语大学亚非语言文化研究所教授）等人的关注，遂与杨氏合编《贵州苗族林业契约文书汇编》（三卷，东京外国语大学，2001—2003），从而将此项民间文书推向了国际学术界。2001年以后，中山大学等高校学术机构正式加入此项民间文书的搜集整理。2007年以来，贵州大学与贵州民族文化宫合作，按照联合国教科文组织"世界记忆工程"的国际文献遗产保护技术规范，运用当前国际最先进的信息科技，成功研发了一套清水江文书数字典藏系统和保护管理工作平台，次年夏，又在第十六届国际档案大会上成功举办专题讨论，影响日大。①

有关清水江文书比较集中的汇编有：张应强等编《清水江文书》（广西师范大学出版社，2007—2011），共3辑33册，共收文书15 000份；贵州省档案馆等单位合编《贵州清水江文书》（贵州人民出版社，2018），共5辑25册。

3. 太行山文书

指以太行山地区为中心的河北、河南、山西、山东四省及其相邻地带保存的民间文书。其特点可归纳为：（1）具有鲜明的跨省区特色，是目前所知华北平原地区最大批量的民间文书资料遗存。（2）时代跨度大，上起明代中期，下至1980年代，是研究明清至今该地区历史变迁和社会基层各方面运作的重要第一手资料。（3）类型齐备，包括契约、账册、风俗文书、杂字册、会社文书等，涉及民间社会、历史、经济、风俗、文化、教育各方

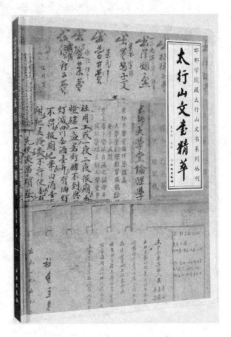

图1-15 太行山文书精萃

① 关于这方面情况，可参见黔史《清水江及清水江文书》（《贵州日报》2018年1月26日第12版报道）和吴才茂《近五十年来清水江文书的发现与研究》（《中国史研究动态》2014年第1期）。

面。（4）有相当数量的目前保留下来的文书具备较好的归户性，具备民间文书的归户性整理优势。民间文书的归户性形态，可以为学者研究具体的行业、商户、家庭、家族、村落、村镇等社会运营个体，并在其基础上为综合考察历史与社会最基础、最小单位的历史实况，提供最有价值的资料支撑。

邯郸学院自2013年起就致力搜集"太行山文书"，所藏民间文献目前已不下20万件，并建立了整理汇编和保护修复的组织机制。2017年文物出版社刊行的《太行山文书精萃》从中选择了137件，分为个体文书、家族文书、村落文书、教育文书和日用文书5个大类，44个小类编排，从中颇可窥其特点。次年出版由邯郸学院鲁书月、顾海燕主编的"太行山文书"整理成果《学术名村"十里店"文书——王氏家族文书》（广西师范大学出版社，2018），收录文书35种1 400余件（幅），内容涉及家庭经济、商业经营、祭祀、婚俗和人际交往等，有较好的归户性，可供研究当地家族或村庄史参考。①

此外，经有关学者考察，福建、山西、云南等地民间也存在不少类似的文书。这些具有浓厚地方色彩的历史文献，对研究中国区域社会和经济史都具有十分重要的参考意义。

思考题：

1. 中国历史文献包括哪些主要的类型？判断文献价值高低的依据是什么？

2. 说出甲骨、金文、石刻、简帛几类古代文献的年代特征及其最具代表性的文献汇编著作的名称。

3. 敦煌学、西夏学和徽学等产生的文献基础各是什么？

4. 何为"民间文书"？与一般传世典籍相比，有何特点？

参考书目：

1. 陈高华、陈智超等：《中国古代史史料学》，北京出版社，1983.

2. 安作璋：《中国古代史史料学》，福建人民出版社，1998.

3. 严昌洪：《中国近代史史料学》（增订本），北京大学出版社，2008.

4. 张忠、曾瑞炎：《中国现代史史料导读》，四川大学出版社，2008.

---

① 关于这方面情况，详可参见赵彦昌、樊旭：《近五年来太行山文书研究述评》，《邯郸学院学报》2018年第2期。

本章将简要说明版本、目录和校勘学的内涵与方法。在传统学术中，这三者差不多构成了文献学的基本框架，其中又以校勘为重心。校勘也称校雠，校雠的本义原近于"校对"，但后来多用以作为古籍整理的统称，其工作贯穿了文献的搜集、校勘、整理各过程。宋郑樵和清章学诚更主张应将功能延伸到图籍的管理方面，故民国目录学家范希曾有"其事以校勘始，以分类终，明其体用，得其鳃理，斯称'校雠学'"① 的说法。观其旨，盖已近于今之图书馆学。由此看来，狭义校雠学可理解为校勘学，广义校雠学则包含了版本、校勘、目录和典藏诸传统文献学的综合要素，如现代学者程千帆的《校雠广义》即分此四部分。本章所涉之校勘学，乃取其狭义而言之。

作为文献学的分支学科，版本、目录和校勘学各自研究的范围原本很广，本章主要是站在历史文献运用的角度去把握其中的要素，其他方面，则多略而未及。此外，文献阅读和整理的方法，其实还涉及文字训诂、考证辨伪、注释辑佚等多方面知识和方法，鉴于这些都各有专学，不便在此展开，将在方法运用训练的相关章节涉及时作必要的说明。

第一节　版本学知要

"版本"二字的来历：一般认为"版"原指古人书写用的木片，引申其义，竹片也可称"版"；"本"原指用来卷帛书的木轴，后引申指书本。雕版印书出现后，"版"渐用以指刻上文字专供印书的木版片，特别是宋代，人们已习惯于以此称呼"印本"，以别于"写本"。按照叶德辉的说法："雕版谓之板，藏本（指写本——引者）谓之本。藏本者，官私所藏，未雕之善本也。自雕版盛行，于是版本二字合为一名。"② 以后随着学术界对运用各种书籍印本的讲究，便形成了专门讨论各种不同类型书本特点及其优劣的"版本之学"。

版本既与印刷书籍的出现相关，因此，要懂得版本学，便应首先对

---

① 范希曾：《校雠学杂述》，《史学杂志》（南京）1929 年第 1 卷第 1 期。
② 叶德辉：《书林清话·版本之名称》//《书林清话书林余话》，岳麓书社 1999 年版，第 21 页。

印本的种类有所了解。学术界一般认为，雕版印书的滥觞应溯源于石经。东汉熹平四年（175），朝廷将《鲁诗》（亡于西晋）、《易》《尚书》《礼》《春秋》《公羊传》《论语》等七种儒经刻石，于光和六年（183）完成，凡46石，200 911字（后有残石出土，现存8 800余字），立于洛阳太学门外，供全国士人观摩拓印。此后，魏明帝正始年间，又在洛阳太学以古文、篆文和隶书三种书体重刻儒家《尚书》《春秋》和部分《左传》，史称"魏石经""三体石经"，现存残石6 284字，其中经文2 598字。① 至唐文宗开成间，用楷书在长安太学刻写了十二部儒经（即十三经少《孟子》）。此外，后蜀用楷书刻《易》《书》《诗》"三礼"等于成都，并有注。宋时用楷体、篆体刻《易》《书》《诗》等于汴梁，又称《汴学石经》或《二体石经》；南宋于高宗绍兴十三年（1143）刻《易》《书》《诗》《左传》等于临安，共200石，现存70余石。清乾隆五十六年（1791）刻十三经于北京，共190石。这些石经，除唐石经保存完整外（今存西安碑林），其余大部毁坏。当时人从石经上拓印下来的本子，可说是最早的石雕版印书。

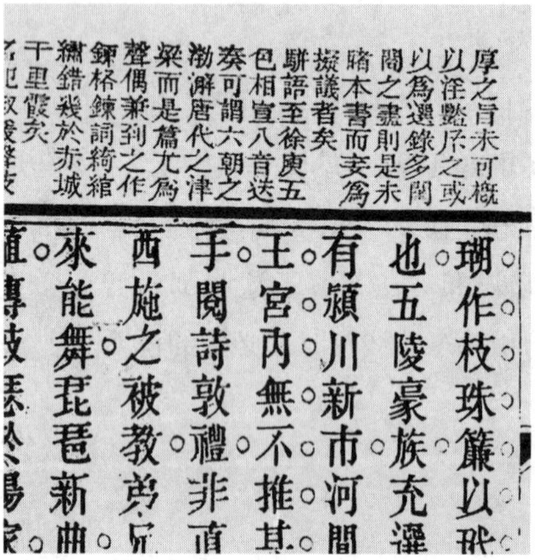

图 2-1　雕版套印古籍

雕版印书的正式出现，约在7世纪初的唐代，开始仅在民间流行，多为日历、佛经、字书、阴阳杂记和民间喜闻乐见的诗歌（如白居易的诗作）等。五代时，经后唐宰相冯道建议，政府于长兴三年（932）开始雕版刻印九经《诗》、《书》、《易》、《春秋》三传、《周礼》、《仪礼》、《礼记》（乾隆五十六年后来又扩大到《论语》《孝经》《尔雅》《经典释文》《五经文字》《九经字样》等书），至后周广顺三年（953）全部完成。北宋庆历间，毕升发明了泥活字印刷术，后人又在此基础上用木活字、铜活字、锡活字、铅活字等印刷，从而推动了整个印刷事业的发展。此后，随着历代印刷技术的不断发展，除一般的刻本和活字本外，还出现了套印本、饾版与拱花印本、石印本、珂罗版印本等多种印本。

① 关于魏石经残存字数，各家说法不一，如曾宪通统计为3 047字，其中古文1 033字（见曾宪通：《三体石经古文与〈说文〉古文合证》，四川大学编《古文字研究》第7辑，中华书局1982年版，第279页）。此暂取赵振华、魏小虎、王恒《上海博物馆未著录三体石经拓本考察》说（见上海交通大学经学文献研究中心编：《经学文献研究集刊》第16辑，上海古籍出版社2016年版，第70页）。又魏石经碑数，前人有25、35和48等不同说法，马衡据发现的记数石，曾在1951年所作题记中断言："于是魏石经之碑数昔之聚讼纷纭，今可确知为二十八碑矣。"（见马宝山：《魏三体石经》，《碑林集刊》2003年年刊，第375页）后又疑其难以确定，称："魏石经之碑数，戴延之《西征记》以为三十五碑，《洛阳伽蓝记》以为二十五碑，自来记载亦无确数。此记数之石出土，初以为碑之都数必为二十八，而考其实际，不无疑窦……过信记数石，则《春秋》最前五碑与以后各碑行款不能相应，若益一碑，则记数石即须推翻。此不能解决之问题，只可留待将来解决矣。"（马衡：《魏石经概述》∥《凡将斋金石丛稿》，中华书局1977年版，第222页）

宋时，印本书已相当流行，并形成了官刻（为中央到地方各级官府机构所刻）、私刻（家刻或家塾刻本，以文集类较多）和坊刻（书商刻本）三大类型。宋代的坊刻，主要有闽本、浙本和蜀本。其中浙本多用皮纸（用桑树皮和楮树皮制成），刻印具佳；蜀本次之；闽本多用竹纸，特别是建阳麻沙、崇化两镇印书最多，流行最广，但质地最下。

印刷术普及以后，由于各种版本印刷条件、使用纸质，以及刻印工匠的技术和校勘水准不同，造成了质量的优劣差异。于是使用者开始注意到书籍的版本问题。南宋的陆游就曾指出过："近世士大夫，所至喜刻书版，而略不校雠。错本书散满天下，更误学者，不如不刻之为愈也。"① 并在《老学庵笔记》中对麻沙本的劣刻误人作了嘲讽。

在书籍的著录中，较早注意到版本的是宋代尤袤的《遂初堂书目》。该书所录，一书往往多至十余种版本。明清以后，出现了许多著名的版本学家。尤其是依据清内府所藏善本编成的《天禄琳琅书目》（正、续共三十卷），收录古籍 1 063 部，分宋版、元版、明版、影宋版、抄本等，各从其类，分别记其刊刻时间、地点、收藏家姓名及印章题记，并加以讨论。这对于学术界讲求版本的风气起了推波助澜的作用，出现了版本学上所谓考订家、校雠家、收藏家、鉴赏家、掠贩家等各种流派。

考订和研究版本，首先须从版本形式的结构入手。所谓版本的形式，有人将其归纳为文字、材料、形态和制作方法等四个要素。②

其中，字体观其书法特征。古代不同地区，尤其是不同时期的刻本往往各具特点，如北宋刻书多用欧阳询体，颇显瘦劲，棱角分明；南宋除用欧体（以首都临安地区为主）外，渐行颜真卿、柳公权体（多见于闽本和蜀本），尤以柳体为多，字体布局匀称，笔势挺拔；元及明初多仿赵孟頫体，其形隽逸秀丽；明中叶后复返于宋刻风格，并发展成后世所谓的"仿宋体"。

材料则辨其制作原料为竹木、缣帛抑或是纸。刻本则宋浙、蜀、江西、湖南多用皮纸或麻纸，闽本多用竹纸等。用墨方面，一般以宋刻质料精良，色黑而有香味，元次之，明代总体较差。

图 2-2　宋刻《春秋经传集解》

版本形态式样主要包括版式结构和整书结构。版式是指册页书籍每一单页的格式，主要由几部分组成：① 版框。版面用直线构成的四周方框，包括上下左右四栏，有四周

① 陆游：《跋历代陵名》//《陆游集》第 5 册，中华书局 1976 年版，第 2232 页。
② 安作璋主编：《中国古代史史料学》第三编第二章，福建人民出版社 1998 年版。

单栏（线）、四周双栏和左右双栏等式样。② 界行。版框内字行间的分界线，有朱丝栏、乌丝栏等名目。版面的行数和每行的字数称为行款。③ 版心和鱼尾。版框中心可用作对折的中缝，其上刻有书名、卷数、刻工姓名等。并有状如鱼尾的图案，分上鱼尾和下鱼尾，有单鱼尾、双鱼尾和三鱼尾等名目。④ 象鼻。指从鱼尾到边栏这一段版心中的直线，中空者称白口，细黑线称小黑口或细黑口，粗黑线称大黑口或阔黑口。⑤ 天头和地脚。版框以上和以下的两处空间。⑥ 书耳。边栏左上方的长方小框，用以记书名或篇名等。

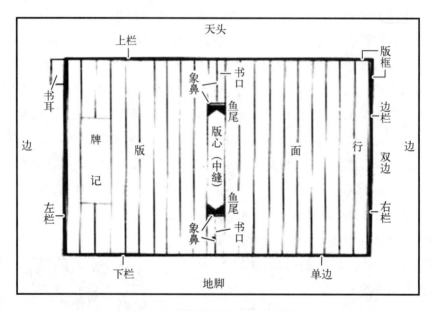

图 2-3　雕版印刷文献版式示意图

　　整书结构主要看其装帧形式，我国古籍的装帧形式经历了卷轴装、旋风装、经折装、梵夹装、蝴蝶装、包背装和线装等阶段。

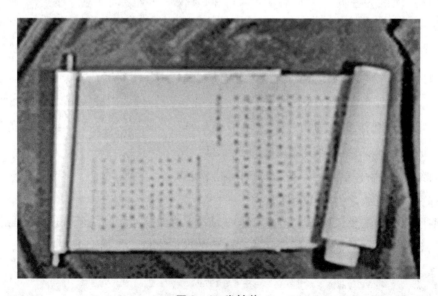

图 2-4　卷轴装

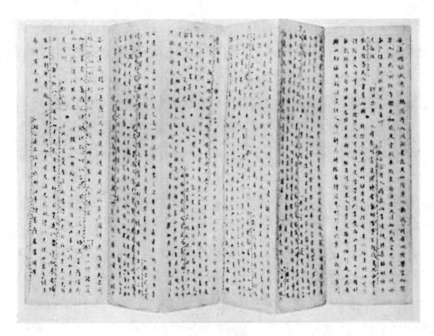

图 2-5　经折装

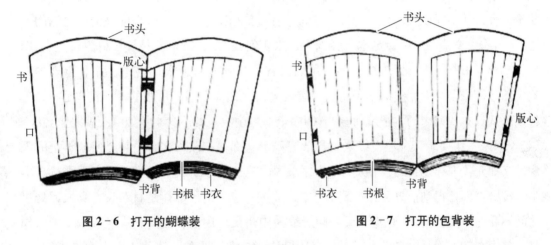

图 2-6　打开的蝴蝶装　　　　　图 2-7　打开的包背装

　　对于古籍版本的鉴定，基本上就是从这些方面入手的。当然，这其中涉及许多专门的知识，甚至某些文物鉴定的素养，对此，李致忠的《古书版本学概论》有比较详细的论述，可以参看。

　　现代的版本学研究，按照李致忠《古书版本学概论》的说法："是以中国古代图书为对象，以版本鉴定为核心，以考订为主要方法，凭借多学科知识，借助校勘学，利用目录学完成全面揭示图书任务；并忠实地为中国古代社会各学科研究服务的辅助性科学。"① 来新夏的《古典目录学浅说》提出，版本学研究的范围，大致包括："① 研究各种图书版本发生和发展的历史，如雕版源流和演变、转抄源流等等。② 研究各种图书版本的异同优劣，加以鉴别，以判定时代，品评优劣，指明特点。并从直接和间接经验中

---

① 李致忠：《古书版本学概论》，书目文献出版社 1990 年版，第 8 页。

总结和概括出有规律性的东西。③ 研究版刻、印刷、装帧各方面的技术和它的演变发展与成就，如印刷墨色、字体刀法、藏书印记、版式行款、装帧式样等等，为版本的鉴定提供技术条件。"① 对于这三者的情况，我们固然应当有一个基本的了解，但从历史文献使用的角度出发，其中第二方面的内容，显然关系更为直接些。因为各种版本就像各种抄本一样，经过每一次刊刻，都易产生不同的错字或漏字，有时甚至会因一字之差而导致意思完全相反，因而在文献的使用中，选择好的本子，对于正确把握史实就显得十分重要。

所谓好的本子，也可以说就是善本。关于"善本"的概念，起于宋代，北宋江少虞《皇宋事实类苑》卷三一"藏书之府"第十八条载："嘉祐四年（1059），仁宗谓辅臣曰：'宋、齐、梁、陈、后魏、后周、北齐书，世间罕有善本，未行之官，可委编校官精加校勘。'"叶梦得《石林燕语》卷八亦称："唐以前凡书籍皆写本，未有模印之法，人以藏书为贵，书不多有，而藏者精于雠对，故往往皆有善本。"明清以来，有人唯视宋元刊本为善本。宋元本因年代久远，存世日少，"物以稀为贵"，并且一般来说，因形成时间较早而可能更接近于书的原貌，在此意义上自然可称"善本"。但就刊刻和校勘质量而言，并不能说凡宋元本都好，其间也有质量稍次的。比较合理的是清张之洞的说法："善本之义有三：一、足本（无阙卷，未删削）；二、精本（精校、精注）；三、旧本（旧刻、旧抄）。"② 因为在实际使用的过程中，我们所追求的善本，并非指宋本元刻，而是指错误少而完整的本子。如《唐六典》，《四库全书》所收的本子就非足本，近代以来从日本找回来的本子反而全。《四库全书》中收录的不少本子如《三朝北盟会编》《建炎以来系年要录》《建炎以来朝野杂记》等，都存在改易文字，甚至残缺不全的毛病。又如元代耶律楚材的《西游录》，原来国内流传的本子就非足本，后王国维从日本学者狩野直喜处得到信息，并找到了足本，才进一步弄清了耶律楚材和长春真人邱处机之间不和的一段公案。③ 而金末元好问所编《中州集》附有作者 249 人（收录 251 人作品，其中有 2 人为金国皇帝，无小传，故仅传 249 人）小传，流传版本有详略不同者，以 1920 年董康"诵芬室丛刊"本（后收入《四部丛刊》）最全，如他本阙载的王贤佐（即《金史》之王浍，寿九十余）简历，即见于此本。至于一些刊刻错误百出的本子，更是误人不浅。如果没有相应的古籍版本知识，在运用时缺乏一定的辨别和选择能力，就会直接影响工作的效率乃至研究的可靠性。

那么，如何选择好的本子呢？主要的捷径，便是阅读相关的版本目录学著作，并通

---

① 来新夏：《古典目录学浅说》，中华书局 1981 年版，第 181 页。
② 张之洞：《辅轩语·语学第二》，陕西解州书院光绪十四年（1888）《有诸己斋格言丛书》本，第 20 页。
③ 王国维《长春真人西游记校注》（1925）有云："今我国《西游录》全书虽佚，而日本图书寮尚藏足本，其（指耶律楚材）攻击长春（丘处机）处甚多。"（《王国维全集》卷十一，第 593 页）后复手抄《西游录》，并跋："足本《西游录》，日本官内省图书寮藏旧抄本，丁卯（1927 年）春日，神田鬯庵学士录以见示，因手抄此本。"（《王国维全集》卷十四，第 615 页）

过一定的实际操作，增加这方面的知识。按照平时的实际工作经验，我以为在古籍版本知识面不广的情况下，使用古文献可先采取这几种方法。

（一）凡有 1950 年代后国内出版的新校勘标点本古籍，尽量使用新本子，因为这些本子一般都经过多种本子的校勘，有的还有注释笺证，比较正确。如有几个标点本，则可以选择比较权威的古籍出版社（如中华书局、上海古籍出版社、山东齐鲁书社等），或者比较晚出版而注意兼收前人之长的本子。

（二）虽然我们在研究的过程中，很难直接看到真正的宋元版古籍，但也可以通过其他的途径找到一些古籍善本的影印或排印本。如商务印书馆印行的《四部丛刊》（1922—1936）正、续、三编，就收入了 471 种、5 460 卷善本，其中包括不少宋、金、元的珍本。中华书局用聚珍仿宋版排印的《四部备要》，所收古籍 336 种，也多属善本，当然，重新排印本的长处是有标点或断句，但在保持原样方面毕竟不如影印本的《四部丛刊》，因排印中难免会出现一些错误。此外，清代刊刻的丛书，也有一些比较精审的，如曹溶所编的《学海类编》431 种，编纂较为精慎；黄丕烈编的《士礼居黄氏丛书》、黎庶昌编的《古逸丛书》，都以影刻宋元旧本著名；卢文弨校刻的《抱经堂丛书》、毕沅校刻的《经训堂丛书》、孙星衍校刻的《岱南阁丛书》和《平津阁丛书》则以注重校勘有名，皆足供参考。

（三）关于近现代的文献书籍，在版本的使用上，似乎没有古籍这么严格，因为大部分近现代书籍，距今时间较近，版本也不多，有问题的话，主要是出版商排印上的错误，大部分都比较容易辨别。有些则是经作者几次修订而出现的差异。只有在同一书出现几个版本时，我们才应注意选用其中排印校勘较精或经作者修订较晚出版的本子。当然有的书虽有几个修订本，我们在使用时并不专重最后的本子，而是根据研究作者某一时期活动或思想的需要，来选择相应时期出版的本子，以便更准确地反映其当时的思想。如魏源《海国图志》有五十卷本、六十卷本和一百卷本三个不同年代出版的本子，黄遵宪的《日本国志》也先后出版过几个修订本，章太炎的《訄书》到《检论》的改动，前后变化也甚大，各本对于研究魏、黄、章等人的思想变化都不失其各自的参考价值。还有一些近现代人的作品，由于原版甚至作者的原书存在一些错误，而后人的校勘和注释本则对其原来的错误有所纠正，如朱维铮校注的《梁启超论清学史二种》便是一例。我们在使用时，最好能选择这样的本子。

第二节　目录学知要

目录学是导人读书和提高治学效率的重要方法之一。它的出现，既是书籍增多、学术发展的产物，也是历代治学经验的结晶。其功用在于"辨章学术，考镜源流"和指导读书门径，对历史研究来说，则具有了解史料分布情况和帮助尽快找到相关史料的作用。

"目录"二字，按字义，"目"指书名篇目，"录"谓书籍内容之记录，如叙录、书录等。其连为一词，始于汉代。《汉书·叙传》云："刘向司籍，九流以别；爰著目录，略序洪烈。"其《艺文志》又称刘向等校书，"每一书已，向辄条其篇目，撮其指意，录而奏之。"① 可见，当时的目录本属校雠工作的一部分，将校书的结果写成"叙录"，其内容包括作者行事、书的内容和整理经过等。后世遂将专门研讨书籍的搜罗、整理、分类编目并说明其源流和价值（以提要的方式）的学问称为目录学。狭义目录学的重心在于梳理文献，使之合理归类，便于保存和使用。

现代目录学作为一门专学，研究范围原本颇广，包括目录学的基础理论与方法、目录学史、文献价值评判、书目编纂学（如索引和书目编制，以及文摘和提要的写法等）、情报需求与服务、书目工作组织与管理等。这里的重点则在通过了解文献编目的原理及其代表性的目录学著作，较快掌握历代古籍的存佚情况（如《隋书·经籍志》便对相关古籍标注了存佚信息）和前人梳理文献的成果，知其分布现状和价值高低，从中领悟治学的门径，以便在浩瀚的文献海洋中辨清方向，少走弯路。

传统的书籍目录编制，不出三种形式，一种是每部类有小序，书名下有解题（也称叙录、书录或提要）的，如《四库全书提要》；一种是有小序而没解题的，如《汉书·艺文志》；一种是仅有书目而无小序和解题的，如《通志·艺文略》。其中以第一种对文献的说明最为详备，为读者了解诸多书籍的作者、内容特点，乃至版本优劣等提供了极大便利，姚名达谓：中国古代目录学"其优于西洋目录者，仅恃解题一宗"。② 至其性质，大致包括以下几类：

（一）官修目录。即由政府主持对国家藏书进行整理后编制的目录。如汉刘向父子的《别录》和《七略》、宋王尧臣等所撰的《崇文总目》（仅存辑本）、清《四库全书总目》和于敏中等所撰《天禄琳琅书目》（为善本书目）等。

（二）史志目录。主要指正史中的《艺文志》或《经籍志》，包括后人补修的各代正史《艺文志》和《经籍志》以及相关的专题考证等，这些后人补修之作大多收入开明书局的《二十五史补编》。有关历代艺文志（包括后人补编者）所收书名的检索，可查哈佛燕京学社编印的《艺文志二十种综合引得》。

（三）私家目录。今所知最早有唐吴兢的《西斋书目》。宋以后，数量日多。流传至今而影响又较大的，宋有晁公武《郡斋读书志》、陈振孙《直斋书录解题》和尤袤《遂初堂书目》；明有高儒《百川书志》、黄虞稷《千顷堂书目》；清有钱曾《也是园藏书目》、徐乾学《传是楼书目》等。

如按内容讲，则又有综合目录、专科目录（如经学、小学、史部、子部、集部、兵

---

① 班固：《汉书》，中华书局 1962 年版，第 4244、1701 页。
② 姚名达：《中国目录学史》，商务印书馆 2017 年版，第 355 页。

书、戏曲、说部、宗教）、特种目录（如举要目录、丛书目录、知见目录、经眼目录、禁毁目录、版本目录、辨伪目录）等名目。

古代目录学的书目分类经历了长期演变，最初刘向父子的《别录》和《七略》仅分辑略（全书总录）、六艺略、诸子略、诗赋略、兵书略、数术略和方技略七类，史书尚无单独立类，仅于"六艺略"下列"春秋家"以录史书，其法为班固《汉书·艺文志》沿用。

西晋时，荀勖编制的《中经新簿》开始将书籍分为四部：甲部纪六艺及小学等书；乙部为诸子、兵书、术数等；丙部为史记、旧事、皇览簿、杂事等；丁部为诗赋、图赞、汲冢书等。可见其时史部书籍的地位已有所提高，书目也大为增多。东晋时，李充所编《晋元帝四部书目》重新排定四部书的次序为甲经、乙史、丙子、丁诗赋，从而基本奠定了后世的四部分类法。

就现在所知，史部书目范围内的分类法略具系统，始于南朝梁阮孝绪的《七录》。《七录》原书已佚，但从《广弘明集》卷三所保存的《七录》序及所附《古今书录》，可见其不仅设立了史学一门，且将其细分为国史、注历（起居注）、旧事、职官、仪典、法制、伪史、杂传、鬼神、土地（地理）、谱状、簿录等十二部，著录书凡 1 200 种，2 248 帙，14 888 卷。此法基本上为《隋书·经籍志》直至清《四库全书提要》等所采纳，只是在具体的类目上略有更改和拓展罢了。现以《四库全书总目》为例，对传统史部分类法的特点略作说明。

四库的史部共分十五类：① 正史。即经清官方认定的二十四部纪传体史书。② 编年。皆按年代时序编次史事之书。③ 纪事本末。④ 别史。即正史之别支，大多为较具规模的私撰纪传体史书。⑤ 杂史。多为体例较杂的各种史书。⑥ 诏令奏议。即皇帝发布的诏命和大臣奏折等。⑦ 传记。⑧ 史钞。为改编、删削原有长篇史著而成之作。⑨ 载记。前人又称"伪史"，为记载各割据政权历史之作。⑩ 时令。有关天候气象、风俗、节令等书。⑪ 地理。包括沿革地理和自然地理，四裔民族风情及外国史等。⑫ 职官。有关官制、官箴等。⑬ 政书。有关各类制度法令等。⑭ 目录。包括经籍、金石类书。⑮ 史评。包括历史评论和史学评论。

按今天的分类观念，以上情况表明，中国传统的史籍分类尚缺乏统一的分类标准，在同一目录书中，往往有些按史书体裁（著作架构形式）分，如正史、编年、纪事本末等；有些按内容分，如时令、地理、政书、职官等。有的还相互矛盾，如载记（别史也是）中，有不少是纪传体史书，只因其所记为非正统政权或不被官方认可，因而不得归入正史，这显然是正统观念以意为之的表现。不过从整个史部目录学发展看，划分标准是由重体裁而向着重内容的趋势走的。特别是明清以后，一些私家目录书中史部类目日趋增多，如明高儒《百川书志》分史书为 21 类，清姚际恒《好古堂书目》分为 20 目，徐乾学《传是楼书目》分 37 目，他们的分法固然不尽相同，但增加的类目多以内容划定，如器用、虫鱼、方物、名胜、行役、树艺等。章学诚的《史籍考》虽佚①，但其分类也体现出这一趋势。该书目录分制度、纪传（正史、国史、史稿）、编年（通史、断代、记注、图表）、史学（考订、义例、评论、蒙求）、稗史、星历、谱牒、地理、故事、目录、传记、小说，其中仅纪传和编年以体裁划分，且二部内也均以内容划分。

近代以来，随着西方史学理论和科学方法的输入，历史文献的分类方法也渐趋改进，出现了以下三种新的类型：

（一）改良法

即根据近代史学发展和史书类型增多的特点，在传统史部分类法基础上增添新的门类，使之适应现代学术发展的需要。如光绪间杨概主张将部分已译的西方史书按体例纳入传统史目，并增"译史"一门。梁启超在《新史学》中则提出了设立"学史"一类，同时另为附庸一类，归入外交、考据、注释等史书。当然，这还是比较粗糙的。在这方面比较有成就的是 1920 年代范希曾的《国立中央大学图书馆图书目录》。范目的特点，一是增立新门类。如传统史目中，凡涉及域外诸国的史籍地志，皆入地理外记之属，但近代以来，东西交通日益频繁，有关外国史地书籍层出不穷（包括翻译的东西方史籍），如仍附于地理类，势必不伦不类，故特立外国史一类以容之。二是扩大某些类目的容纳量。如鉴于近代以来，考古学的兴起和地下出土甲骨文、古器物的不断发现，史料范围扩大，范目中的金石类子目增至十二，较之张之洞《书目答问》多出八目，石经、器物、款识图像、钱谱、印谱、甲骨文等皆分别立目。三是子目划分趋于精密细致，《四库全书总目》细目仅二十七，《书目答问》为二十六，范目增至六十一，且子目标题更为周详确切。此外，1930 年代柳诒徵所编《江苏省国学图书馆图书总目》的史部分类亦属此种性质。

（二）中西折衷法

此可以洪有丰所编《国立东南大学孟芳图书馆书目》（1924）为例。洪氏以为："今日中国各图书馆于编制中文书目，有新旧之聚讼，莫衷一是。经史子集四部之旧分类法于近日科学图书日益增加，诚未有能应用之处。然为之改弦更张，以科学之分类法自诩者，摩（摹）袭西制，支离烦琐，强客观之书目，以从主观之臆见，恐亦未免有削足适履之嫌。"② 故主张折衷中西分类法而用之。洪目的编制方法是，依据

---

① 清章学诚于乾隆间借毕沅和谢启崑之力纂成《史籍考》300 余卷，然未见刊行。曾有人误传其稿本已流入美国国家图书馆。后梁子涵读潘骏文（潘锡恩子）《乾坤正气集》所附跋文，始知已在咸丰六年（1856）毁于火。跋谓："咸丰丙午，贼扰吾乡，所居毁于火，藏书三万卷悉为煨烬，斯集之板，度于园西偏之小楼凡五楹，独得无恙……因念先公尚有《增订史籍考》一书，亦与斯集同时雠校，系因毕秋帆、谢蕴山两先生原本，为卷三百三十有三。第原书采择未精，颇多复漏，先公因延旌德吕文节、日照许印林（瀚）、仪征刘伯山（毓崧）、同邑包孟开（慎言）诸先生分类编辑，删繁补缺，仍照朱竹垞《经义考》定为三百卷，而补录存佚之书，视原稿增四之一，详审顿觉改观，写成清本，待付手民，乃与藏书同归一炬，并原稿亦不复存。则书之能否流传，固亦有数存焉。"（见梁子涵《〈史籍考〉焚毁的证据》，台北《大陆杂志》5 卷 5 期。原跋作于光绪元年。）王重民在 1956 年重印姚名达《中国目录学史》后记中也详述此事。

② 洪有丰：《国立东南大学孟芳图书馆书目·序》，东南大学 1924 年印本。

《四库全书总目》，参酌杜威十进分类法，将新旧图书分为丛、经、史地、哲学及宗教、文学、社会科学、自然科学、应用科学、艺术九类。其中丛、经、史地类取法传统，余则仿自西说。史部分纲要、辞典、评论、教本、世界史、中国史、传记七大类。然其于中西史部分类法尚未融会贯通，分类或以类型，或以内容，致有自相矛盾之处。

（三）西法

此可以杜定友《图书分类法》（上海图书馆协会，1925）史部目录为例。该书采用杜威十进分类法，将图书分为普通、哲理科学、教育科学、社会科学、美术、自然科学、应用科学、语言学、文学、历史地理十类。其史书分类，有大、中、小、细几种情形，大者贯注一时代，中者包括一帝或一大事，小者分析其间一事，细目则有叙一事之始末者，凡分九类。其特点是标准较划一，分目较细，查阅较为方便。但有时过细，至其史事涉及同一时代几桩事者，便很难确定其分入哪一类。且不及世界史，而以文化史包容各类专史，范围不免过泛。而1935年11月由生活书店出版的李平心编《全国总书目》，也是一部在现代中国目录学史上有着相当影响的书目工具书。其中收录1912—1935年间全国出版的书目约2万种，较全面地总结和反映了这一时期的书籍出版和流通信息。该书的"编例"颇具特色，在图书分类上，其主要贡献是在改进当时流行的杜威十进制等分类法基础上，建立起新的分类体系，即按照现代学术自身系统的特点，将书籍分为总目、哲学、社会科学、宗教、自然·社会科学（指内容兼有社会科学和自然科学者）、自然科学、文艺、语文学、史地、技术知识十大类。各大类下复分若干门类及子目、细目，比较正确地反映了现代学术的发展趋势和图书出版现状。所收书目，还按不同读者群的需要，标以记号，以便选择。如初级读物前加梅花＊，高级专门读物前加星花★，世界名著前加●，书中内容存在问题者加▲等。其史地类共分四个类目，各类下复分若干小目，具体如下：

（1）历史类：史学原理、史学方法论、历史教学、历史哲学、史学史、世界史、中国史、东洋史、西洋史。

其中中国史类目下复分七个子目：中国史学（下分史学通论和史学史、中国史研究法、中国史籍研究三细目）、中国文化史（下分中国古代文化史、中外文化交涉史二细目）、中国通史、中国史表、中国断代史（下分先秦史、汉魏三国晋隋唐五代史、宋辽金元史、明清史、中国近代现代史、中国革命史六个细目）、方志学、中国四裔史。

（2）传记类：世界传记、中国传记。

（3）考古学类：考古学通论、考古史、文化考古和各地古迹、地理考古、铭刻文字考古、古物考古。

（4）地理类：地理学通论、自然地理、人文地理、世界地理、中国地理、亚洲地理、欧洲地理、南北美洲地理、大洋州地理、非洲地理、地图、地学辞典、地名词典。

这一分类法的优点是颇为切合现代史籍的分类需要，但仍比较难以处理古代史籍的分类。

事实上，从历史研究涉及的文献范围看，以上分类法因受整个图书分类的局限，都不免用意太狭。因就历史文献而言，不仅旧史部书全属之，即经、子、集各部中亦有大量史料。现代图书分类中，属文学、哲学、经济范围的亦多与历史研究极有关系者。有鉴于此，柳诒徵在1923年曾向中华教育改进社历史研究组提出了《拟编全史目录议》，说："自来目录家，区分经史子集四部，画史部于经子集外，既无以见史之全体，即就史书之一部分所论，所谓正史、杂史、编年、纪传等类，分画亦不精密。近年新书古器，日出不穷，复无人以最近之书物，合之旧有之书，编制一精详之目录者，以是向学之士，虽欲着手整理史籍，往往不得要领。拟请同社同组诸公，合力编一全史目录，打破从来经史子集及正史编年之类之范围，以分代史、分类史、分地史、分国史四种为纲，而从经史子集及近出诸书、我国人研究吾国史事之书，推之图谱、器物凡与史事有关者，均为条举件系，汇引一编，俾学者欲知治某朝某类之史，可先按目而求，尽得其原料之所在，然后再以近世史学家之眼光方法，编制新史，始不致蹈向壁虚造之讥。"① 此目计划所收历史文献已突破传统狭义的史部书概念，其历史视野显得比较宽广，同时分类不重"辨章学术，考镜源流"，而强调使治史者便于"按目而求，尽得其原料之所在"，即更趋实用性。实反映了柳氏试图兼中西方法之长以建立一种新的史部目录学的用意。

现代史学论著的编目也确有按此目标编纂的，中国社会科学院历史研究所编《八十年来史学书目》（中国社会科学出版社，1982）便属这样的尝试。它将1900—1980年间12 400余种史学著译目汇为一编，不仅收录了传统史部类著译，还将艺术、教育、文学、语言、科技各类专史著译也囊括其中，兹将其目开列如下：

上编（凡五类）：
史学理论和历史研究法。
中国史（包括历史分期、通史、各代史和人物传记）。
世界史（包括通史、各代史、洲别史、国别史、国际关系史和人物传记）。
考古学和物质文化史（包括一般论著、古器物、石窟与古建筑和考古报告）。

①《中华教育改进社历史研究组议案·拟编全史目录议》，《史地学报》1923年二卷1期。

综合参考（包括目录学与目录索引、图书学与版本学、年表与史表、辞典、历史地图、图谱和其他）。

下编（凡十七类）：

（1）经济史。（2）政治史。（3）军事史。（4）农民战争史。（5）民族史。（6）宗教史。（7）社会生活与社会问题。（8）学术思想史。（9）文化史。（10）艺术史。（11）教育史。（12）文学史。（13）语言文字史。（14）科学技术史。（以上 14 类，各类下均分中国和世界两子目）。（15）地方史和历史地理（下分地方史和历史地理两子目）。（16）中外关系史，附华侨史（包括一般论著、中国与亚非国家关系史、中国与欧美澳国家关系史和华侨史）。（17）史学史和史料学。

或许有人认为，现在已经有了神通广大的电脑网络，上述比较传统的目录学知识对于寻找历史文献已经失去了意义。这样的看法，显然是片面的。首先，网络的资料搜索功能固然强大和省时，却并非无所不能。就像目前网络资源虽多，我们仍离不开图书馆一样。一方面，由于各种原因，仍有不少重要历史文献未能通过网络上传，尤其是一些本来就流传极稀少的文本；另一方面，网络资料的搜寻，主要通过搜索引擎的检索，有时一些比较特殊的内容，光靠自己设定的检索词句很难找到，或者即使找到也残缺不全，特别是在事先不知具体人名、书名的情况下，欲求集录某一历史专题范围较为完整的文献，更是如此。如能以现代技术和传统目录学知识相结合，加以互补和比较，效率就会大大提高。其次，目前图书馆的书籍分类系统，虽然都采用了一般通行的"中图法"，但是不少图书部门"古籍部"的目录，为庋藏和查阅方便，仍然保留了传统的四部分类法，如果缺乏这方面的必要知识，便无法利用其快速获取相关信息。第三，如前所说，图书分类本身具有"辨章学术，考镜源流"的功能，学习并熟悉其方法，在相当程度上可以提高在文献收集运用过程中的整理和归纳能力。

目前，有关目录学书籍很多，从初入门比较实用的角度出发，在中国古籍目录学方面，我们可以先读张之洞编、范希曾补正的《书目答问补正》，进而读《四库全书总目提要》和余嘉锡的《四库提要辨证》、胡玉缙的《四库全书总目提要补正》、李裕民的《四库提要订误》；在近现代历史文献方面，可参看中国科学院图书馆整理的《续修四库全书总目提要》（上海古籍出版社，1993—2015）、中国社会科学院历史研究所编的《八十年来史学书目（1900—1980）》，中国史学会主编的《中国近代史资料丛刊》各专题资料后所附的"书目解题"也值得阅读。此外，近些年出版的《中国古代史研究入门》和《中国近代史研究入门》，以及复旦大学出版社出版的《中国学术名著提要·历史卷》和上海汉语大词典出版社出版的《中国学术名著大词典》（共二卷）等书中，有关文献介绍方面的内容也可参考，以了解面上的情况。

第三节　校勘学的基本内涵与方法

校勘，亦称校雠。刘向《别录》称："校雠，一人读书，校其上下得谬误，为校；一人持本，一人读书，若冤家相对。"① 即对书本文字进行核对勘正之意。一般说来，书籍在不断的转抄和翻刻流传过程中，错误会逐渐递增，加之遭遇人为的窜改，以致变得

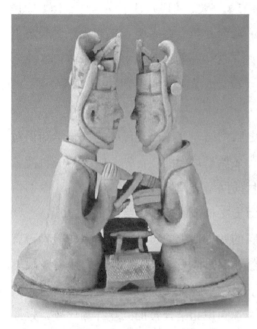

图 2 - 8　西晋青瓷对书俑传神地
表现了古人校书的情形

难以卒读或引起理解上的歧义。为此，历代严谨的学者多十分重视书籍的校勘，王鸣盛至谓："欲读书必先精校书，校之未精而遽读，恐读亦多误矣。"② 以为只有借此恢复或接近古籍的原貌，才能从根本上提高文献运用的可靠性。

如《汉书·艺文志》及《刘歆传》均谓："武帝末，鲁共王坏孔子宅，欲以广其宫。而得古文《尚书》及《礼记》、《论语》、《孝经》凡数十篇，皆古字也……孔安国者，孔子后也，悉得其书，以考二十九篇，得多十六篇。安国献之。遭巫蛊事，未列于学官。"③ 但据《史记》，孔安国死于司马迁之前，不可能见到巫蛊之难，这样，这段记载的可靠性就成了问题。清阎若璩读荀悦《汉纪·成帝纪》，其中有"鲁共王坏孔子宅，得古文《尚书》，多十六篇。武帝时，孔安国家献之，会巫蛊事，未列于学官。"才知《汉书》这段记载中，"孔安国"下少一"家"字，方解此疑惑。④

又如元代留下的《圣武亲征录》，系当时据宫内所藏蒙文"脱卜赤颜"编译而成，主要记成吉思汗和窝阔台汗事迹，明修《元史》，其中太祖和太宗两纪大半取材于此。但该书在长期抄写流传中，形成了很多错误，清修《四库全书》，以其叙述无法，译文互异，摈而不收。道光间张穆、何秋涛所得抄本，"方隅之颠倒，名氏之踳舛，年月日之参错，触处皆是"⑤，根本无法使用，后经何秋涛用《元史》及其他有关史料和文集详校，方才可读。

而清钱大昕用《宋太宗实录》（南宋理宗时馆阁残钞十二卷本）以校《宋史》相关

① 见萧统《文选》卷六《魏都赋》李善注引《风俗通》，上海古籍出版社 1986 年版，第 287 页。
② 王鸣盛：《十七史商榷·自序》，上海书店出版社 2005 年版。
③ 《汉书·艺文志》，中华书局 1962 年版，第 1706 页。
④ 阎若璩：《尚书古文疏证》卷二，上海古籍出版社 1987 年版，第 141 页。
⑤ 何秋涛：《圣武亲征录·序》//《丛书集成初编》，商务印书馆 1936 年版。

内容，即发现"其中与《宋史》互异，如李从善伪封郑王，'郑'作'邓'，年四十八作五十；苏易简妻弟崔範作妻兄；刘遇沧州清池人作'浮阳'，汉州刺史'汉'作'溪'，蔚州防御使'蔚'作'鬱'，洮州团练使'洮'作'應'；刘庭让浩州团练使'浩'作'涪'；陈从信年七十三，作七十二；皆当以《实录》为正。刘廷让避太宗讳改名，《宋史》阙而不书，亦当依《实录》增入。"①

关于文献校对之事，虽然在先秦时就有人注意，但并未形成专门之学。真正有目的、有规模、有组织地进行史籍校勘，始于汉代。成帝河平三年（前26），汉朝廷组织了以刘向、刘歆父子为主的一批学者，对国家所藏图书进行了系统整理校勘。在实践中，刘向父子还提出了一些基本方法和步骤，主要是：广集众本以备参稽；比勘文字以正讹误；审定书名篇第以复原本；划分部居以观其类；叙述源流以辨章学术。这些方法受到了后代学者的肯定并为校勘家们所遵循。东汉末年，郑玄遍注群经，对儒家经典也做了较多的校勘工作。

至唐代，史籍校勘事业又有所发展，出现了颜师古、陆德明这样的大校勘家。颜师古少承家学，精于训诂，曾为太子承乾注《汉书》。其校勘《汉书》，采取了据古本复古字，纠正后人妄加增损之处，同时正科条，断句读，从文法义理上判定正误，并著有《匡谬正俗》八卷，前四卷55条，论诸经训诂音释，后四卷120条，论诸书字音及俗语相承之异，考据极为精密，其法是将校勘和训诂结合起来整理史籍。陆德明的主要贡献是著有《经典释文》三十卷，采用汉魏六朝音切，凡二百三十余家，从音形方面对经文进行勘定，并兼载诸儒训诂，以证各本之异同，其方法也近于颜师古。

宋代，随着印刷书籍的流传，官私藏书均十分丰富，校勘也受到政府和学者的普遍重视。太宗淳化五年（994），曾诏选官分校《史记》《汉书》《后汉书》，以后又对其他正史也一一校勘刻印。神宗元丰五年（1082），改崇文院为秘书省，还设立专官负责"校雠典籍，判正讹谬"。②据《南宋馆阁录》卷三《储藏》所载，宋人校书，还规定了校勘条例细则和校勘中各种符号的用法。士大夫不但以私人之力大规模藏书，且皆喜手自校书。正是在这种风气的影响下，南宋初的郑樵写出了中国第一部校雠学专著《通志·校雠略》，对设官专守、搜集图书、辨别真伪、确定类例、详究编次等都作了讨论。

清代，更是我国校书事业的发达时期，出现了许多校勘名家和著作，顾炎武的《九经误字》、卢文弨的《群书拾补》、钱大昕的《廿二史考异》、段玉裁的《说文解字注》、王念孙的《读书杂志》、王引之的《经义述闻》等都是这方面的名著。其余如戴震、顾广圻等也都极有成就。他们的校勘实践和理论探讨，使校勘学作为一种专门的学问日见系统。段玉裁的《经韵楼集》、王念孙的《读书杂志·淮南内篇后叙》、顾广圻的《思适斋集》和《思适斋集外书跋》，对于校勘学理论都有所发挥。特别是章学诚的《校雠

① 钱大昕：《潜研堂集》卷二十八《跋宋太宗实录》，上海古籍出版社1989年版，第498—499页。
② 脱脱等：《宋史·职官志四》卷164，中华书局1985年版，第3873页。

通义》（原四卷，今存三卷），从广义校雠学角度，讨论了互著、别裁、辨嫌名、辑佚、书掌于官、广储副本、编制校雠工具书、改动必注原文、著录残逸等有关问题作了探讨，从理论上推进了古代广义校雠学。

校勘工作直接所要解决的是传世古籍中存在的种种讹误，主要包括：

（1）误字，或称误文、讹文。其致误原因，或因字形相近，或因读音相近，或因脱去半字，或因两字错合为一字，或因一字错分为二字，或因后人误改。

（2）脱文，简称"脱"或"夺"。包括漏字和脱落一段或整段文字，特别是后一种情况，有不少都与古代简书的脱简有关。

（3）衍文。行文中增入和夹入的多余字。

（4）倒文。因刻印或排字工作失误而致文字颠倒者。

（5）重文，指古籍中重复出现的多余文字。

（6）错乱，包括字、句、段、篇的错乱，以及注文混入正文等。这些情况，不但在古代的写本传抄、简书和刻印中存在，在今天的书报排印中也依然有。

校勘的原则，是存真复原，特别是校改文字，一定要有确凿的依据；有的地方，即使看上去有问题，在找不到原本依据的情况下，还是要本着多闻阙疑的态度，不可轻改和臆改，至多只能在校勘记里写上自己的看法，以备读者参考。完全按己意改动，一是因个人的知识背景有限，有时不免会错改；二是有些改动，还会使后人难以看到原来的面貌，贻误他人。为此，南宋彭叔夏在《文苑英华辨证》中提出三条校勘原则："大抵分承讹当改、别有依据不可妄改、义可两存不必遽改三例"。[①] 总起来讲，所有的校改都应说明版本依据、改动原因，并保留或说明原本的样态，以备查考。

校勘工作看去单纯，其实却牵涉到广泛的知识面，不仅需要较强的文字（包括古文）阅读理解能力，还需要版本、目录、标点断句和训诂等方面的必备知识。同时，用作参校的材料，也不限于书籍，还应在可能的条件下，注意手稿、碑刻，乃至新出土材料。下试举几例：

（1）《南史·孝义上·江泌传》："（江泌）乘车至染乌头，见一老公步行，下车载之，躬自步去，梁武帝以为南康王子琳侍读。"

案：据《南史》，梁无南康王子琳，而有南康王绩，而齐则有南康王子琳（齐武帝第19子），从时间讲，梁武帝不可能为齐南康王置侍读。此处记载必有误。在元代建康道九路刊本《南史》中，此"梁"字作"染"，故句读应为"见一老公步行，下车载之，躬自步去染（乌头），武帝以为南康王子琳侍读。"此处武帝当指齐武帝，事情就清

---

① 永瑢等撰：《四库全书总目提要》，中华书局1965年版，第1692页。

楚了。

（2）《后汉书·郑玄传》引玄《戒子书》："吾家旧贫，不为父母昆弟所容，去厮役之吏，游学周秦之都，往来幽并兖豫之域。"

案："不为父母昆弟所容"句，似与他书所记郑玄的为人不合。清乾隆时，阮元在山东任学政，主持修郑玄祠墓时，发现金承安五年重刻唐万岁通天时史承节所撰汉大司农郑公碑，以其校勘《汉书》所记，才知后者多一"不"字（又见《太平御览》卷459引），原文应作"为父母昆弟所容"。后陈鳣所见元刊本《后汉书》亦与此碑文字合，这桩公案才算了结。

（3）今本《孙子·作战篇》："力屈财殚，中原内虚于家，百姓之费，十去其七。"张预注谓："运粮则力屈，饷输则财殚，原野之民，家产内虚。"① 后人多从之。

案：此句行文颇不顺，而银雀山出土的简书《孙子》作"屈力中原，内虚于家"，裘锡圭以为当据简书校正，且《武经七书》本及《太平御览》卷332引文亦均同简书，今本"财殚"二字系后人臆加。指出："'屈力中原'，意即竭尽力量于原野之中，与'内虚于家'为对文，古书中以'中原'指战场的例子很多"，《孙子》中此处的"中原"无疑也指战场而言，不应将之理解为地域名词。②

（4）《汉书·司马迁传》载太史公报《任安书》有："而仆又茸以蚕室，重为天下观笑。"③ 而《文选》卷41所收《报任少卿书》作"而仆又佴之蚕室"。④

案：对此"茸""佴"，诸家或释为"次"（如淳），或释为"推"（颜师古），或释为闒茸之"茸"（刘奉世），莫衷一是，但从文义看，都比较勉强。裘锡圭注意到马王堆帛书有"佴"读作"耻"的例子，如《经法·君正》"民富则有佴"，银雀山简书也有"卿大夫官吏士民傲节，高其谊，佴其□，行其俗，民之情也"。佴、耻两字均从"耳"声，从两处行文看，"佴"都当读为"耻"，故《报任安书》书中此句显然也应作"耻以蚕室"（受宫刑之耻）。⑤

① 曹操等：《孙子十家注》，中华书局1954年版，第28页。
② 裘锡圭：《考古发现的秦汉文字资料对于校读古籍的重要性》，《中国社会科学》1980年第5期，第6页。
③ 班固：《汉书·司马迁传》，中华书局1962年版，第2730页。
④ 萧统：《文选》，上海古籍出版社1986年版，第1859页。
⑤ 裘锡圭：《考古发现的秦汉文字资料对于校读古籍的重要性》，《中国社会科学》1980年第5期，第24页。

校勘工作的程序，一般是先收集要校勘文献的各种本子，经过比较，择其较完善或有特殊意义的一种作为底本，而以其他各本作为参校本，遇到各本有异时，通过详细的核对与分析，并充分利用前人相关的校勘成果，以断其是非，写出校勘记，说明各本异同和本人取舍的依据。

关于校勘的方法，清代学者已有不少论述，如段玉裁《经韵楼文集》中有关书信，王念孙《读书杂志》之校《淮南子》例和王引之《经义述闻》后之通例，俞越之《疑义举例》等，但总的来说仍属泛论，"所示人者，校古书之通例而已，其于条理，不无缺然"①。至1931年陈垣发表《校勘学释例》（原名《元典章校补释例》），才有系统性的校勘学专著出现。陈氏在总结历代校勘学成果的基础上，以《元典章》一书的校勘为例，将大量例证归纳为50类例，从中总结出四种主要的校勘方法：

（1）对校法。

即用同书的祖本或别本对校，有不同之处，则在其旁注明，以说明异同，然不定是非。这是校勘中最基本和最稳当之法。

（2）本校法。

用本书前后出现的同一方面内容互证，这是一种"以子之矛，攻子之盾"的方法，即找出同一书内记载自相矛盾之处，加以辨析，宋吴缜的《新唐书纠谬》和清汪辉祖的《元史本证》用的便是此法。当然，要判别是非，最好还是要结合参校其他的相关文献。使用本校法应注意两点：① 古籍不出于一手，不能使用；② 史源不同，不能使用。

（3）他校法。

凡此书有采自前人者，即以前人所作原书内容校勘之；有为后人引用者，也可依后人之书参校之。此法涉及的古籍知识面较广，且比较费力，使用时有一定限制。因为古人引书，没有今人那样严格，常常改动原文，有时仅凭记忆，节录时，亦不加省略号或引号标明。故使用此法，一般只能在专门名词、专门术语以及关键性的字句方面有校对，择善而从，引文有出入或有省略，不必出校。

（4）理校法。

遇无古本或其他本子可据以校勘，或数本互异而无所适从时，只有用此法。只是使用此法，一般须有较好的学术素养，不仅应通文理，还要求有文字小学、古籍和各方面的文史知识，实际上其性质已接近考证。单用此法，尤须慎重。孤陋寡闻，冒然而用，易造成很多新的错误。

此四种校勘法，前三种都属有直接依据的对校，当然，校勘的依据不一定都是传世文献，今天许多新发现的甲骨金文、石刻碑铭和卷册文书等，也都可供参校。后一种则是凭自己的知识和综合分析能力而作出的判断。在实际校勘工作中，这四种方法往往是

---

① 孙楷第致陈垣函，见《陈垣来往书信集》，上海古籍出版社1990年版，第411页。

相互参用，互为补充。所以，校勘又是一种综合的文献整理方法。

思考题：

1. 版本、目录和校勘学的基本内涵是什么？说出其在文献搜集运用中的主要功能。

2. 何谓四部分类法？传统史部书籍分类与现代历史文献分类有哪些异同？

3. 文献校勘应把握哪些原则？其主要方法有几种？

参考书目：

1. 张舜徽：《中国文献学》，中州书画社，1982.

2. 叶德辉：《书林清话》（初刊于1919年），岳麓书社，1999.

3. 李致忠：《古书版本学概论》，书目文献出版社，1990.

4. 北京图书馆：《中国版刻图录》，文物出版社，1961.

5. 姚名达：《中国目录学史》（初版于1936），商务印书馆，2017.

6. 程千帆、徐有富：《校雠广义·目录篇》，河北教育出版社，2000.

7. 陈秉才、王锦贵：《中国历史书籍目录学》，书目文献出版社，1984.

8. 张舜徽：《中国古代史籍校读法》，上海古籍出版社，1962.

第一节　文史工具书的利用

对于初入历史研究门户的人来说，最为关心的往往是尽快掌握研究方法和寻觅史料的捷径。治学方法的掌握，可以学习和阅读有关史学方法论的论著去逐步提高，当然更多地还是得靠自己的实践锻炼。至于文献基本情况的了解和收集，除了可以充分运用网络资源外，还应懂得利用前人编写的各种工具书和索引。在传统社会，由于种种条件的限制，做学问在资料上完全靠个人的知识积累和记忆，这样做，当然比较扎实，但效率却不能不大受影响。为此，一些学者为提高效率，在研究某一专题或领域前，往往先花费大量精力自己制作某些书籍或材料的索引，甚至有编成专供家族内使用的索引而秘不外传的，陈垣就说过："以前刘申叔（刘师培）作学问，材料用得好，他比我大一点，我想他为何能如此，原来他家有《册府元龟》《太平御览》等索引，是他家几代相传，父子祖孙自己用，不传外人。"① 现代学者王国维、陈垣等个人治学也都十分重视此道。如王国维在研究蒙元史时，就自己编了《蒙古部族表》《元秘史地名索引》等以备查阅。陈垣在接受点校新旧《五代史》的任务后，首先做的准备工作就是编制新旧《五代史》未列传人名索引、《册府元龟》② 和《通鉴》五代部分人名索引等。③ 但在今天，经过许多前辈学者的努力，情况已大为改观，许多古籍都已有了索引工具书，有的则有了电子检索本，为文献查找和研究提供了极大的便利。网络资源的查找，固然快捷，但一般是检索范围越小越好，最好是通过具体的作者名、书名和人名等关键词进行查阅，见效快。但对于范围较宽广而查找的具体对象不甚确定的情况下，效果就差一些。而文史工具书无疑可弥补这方面的不足。

文史检索工具书的范围很广，种类也多，这里仅从本专业研究的角度出发，对一些常用工具书和大型文献类丛书略作介绍。

---

① 刘乃和等：《陈垣年谱配图长编》下，辽海出版社 2000 年版，第 682 页。
② 按：此书凤凰出版社 2006 年周勋初校订本末已附人名索引。
③ 见《陈垣年谱配图长编》下，第 773 页。

一、供查阅一般古籍文献

1.《中国丛书综录》 （中华书局，1959—1962）。该书收录了编入丛书的全部古籍目录，包括总目、子目分类书名和子目书名索引与著作索引三大册，共收全国 41 个图书馆所藏丛书 2 797 种，子目内容为 38 891 种，并附《全国主要图书馆收藏情况表》，可从中得知相关丛书的收藏处，查阅极为方便。如果我们要找的文献书籍（包括一部分近代文献），特别是在一时找不到单行本的情况下，不妨先检索一下该书，只要知悉其曾编入过某丛书，便可通过图书馆藏的该丛书去查阅其书。

图 3 - 1 　《中国丛书综录》

2.《四库全书》及其书名和作者名索引。《四库全书》是清乾隆时编集的大型古籍丛书，自出版影印本以来，流传甚广，目前影印本不外文渊阁本（有台湾商务印书馆 1983 年版和上海古籍出版社 2003 年版。原本现藏台北故宫博物院）和文津阁本（1 500 册，商务印书馆，2006。原本藏北京国家图书馆）。凡其所收古籍，都可通过编制的书名作者名检索，找到所在的册、页。近二十多年来，更有《四库禁毁书丛刊》 （400 册，北京出版社，1997）及《补编》、《四库全书存目丛书》（1 300 册，齐鲁书社，1997）及《补编》、《四库未收书辑刊》（300 册，北京出版社，2000）、《续修四库全书》（1 800 册，上海古籍出版社，2002）等特大型丛书相继编印行世，为传统古籍文献的查阅提供了极大的方便。

3.《丛书集成》。该书初编由商务印书馆出版于 1936—1937 年，共收古籍文献 4 107 种，约 20 000 卷。流通极广。近年又有续编出版，全套丛书内容含量大，寻找方便。不过初编排印中错漏字不少，引用时应注意。另外如《国学基本小丛书》所收古籍也可供参考。

4. 在善本古籍影印方面，除前述四部丛刊外，近年北京图书馆又编印了《北京图书馆古籍珍本丛刊》（北京图书馆出版社，2000），计 473 种，近 8 000 卷，皆宋元明清各代刻本、抄本和稿本。故宫博物馆和海南出版社历经十年联袂努力，也从故宫所藏汗牛充栋的古籍中精选出数千种珍本图书，出版了大型古籍图书《故宫珍本丛刊》（海南出版社，2000）共 731 册。

二、可供查阅地方专题文献

1.《中国地方志联合目录》（中华书局，1985）。该书系 1978 年中国天文史料普查整编组据全国 180 多个单位所藏方志编成，收方志文献 8 500 种。

2. 北京图书馆、四川省图书馆、山东省图书馆、河南省图书馆、吉林省图书馆、华东师范大学图书馆、北京师范大学图书馆、中国科学院图书馆等所编的馆藏方志目录。

3. 专题方志考论和检索则有张国淦编《中国古方志考》（中华书局，1962）、洪焕椿的《浙江地方志考录》（科学出版社，1958），以及《安徽文献书目》（安徽人民出版社，1961）、《山西地方文献书目》（山西省图书馆，1965）、《广东文献书目知见录》（崇文书局，1972）、《福建地方文献及闽人著述综录》（福建师范大学图书馆，1986）、《江苏地方文献书目》（广陵书社，2013）、《湖南古旧地方文献书目》（岳麓书社，2013）、王绍曾《山东文献书目》（齐鲁书社，2017）等。

4. 少数民族方面则有刘洪记和孙雨志编《中国藏学论文资料索引》（中国藏学出版社，1999）、方国瑜《云南史料目录概说》（中华书局，1984）、《有关广西少数民族研究资料目录》（广西第一图书馆，1958）、《贵州少数民族资料索引》（贵州省图书馆，1958），以及正组织撰写分卷出版的《中国少数民族古籍总目提要》（中国大百科全书出版社，计划为 60 卷，110 册，目前已出版傈僳族、傣族、佤族、拉祜族、彝族、哈尼族、景颇族、阿昌族、侗族、土家族、回族、鄂温克族、畲族、瑶族、朝鲜族、鄂伦春族、藏族、柯尔克孜族、锡伯族、纳西族、白族、赫哲族、水族、达翰尔族、蒙古族、仫佬族、仡佬族、哈萨克族、京族、毛南族、东乡族、布依族等几十卷），以及杜建录主编《二十世纪的西夏学》（宁夏人民出版社，2004）和王尧等著《中国藏学史（1949年前）》等。

5. 古代方志丛刊有《天一阁藏明代方志选刊》（上海古籍书店，1961—1966），该书共收明代方志 107 种，凡 68 册。此外，唐以前方志多佚，仅零星见于它书引用，辑本可见刘纬毅编辑的《汉唐方志辑存》（北京图书馆，1997）。

三、近现代史方面的大宗文献汇编

1. 中国史学会主编的《中国近代史资料丛刊》共 13 种和中国台湾地区出版的《近代中国史料丛刊》（一编 990 册，续编 1 000 册，三编 850 册）。

2. 上海书店出版的《民国丛书》。该书现已出五辑（500 册），收录民国以来各类学术著作及资料价值较高的文献 1 126 种，对研究现代学术文化史尤具参考意义。

3. 全国及各地方政协编刊的《文史资料》，数量巨大，资料丰富，可通过李永璞主编的《中国近现代史料介绍与研究丛书·全国各级政协文史资料篇目索引》（中国文史出版社，1991）和复旦大学所编的《五十二种文史资料篇目分类索引》去检索。另外，2000 年由中国文史出版社出版的《文史资料存稿选编》也很值得注意。该书凡 26 册，3 445 万字，收录 4 500 多人叙述当年亲历之事，为"文革"前征得而未及出版者。

四、人物传记文献的索引

1. 哈佛燕京学社编刊的《四十七种宋代传记综合引得》《辽金元传记三十种综合引得》《八十九种明代传记综合引得》《三十三种清代传记综合引得》。

2. 傅璇琮等编的《隋唐五代人物传记资料索引》。而傅璇琮主编、龚延明和祖慧等编的《宋登科记考》（江苏教育出版社，2005—2009）五册，收录的宋登科者更达 4 万多人，给寻找宋代人物资料提供了极大便捷。

3. 中国台湾地区编的宋、元、明三种传记资料索引。此三种较哈佛燕京学社所编更为详尽。其中昌彼得、王德毅等编《宋人传记资料索引》（台北鼎文书局，1974—1976），凡六册，采用宋人文集 347 种，元人文集 20 种，总集 12 种，史传典籍数种，宋元地方志 28 种，金石文若干种，总达 505 种，共收 2.2 万人（此书出后，又有四川大学出版社 1994 年出版李国玲《宋人传记资料索引补编》三册，补充 1.4 万余人，二书相加得 3.6 万余人）。王德毅等编《元人传记资料索引》（台北新文丰出版公司，1980—1982）五册，采集资料 500 余种，共收 1.6 万多人。《明人传记资料索引》（台北"中央图书馆"，1965），分"传记资料索引"和"字号索引"两大部分。采明清文集、史传典籍近六百种，收录人物达一万多，并多附有扼要小传。

4.《二十四史纪传人名索引》和中华书局出版的各正史人名索引。

5. 年谱方面，有杨殿珣主编的《中国历代年谱总录》（国家图书馆出版社 1997 年增订本）和来新夏编著的《近三百年人物年谱知见录》（中华书局 2010 年增订本），前者为目录，而后者为解题式目录，不过收录范围较小。

6. 民国以后人物，则可查傅德华等所编《二十世纪中国人物传记资料索引》（上海辞书出版社，2010），该书收录 1900—1999 年各类人物四万八千余，资料来源于大陆及港台地区千余种人物专著、近三千种报刊、二千九百余种论文集。

7. 关于现当代学者的传记，目前比较有规模的有山西人民出版社编集的《中国现代社会科学家传略》（10 辑）和书目文献出版社编的《中国当代社会科学家》（11 辑），还有近几年由朝华出版社出版的张世林编《学林往事》（朝华出版社，2000）和《学林春秋》（凡三编，中华书局，1998—1999）以及高增德和丁东编《世纪学人自述》（北京十月文艺出版社，2000）等。其他各类人物传记集更多，不一一列举。

五、单篇文献汇编及索引

1. 历代文总集：六朝前文有清严可均辑《全上古秦汉三国六朝文》。唐代文有清官方编集的《全唐文》，光绪间陆心源辑《唐文拾遗》和《唐文续拾》，以及近年吴钢主编《全唐文补遗》（三秦出版社，1994—2000）七辑。宋代文有四川大学古籍整理研究所历时 20 余年编成的《全宋文》，先后由巴蜀书社、上海辞书出版社和安徽教育出版社出版，至 2006 年出齐，凡 360 册，一亿多字，为我国迄今为止规模最大的文学总集，其篇幅接近二十四史的两倍，涉及宋代作家 9 000 多位，收录文章超过 17 万篇，其中不少资料还是首次公开发表，95% 的作家在此以前未编过专集，全面地展示了有宋一代三百二十年的学术文化成就。另有陈述辑校《全辽文》（中华书局，1982）、清张金吾编《金文最》（中华书局，1990）、李修全主编《全元文》（凤凰出版社，2004）60 册。南开大学古籍所编《清文海》（国家图书馆出版社，2010），凡 106 册，收入清代 1 576 位作者 18 383 篇文章，以原版标点影印出版。各断代文集中仅《全明文》尚未完成。此外，上海师范大学古籍所编集的《全宋笔记》（大象出版社，2018），凡 10 编 102 册，收书达 500 余种，亦颇具规模。

2. 在断代文集篇目索引方面，则有邓广铭、张希清编《宋人文集篇目分类索引》（中华书局，2013）、陆峻岭编《元人文集分类篇目索引》（中华书局，1979）和王重民与杨殿珣编《清代文集篇目分类索引》（北京图书馆出版社，2003）等。

3. 在近代方面，有上海图书馆编的《中国近代期刊篇目汇录》（共三卷六册，上海人民出版社，1965—1985），以及丁守和主编《辛亥革命时期期刊介绍》《五四运动时期期刊介绍》等。

六、其他文献及其索引

1. 有关佛、道宗教的，有哈佛燕京学社编纂的《佛藏子目引得》和《道藏子目引得》。

2. 有关历代书籍著录的，可查哈佛燕京学社编纂的《艺文志二十种综合引得》和中国社会科学院历史研究所编《八十年来史学书目》。

3. 有关历代食货志经济史料的，可查哈佛燕京学社编纂的《食货志十五种综合引得》。

4. 有关民族史的，可查台湾"中研院史语所"芮逸夫等所编《廿三种正史及清史中各族史料汇编及引得》。

5. 有关边疆史地的，有邓衍林的《中国边疆图籍录》（商务印书馆，1958）和吴丰培的《吴丰培边事题跋集》（新疆人民出版社，1998）等。

6. 有关史学研究论文的，有中国科学院历史研究所第一、第二所和北京大学历史系合编的《中国史学论文索引》、王重民编《国学论文索引》（所收仅至 1933 年）、张传玺编《战国秦汉论著索引》（1991）、武汉大学图书馆编《魏晋南北朝史书目论文索引》（1982）、东北师范大学和吉林师范大学合编的《隋唐五代史论著检索》

（1985）、方建新《二十世纪宋史研究论著目录》（国家图书馆出版社，2006）、宋晞《宋史研究论文与书籍目录》（台北文化大学出版部，1983）、辽宁社会科学院编《辽史研究论文专著索引》（1982）、中国社会科学院历史研究所明史研究室编《中国近八十年明史论著目录》（江苏人民出版社，1981）、中国社会科学院历史研究所清史研究室编《清史论文索引》（中华书局，1984），以及好几种《中国近代史论文索引》等。近年中山文化教育馆编的《（民国时期）日报索引》（全13册）和《（民国时期）期刊索引》（全18册）作为《民国文献资料丛编》也于2013年1月由国家图书馆出版社出版。

第二节　网络资源与文献搜索

一、网络资源的功能与现状

1968年，法国史家埃马纽埃尔·勒·华·拉杜里（Emmanuel Le Roy Ladurie）发表《史家与计算机》一文，他在文章的末尾宣称：最迟到1980年代，史学家若要在人口史、物价史、家庭史等研究领域里生存，他必须同时是一个计算机程序的设计者。事实证明，拉杜里并没有夸大计算机在史学研究中的作用。近五十余年来，伴随着计算机及网络技术的普及与发展，通过网络数据库检索与收集历史文献资料，已成为学术界的共识，人文社会科学研究已然进入到"e考据"的时代。举凡古籍、档案、文书、拓片、老照片、地图、海报、宣传画、未刊手稿，以及近代海内外报纸杂志、各类工具书（目录、字词典、索引）等文献资料，均可通过海内外网络资源来获取。相对于传统文献的搜集方式，网络资源与人文学术研究的结合，其优势是非常明显的，主要有：

（1）便于携带与典藏。将传统古籍、近代报纸杂志以及各种民间历史文献数字化，将数据资源存储备份之后，便于随身携带，节约大量的收藏空间，一个大存量的移动硬盘就是一座小型的图书馆。对于宋元以来的善本古籍而言，可以避免重复人书接触，对原书造成不必要的损害；对于存量众多、不便出版的近代文献，数据化之后妥善保存，既可以方便使用，也可以待将来时机成熟时影印出版。任何类型的历史文献，一旦数据化之后，只要多备份，都可以寓保护于数字化之中。

（2）便于检索与利用。由于计算机技术的进步，当前大多数据库中所收藏的电子资源，不仅提供篇目检索，甚至还提供全文检索服务。使用者只要输入关键词，大量与之相关的历史文献便会浮现于眼前。甚至有的数据库，还提供全文的影印图像与文字档案的对照服务。这些功能为使用者短时间内获得海量的研究资料，节约了大量的时间与精力。

（3）便于传递与交流。随着海内外数据资源的增多以及网络技术的进步，在世界范围之内，不管是公益性还是通过商业运作的数据资源库，只要相关大学或科研机构获得使用权限，使用者便可打破时空限制，国内国外，互通有无，获取文献资料于万千公里之外。对于新近出版的图书及期刊，也能通过购买其电子资源的使用权限，先睹为快。

中国历史文献的数字化最早是从计算机事业最发达的美国开始的。1970 年代末期，美国 OCLC①（联机计算机中心）和 RLIN②（美国研究图书馆信息网络）首先建立了《朱熹大学章句索引》《朱熹〈中庸章句〉索引》《王阳明〈大学问〉索引》《王阳明〈传习录〉索引》《戴震〈原善〉索引》《戴震〈孟子字义疏证〉索引》等数据库，用计算机对中国古籍进行处理。国内则从 1970 年代中期起，四川大学历史系的童恩正教授等就曾尝试过用计算机进行甲骨文的缀合。至于用计算机进行古籍的数字化，比较早的是 1980 年代初彭昆仑先生完成的"《红楼梦》检索系统"。

随着微型机数量的增加、功能的发展以及分布的扩大，历史文献数据化的工作也得到了逐步发展。多年来，中国古籍数字化的道路基本上是通过两条路线来进行的：

一是利用计算机建立古籍书目数据库，以供检索。从 2000 年起，中文文献资源共建共享会议在北京召开，会议确立了海峡两岸、香港、澳门地区和其他国家凡收藏有中文古籍的机构开展联合编目项目，由台湾汉学研究中心负责，由于各种原因，后来进展不甚理想。不过，大陆和台湾的中文古籍编目工作在近年都受到了相关藏书机构的高度重视。台湾地区方面，已经建立了"台湾地区善本古籍联合目录"。大陆方面成绩也比较明显，国家图书馆 2003 年已经完成了总数近 200 万册（善本 27 万册和普通 160 余万册）古籍的计算机编目工作，30 余万条书目数据都已经上网供读者使用并通过中国国家图书馆联合编目中心为海内外图书馆界提供书目数据联机编目和下载服务。此外尚有舆图、金石拓片约 5 万条书目型数据。目前中国国家图书馆正在进行已建数据库的维护并继续进行特种文献如舆图、金石拓片、甲骨文等文献的计算机编目，并已开始进行古籍人名、地名等名称规范（Authority）数据库的制作。一些大的公共图书馆如上海图书馆、南京图书馆等也都正在进行中文古籍的编目与数字化工作，并取得了一定的成绩。以北京大学图书馆

---

① OCLC（联机计算机中心），创建于 1967 年，初名"俄亥俄学院图书馆中心"，由美国俄亥俄州 54 个院校的图书馆自发成立的计算机联合编目中心，由于中心服务范围的扩大，图书馆成员馆的增多，1981 年改为现名。目前 OCLC 已发展成世界上最大的图书馆自动化网络，其成员馆和服务范围遍布美国和世界 74 个国家与地区的 36 000 个各类型的图书馆。

② RLIN，即美国研究图书馆信息网络，1978 年以斯坦福大学大型图书馆书目自动化作业分时系统为基础建立起来，目前参加 RLIN 的成员馆多达 160 余个，是世界上最大的图书馆网络系统之一。

为中心的中国高等教育文献保障系统（简称 CALIS）则开始组织部分高校图书馆进行中文古籍的联合编目。

二是利用计算机对古籍的内容进行数字化并提供一些相关的知识工具，使读者不仅能通过计算机阅读古籍，还可通过磁盘、光盘和网络进行传播。在台湾地区，从 1980 年代开始，一些学者和研究机构就着手研发以古籍为主的大型资源库，其中最为突出的有罗凤珠教授的"《红楼梦》网络教学研究数据中心"，以及《全唐诗》《全宋词》《宋代名家诗》等网络版。台湾"中央研究院"开发的"瀚典全文检索系统"不仅收录了不少重要的典籍，同时其强大的文本检索功能给读者利用古籍带来了全新的感受。台湾汉学研究中心制作的"善本丛刊影像先导系统"等也已陆续提供服务。此外，台北故宫博物院、元智大学、台湾大学等都在古籍数字化方面做了大量的工作，有关机构还提出了一个庞大的"数位典藏计划"，其制作单位涵盖图书馆、博物馆、研究机构等，与古籍有关的内容包括：善本古籍典藏数字化、金石拓片典藏数字化、古籍附图典藏数字化以及"台湾地区地方文献典藏数字化"和"期刊报纸典藏数字化"等。

在世俗文献数字化取得长足进展的同时，宗教文献也在这方面取得了明显成绩，代表性的如中华电子佛典协会的"在线藏经阁"，其最大特点是采用 XML 进行佛教文献数字化，现已经完成了《大正新修大藏经》《续藏经》及一些佛教参考文献和相关工具书，并提供免费下载服务。其他如道教文献也已有机构将《道藏》等进行了数字化。

香港中文大学中国文化研究所先后推出了先秦两汉、魏晋南北朝古籍数据库以及简帛和甲骨文数据库。

1990 年代中期以后，随着一些大的出版单位、学术机构和商业公司介入古籍的数字化工作，其规模迅速扩大，例如国家图书馆已制订了一个庞大的古籍特藏文献数字化计划，包括碑帖菁华、西夏碎金、敦煌遗珍、数字方志，以及甲骨文、永乐大典等，其中有些项目已经完成，其成果可以通过网络为读者提供服务，有的项目正在进行中。另外还有不少的机构和个人都做了大量的古籍数字化工作。

近十年来，网络数据资源发展突飞猛进。一方面海内外各种网络数据库不断增加；另一方面，之前存在的网络数据库资源，也在不断得到充实与更新。为便于实际研究工作的需要，除了日常人们使用较多的知网、维普、万方、超星、读秀搜索，以及海外的期刊存储（JSTOR）、Gale 数据库等基本的网络资源库之外，下面重点就海内外的数据库中与中国历史乃至人文社会科学密切相关的数据库作些介绍，以备查询。

数据库名称	类别	网址	内容与特色
爱如生（下分"全文检索古代典籍数据库""主题检索古代典籍数据库""全文检索近代文献数据库""主题检索近代文献数据库"等四个专业数据库）	全文检索古代典籍数据库（已出版"中国基本古籍库""四库系列数据库""中国方志库""中国谱牒库""中国金石库""中国丛书库""中国类书库""中国辞书库""中国史学库""中国俗文库""儒学经典库""佛教经典库""道教经典库""历代别集库""敦煌文献库"；尚未出版"诸子经典库"与"明清档案库"）	中国基本古籍库	"中国基本古籍库"是综合性的全文检索大型古籍数据库。该古籍库精选先秦至民国的历代重要典籍，包括流传于古的名著，各学科基本文献以及拾遗补缺的特殊著作等。其收录范围涵盖全部中国历史文化，不但是全球目前最大的中文古籍数字出版物，也是中国有史以来最大的历代典籍总汇。目前提供多条路径和可用多种方法进行海量全文检索，打印的一站式整理研究作业，批注到下载，批注式阅读，从而帮助使用者在获得空前广阔学术视野的同时，极大提高研究工作的效率。
		中国方志库	"中国方志库"是专门收录历代地方志类典籍的全文检索大型古籍数据库。该库网罗广博，所收汉魏至民国各地方志及宋元明清以来超万余种，历代方志类典籍毕集于此，一览无遗。举凡全国地理总志，各地方志，书院志，专志（如山川志、边防志、物产志、祠墓志、寺观志、游历志等），以及外志（如环球志、一国志、多国志等），各种杂志（如乡土志、苑苑、宫殿志、民族志、文献、都城志、风俗志、提得值得一提的是，该库采用爱如生独有之数字再造技术制作，还原式逐页页面，左图右文逐页对照，眉批、夹注、图表、标记等无障碍录入并在原位置非嵌入式显示。
综合类	主题检索古代典籍数据库（已出版"全四库"；待出版"丛书总汇""家谱集成"）	全四库	"全四库"是围绕清修《四库全书》编纂的大型主题检索古籍数据库。凡得清修四库采录之书，列为存目之书，军机处奏明未见未收之书共计9 000 种，明清善本、文渊阁四库本、民间本、外国本等。堪称典籍渊薮，珍本集林，元。《四库全书总目提要》《四库未收书提要》以及清军机处办理销毁奏折，所收典籍的主要内容、作者生平、版本源流尽收眼底。

续　表

数据库名称	类　别	网　址	内　容　与　特　色
爱如生（下分"全文检索古代典籍数据库""主题检索古代典籍数据库""全文检索近代文献数据库""主题检索近代文献数据库"等四个专业数据库）	全文检索近代文献数据库（下分"中国近代报刊库（大报）"和"中国近代报刊库（要刊）"期刊）	"中国近代报刊库（大报）"之《申报》	《申报》是近代中国最具影响力的报纸。申报数据库收录自1872年创刊至1949年终刊，首尾连贯、完整无缺。该库采用原报数字还原件，所录文字包括全部新闻、副刊和广告等内容，支持全图页面，影像和录文逐页对照，时间与区位自由切换。
		中国近代报刊库（要刊）	中国近代报刊库是精选晚清和民国间重要报刊类出版物的全文检索大型历史中文文献数据库。分为要刊组（收录重要期刊）和大报库（收录大型报纸）。在选取时，以"影响范围广""存续时间长、史料价值高"为遴选标准，从现存清道光十三年（1833）至民国三十八年（1949）万种期刊类出版物中，精选出60 000个期号，内容广及国家政治和社会生活的各个方面，犹如近代中国的百科全书，对于了解和研究近代中国具有不可替代的作用。所选的重要期刊，各据原刊或成影本，影像和录文逐页对照，时间和区位自由切换。
	主题检索近代文献数据库	晚清民国大报库	"晚清民国大报库"是汇辑晚清民国著名大型报纸的巨型主题检索版。收录自清同治十一年（1872）至民国三十八年（1949）七十余年间，存续时间长、影响范围广，史料价值高的大型报纸20种，包括《申报》《中央日报》《大公报》《顺天时报》《益世报》《晨报》《京报》《红色中华报》《新华日报》等。地域涉及北京、上海、天津、南京、重庆等地，主办方涉及国民党、共产党、民营以及日本等，从不同视角和不同层次，全面反映19世纪前半叶波澜壮阔的中国近代史。
综合类　抗日战争与近代中日关系文献数据平台	档案、图书、期刊、报纸等	http://www.modernhistory.org.cn	此文献数据平台由中国社会科学院近代史研究所、国家图书馆、国家档案局牵头开发，2018年上线。该数据库坚持"公益开放、免费服务"的理念，致力于汇集所有和抗日战争与近代中日关系有关的文献数据，向全球学术界、教育界以及民众提供永久免费服务。目前该平台的所有数据均可以公开免费获取。

续 表

数据库名称	类　别	网　址	内　容　与　特　色	
全国报刊索引	期刊、报纸、外文报纸	https://www.cnbksy.com/	"全国报刊索引"是上海图书馆依托该馆丰富的馆藏资源，深度挖掘、整理、汇集中英文报刊杂志而成。期刊方面，是目前近代期刊种类最多的全文数据库，收录了晚清民国（1833年至1949年）出版的21 000余种近代期刊；1949年以后出版的期刊80余种。报纸方面，现收录1850年至1951年的中文报纸470余种，在上海等地出版的英文报纸15种，是对中国近代报纸全面、完整地揭示和呈现，中英文期刊报纸一网打尽，并支持全文搜索与刊内搜索。目前是一个搜索工具栏。	综合类
大成故纸堆	图书、期刊等	http://www.dachengdata.com	"大成故纸堆"由北京尚品大成数据技术有限公司开发，收录了清末至1949年以前，中国出版的7 000多种期刊。其主要内容包含以下7个子数据库：大成"老旧期刊全文数据库"，收录晚清和民国期刊；大成"古籍文献库"，古籍文献；大成"民国图书全文数据库"，收录民国图书；大成"中国各地古方志库"，收录古地方志；大成"中共党史期刊数据库"，收录中共党史期刊；大成"申报数据库"，收录《申报》从创立至终刊；大成"顺天时报数据库"，收录《顺天时报》。该数据库聚老旧文献于一体，检索方便，支持跨库检索，可直接查阅及下载。	
大学数字图书馆国际合作计划	图书、期刊、图片等	http://cadal.edu.cn	"大学数字图书馆国际合作计划"是中美两国计算机科学家倡导建设的百万册数字图书馆项目，进而发展成为全球数字图书馆国际合作计划。2002年9月定名为"高等学校中英美等文化国际合作计划"，2009年8月更为现名。该项目以"共建共享"理念为指导思想，以先进的技术手段，遍布全球（截至2020年5月），共享单位613家，全面整合国内高校图书、图书情报服务机构的学术资源。内分"民国文献大全（～1949）""甲骨文数字化""老照片""当代生活资料""满铁资料""怀批""地方志"等7个特藏库。其中收藏最丰富是"民国文献大全（～1949）"。	
中华古籍资源库	图书	http://read.nlc.cn/thematDataSearch/toGujiIndex	"中华古籍资源库"是"中华古籍保护计划"的重要成果，2016年运行。目前在线发布的古籍影像资源包括：国家图书馆藏善本和普通古籍，法国国家图书馆藏敦煌遗书，天津图书馆藏普通古籍等，资源总量超过3.3万部。	古籍

续 表

	数据库名称	类　别	网　址	内 容 与 特 色
古籍	中华经典古籍库	图书	下载客户端	“中华经典古籍库”是中华书局首次推出的大型古籍数据库产品，也是中华书局版点校本古籍的首度数字化，第一辑收录了近300种中华书局出版的整理本古籍图书，涵盖经史子集各部，包含了“二十五史”“通鉴系列”“新编诸子集成”“清人十三经注疏”“史料笔记丛刊”“学术笔记丛刊”“古典文学基本丛书”“佛教典籍选刊”等经典系列，总计约2亿字，后期还将不断递增文献数据。
	书同文古籍数据库	图书、档案等	https://guji.unihan.com.cn	“书同文古籍数据库”是北京书同文公司开发的一系列的古籍资源全文检索数据库。现数据库包括：一、“四部丛刊”及“09增补版”。其电子版底本采用北京大学图书馆善本部藏上海涵芬楼景印《四部丛刊》。所收书主要来源于上海涵芬楼、江南图书馆及其他藏书家的珍本藏书。二、“中国历代石刻史料汇编”。由国家图书馆金石组精心编选而成，编者查阅了现存的千余种的金石志书（包括地方志中的金石志），经过认真对比去重，从中精心辑录出万余篇石刻文献，并附有历代金石学家撰写的考释文字。所有碑文按朝代排序，利于读者查阅。三、“十通”。是一套有关中国历代典章制度的大型工具书。其内容包含了上起远古时期下至清朝末年历代的政治、经济、军事、文化等制度方面的资料，内容广博，规模宏大。是史学研究人士必备的工具书。该书库又分“三通典”“三通志”“四通考”。四、“大明实录”。该系统以红格钞本为基础底本，以广方言馆、抱经楼本、北京大学本、礼王府本、嘉业堂本、天一阁本、明内阁精写本、梁鸿志影印本、内阁大库藏清初明史馆钞本等数十种本子为对校本，经过全文数字化后，整合了全文检索等功能后研制的基于互联网的全新产品。五、“明代史料文献”。汇集了明代各种书籍，以分集形式即可自成一体，也可合集为一。六、“清实录”。全文数字化《大清历朝实录》，以太祖高皇帝至德宗景皇帝十一朝《实录》为主体。七、“清代史料文献”。该系统分六类①汇集了清代各种书籍，以分库形式即可自成一体，也可合库为一，是全方位研究清代政治、文化、军事、地理的丰富资料。是最新推出的不可或缺的清代史料库。
	碑帖菁华（国图）	碑帖	http://mylib.nlc.cn/web/guest/beitiejinghua	“碑帖菁华”是以国家图书馆藏的历代甲骨、青铜器、石刻等类拓片23万余件为基础建设的数据库，内容涉及历史、地理、政治、经济、军事、民族、民俗、文学、艺术、科技、建筑等方面。需注册国家图书馆实名用户才能使用。

① 六类分别是：“清代史料类”“清代地理文选类”“清政府仪制政令类”“清代儒家及杂家集类”“清帝御制诗文集类（康雍乾）”“清人别集类”。

续表

	数据库名称	类别	网址	内容与特色
古籍	甲骨世界（国图）	甲骨文	http://mylib.nlc.cn/web/guest/jiagushiwu	该库包括甲骨实物：元数据2 964条，影像5 932幅。甲骨拓片：元数据2 975条，影像3 177幅。并将不断更新。需注册国家图书馆实名用户才能使用。
	全宋诗分析系统（国图）	宋诗		"全宋诗分析系统"包含254 240多首宋诗。可进行全文检索、重出诗检索、诗人小传检索和高级检索，支持严格数据检索和简繁体混合模式检索。具有重出诗提取、字及诗组的频率分布统计、用户自作诗的格律分析等智能化功能。需注册国家图书馆实名用户才能使用。
	古今文字集成	文字	http://www.ccamc.org	"古今文字集成"是一个集古今文字释义、字形更革、音韵演变之大全的大型在线辞书。该数据库致力于提供更完美的一站式古今字典查询服务。所谓古今文字之古文指的是简体字（1935年8月）之前使用的汉字，而今文指的是现代使用的是现代的简化字（非简体字）。由于简体字、简化字、繁体字（正体字）的关系错综复杂，该网站收录全万国码（Unicode）规定的所有东亚汉字（收录至 CJK Extention F）在现代字典中的解释、古代字书（如《康熙字典》《说文解字》）中的解释，字形更革、音韵演变、方言的读音以及其他语言中的翻译、对音。同时，还兼收录其他少数民族的语言文字数据，如西夏文、契丹文、女真文、八思巴文。"古今文字集成"收集的数据库均来自网络及各类专业的书籍。
民国图书	民国图书数据库（国图）	图书		"民国图书数据库"由国家图书馆出版社开发，旨在通过海量民国图书的发布，实现对民国文献的再生性保护。目前，该数据库已上线至第5期，总数据量增加至20万种。此后将持续进行更新，最终目标是涵盖现存所有的民国图书，为使用者提供文献的一站式检索服务。支持全文检索与单页下载服务。
	瀚文民国书库	图书	http://www.hwshu.com/	"瀚文民国书库"是北京瀚文典藏文化有限公司重点推出的中国近代（民国）电子图书全文数据库，收录自1900年前后至1949年之前出版的优秀图书，共约12万余册。所收录的图书均参考中国图书分类法，并结合民国图书的时代特点，建立了较为专业的分类体系，包括哲学宗教、社会科学、政治、法律、军事、经济、文化艺术、教育、语言文字、文学、历史地理、科学与技术、综合性图书13个一级类目，81个二级类目，498个三级类目。

续表

	数据库名称	类别	网址	内容与特色
民国报纸	舍我先生报业数位典藏（台湾）	报纸		为纪念创办人成舍我的办报贡献及推展新闻史研究，台湾世新大学陆续购置成舍我先生所办北平《世界日报》、重庆《世界日报》、上海《立报》及香港《立报》等微卷资料。自2007年8月起，陆续将其数字化并建置典藏数据库，提供一般民众及研究人员查询使用。目前北平及重庆《世界日报》、上海及香港《立报》、南京《民生报》、上海《世界晚报》等，已全部收录完成。2016年9月起着手进行《世界晚报》数字化工作。目前支持标题检索。免费使用。
家谱	上海图书馆家谱数据库（家谱中心）	家谱	https://jiapu.library.sh.cn/	上海图书馆共收藏约17 000种，110 000余册中国家谱，分为335个姓氏。地区涵盖全国20余个省市，以浙江、湖南、江苏、安徽省为多，其次是江西、上海、福建、湖北、广东、河南、四川、山东、河北等省。浙江家谱主要在金华、余姚、上虞、慈溪一带，安徽家谱则以徽州地区最为集中。其中多为清代、民国期间木活字本和刊本，但也不乏珍稀版本，最早者为本内府写本《仙源类谱》（残页），明刊本、明抄本有近300部，稿本及纂修本也不少见。此外，还有相当一部分上海开埠后地来沪发展及上海近代史有重要的史料价值的馆藏家谱。数据库可查阅收藏情况，部分可供全文图片浏览，部分提供网上阅览的馆藏地查询，其中大部分家谱藏于上海图书馆内，部分家谱数据库提供海外家谱查询服务。支持合歌浏览器。
海外汉学研究资源	（1）日本国会图书馆 （2）法国国家图书馆 （3）美国国会图书馆 （4）古腾堡计划 （5）亚洲历史资源中心 （6）美国数字公共图书馆 （7）东京大学东洋文化研究所汉籍善本 （8）世界数字图书馆 （9）德国数字图书馆 （10）澳大利亚国家图书馆 （11）日本京都大学人文科学研究所 （12）韩国国立亚城大学奎章阁档案馆			

限于篇幅，以上所列相关数据库与网站，只是在研究中国史中相对应用较多的，更多的专业数据库与网站并没有列入，需要我们根据自身的研究领域与方向，不断去探索。目前关于网络资源利用方面的图书，可供参考的有王国强的《网洋撷英：数据资源与汉学研究》（江西高校出版社，2020）。

二、网络资源使用的技巧

网络资源非常丰富，如果利用得当，可以使我们的研究收到事半功倍之效，但是如果利用不当，则如入山林而无斧斤，纵使资源丰富，也只能空手而归。因此，在使用过程中，应注意吸取别人与自身的经验。对于初用者来说，可注意以下几点。

（一）关注新网络资源库的出现

各类数据库的建设日新月异，不断推陈出新。开发一个数据库，往往需花费巨大的人力物力。目前来看，除一小部分数据库具有公益性，可免费使用外，大部分数据库的开发者，为维持其运转与更新，都会采取商业运作的方法，收取不菲的费用。尽管一些新数据库在推出时，为扩大宣传与影响，使用户获得良好的体验，会通过全国各地图书馆等机构，推出试用服务。一旦试用期结束，就会关闭试用。因此，对于新的数据库的试用，一方面应对学校图书馆发布的信息保持密切的关注，一旦有新的试用数据库推出，应在试用期内，多登陆下载与自己研究相关的材料，另一方面，如在试用过程中，有很好的体验，就应积极向学校图书馆荐购试用的此类数据库。

此外，除了大型数据库之外，海内外尚有不少相对较小且免费的数据库，这些数据库通常影响小，利用的人也不多，但有时候也非常有用。比如前面所列的台湾地区的"舍我先生报业数位典藏"，虽然目前只有《世界日报》《立报》两种发行量并不大的报纸上线，但是，当我们的研究需要查阅这两种报纸，而其他的数据库没有的时候，那就非常有用了。

（二）熟悉各网络数据库的特点

每个专业数据库，都有各自的特点。关注、了解并熟悉各数据库的主要内容与特色，可以帮助我们在需要时迅速锁定相关数据库，有效提高工作效率。在熟悉这些数据库的过程中，我们应特别注意一些具有同质性的数据库。一般说来，没有任何一个数据库能做到将各种纸质资源一网打尽。各类同质性高的数据库，收藏内容或多或少有交叉重叠之处，对于读者来说，应更注意其间的"互补"性。比如，上表所列的关于晚清民国时期的图书与期刊数据库有"爱如生""全国报刊索引""抗日战争与近代中日关系文献数据平台""大成故纸堆""大学数字图书馆国际合作计划""民国图书数据库""瀚文民国图书库"等，在这些数据库中，没有任何一家将民国时期的图书、期刊全部包含在内，因此，我们在利用的时候，要做到心中有数，多试一试不同的数据库，或许有意外的发现。

（三）选取合适的关键词

我们利用数据库，首先要选择关键词，同时还要善于发现检索到的信息中是否还存有其他价值，并得到能够进行进一步检索的关键词。如此循环往复，如滚雪团一样，信息会越来越多。一般来说，不管是人名、地名等关键词，都要尽可能发散思维。比如，在检索人名时，既要考虑到其常用名，也要注意其字号、名讳、笔名等相关信息。比如检索胡适的论著，除了使用"胡适"之外，还应考虑用"骍""适之""藏晖""藏晖室主任""适广""毅斋""毅斋主人"等笔名作为关键词。在检索外国人的时候，要充分注意多种中文译名的区别。比如，马可波罗一名，在中文中的译名就有马歌坡罗、波罗马可、马各波罗、马格博罗、博罗玛格、马尔克波罗、马耳克波罗、马哥孛罗、马古波罗、马克波罗、波罗马哥、博罗、玛叩衷娄、马高保罗、妈可普罗、玛尔哥波罗等，至少有 42 种之多。在检索地名时，应充分考虑到该地名在不同时代的名称变化，以及分属不同时代的不同的行政区划等。同样，一条信息的查询，应析出其中包含的多个信息要素词，分别查询，以互相补充和增大查获的可能性。在直接查询难以获取相关信息的情况下，还可采取"曲线救国"的方式，从一些与之相关的非直接词入手试查，再根据获得的间接信息作进一步搜寻。

（四）选取合适的搜索工具栏

一般说来，任何一种数据库都会提供一种或数种搜索工具栏。研究者应根据实际需要，选择适当的搜索栏。合适搜索工具栏的试用，可以任意放大或缩小搜索范围，更快锁定目标。比如，"爱如生"数据库中的"申报"，提供三种不同的搜索工具栏：（1）分类检索；（2）条目检索；（3）全文检索。"分类检索"提供《申报》在上海、武汉与香港出版的三个选项；"条目检索"提供的是《申报》内的"篇章名"与"作者名"检索工作栏；"全文检索"则是包含了上海、武汉、香港三地的《申报》的全部标题与内容。我们可以根据需要来选择。再比如，我们平时使用较多的"全国报刊索引"数据库，提供"高级检索""专业检索""文献导航"三个入口。其中"高级检索"入口，还可选择"所有资源""近代期刊""现代期刊""中文报纸""外文报纸""行名录"等 6 个不同的资源库选项；同时又提供"正文""图片""广告"三个内容选项。"专业检索"则可以在左边工具栏，任意勾选要选择的各类期刊与报纸名目。"文献导航"则可以选择"近代期刊""现代期刊""中文报纸""外文报纸""行名录"中的任何一种期刊或报纸进行检索，并可以在任何一种报纸和期刊内进行"刊内检索"。

在数据库与人文学术研究与技术方面，台湾大学出版中心 2011 年出版了 4 册"数位人文研究丛书"，包括《数位人文研究与技艺》《数字人文在历史学研究的应用》《数位人文要义：寻找类型与轨迹》《从保存到创造：开启数位人文研究》，这些书对数据库资源的利用与思考，可供我们参考。

三、使用网络资源应注意的事项

中国学界比较系统倡导利用网络数据资源进行学术研究的是台湾清华大学的黄一农，他利用这方面技术取得的成果《两头蛇：明末清初的新一代天主教徒》，因视野宽广和引用文集数目之多，令学术界大受启发。2012 年之后，黄一农为推广网络数据库技术的应用，还多次在上海、杭州、北京等地讲授"e 考据"的相关技术与理念，收到了很好的效果。他认为"e 考据"是在大数据时代融通数位与传统的一种新研究方法，通过资料检索的方式，有时甚至不需要阅读完基本的史料，就可以在很短时间内进入新的领域，并取得突破性的进展，比如他的"红楼梦"研究等。

网络数据库的出现，使以往文史研究者不可能有机会阅读百亿字以上古典文献的极限，开始被突破。但也有人对此表示出一种担忧，认为人文学者如因此放弃传统的基本训练，专恃网络资源为一切，则必将对学术研究产生负面的影响。面对网络文献资源爆炸式的扩张和快捷获取的有利条件，人文学者如何以理性的态度处之？我们认为有以下几点。

首先，在学术研究中，网络文献搜寻和获取资源固应尽量掌握并运用，但不应完全"躺在上面"、唯之是赖。当前各种材料的数据化速度不断加快，各类数据库资源也在不断充实与更新中。总体来看，"e 考据"确实给人文社科研究带了前所未有的便利，但目前仍处于发展过程中，并不能一网打尽天地间所有文献资源。以中国近现代史研究为例，还有相当多的图书、报纸、杂志、家谱、日记、信札、档案、手稿等材料，许多善本书籍、稀见刊物等文献尚藏于图书馆与档案馆中而未被整理，更未被数字化，在相当长的一段时间内也未必能改变现状。因此，在实际研究中，不能因为通过数据库无法收集的材料，就断定没有；也不能因为从数据库收集到不少材料，就以为关键史料就全在于此了。这两种倾向都不可取。

其次，专业知识素养与"e 考据"相结合。现在的数据库，比较可靠的往往是那些经主流出版社审核刊行的书籍报刊类文献，一般网页登载的非经出版审核的作品，不但打字错讹多，有的出处有问题或在史实和观点上也存在明显的随意性，如缺乏辨别能力，见到就引，便很容易出问题。事实上，"e 考据"提供了海量的信息，但所有的信息都在一个层位上，如果没有对相关知识的掌握，仍可能陷入片面性。因此，如何利用传统素养、专业知识明辨正误，尤显重要。按照黄一农的说法，"e 考据"的核心不仅在于以寻找资料为目的浏览检索（当然包含搜寻技巧），更在于研究思维与学习态度。文史研究在大数据时代缺乏的往往不是资料，而是对资料的敏感度、解析力与整合力。在"e 考据"中，最难的是构思可行性较高的解决问题的逻辑论辩过程，接着才是搜寻工具与方法的选择问题。由于缺失基础积累，未经受文科专业训练且不懂得专业基础的考据，若仅凭自己发挥，往往犯错而不自知。故"e 考据"虽能够缩短进入研究领域门槛的时间，但不能过度依赖。邓小南也认为，"e 考据"所带来的挑战性更强于其机遇性。在庞大的材料矿藏面前，材料发掘者的勤奋度、思维路向、提问方式、问题指向等因素都将直接影响材料发掘的结果。因此，在知识储备有限的情况下，我们要明确搜索的方法和所要警惕的问题。① 比较可行的做法是，将搜索方法与传统文史知识相结合。

最后，短平快的信息获取方式不能替代认真读书。由于历史文献的电子资源越来越丰富，各种检索手段也越来越多，给人们的印象是，学术研究不过是一种技术活，甚至给人有不读二十四史也可以研究二十四史的印象。这样的学术研究有可能停留在关键词的检索层面，学术论文的写作往往会显得拼拼凑凑，缺乏通识和深度。"e 考据"时代下的学术，不能仅仅将学术研究停留在检索到的文字材料（很多情况下往往还是片段的文字）上，需要做的，是根据所收集的材料，贯通上下文意，全面厘清文本的内在脉络。

第三节 档案文献的搜集与运用

一、现代档案制度的建立及档案资料分布

档案是人们从事各类社会活动时留下的文字或音像资料并经归档贮存的原始记录，可备日后处理类似事件作参考或向人们提供了解史实真相的佐证。其类型大致不出两种：一为公务类，包括公文、会议记录、电报通信、履历报表等；二为私人档案，如日记、文稿、信札和各类票据等。在多数情况下，因其与人们在事后追忆或编写的历史文献不同，乃是伴随着事情经过而自然形成的最早足迹，故反映事态的客观真实性会相对更强。

中国古代，历朝多设有收藏官方档案的机构，并将之作为修纂史书的依据，从最早的史书《尚书》《春秋》到《史记》以下的二十四史，从历代《实录》《起居注》《时政记》《会要》到《元典章》、明清《会典》的编修，莫不如此。可惜这些档案的原件，除明清两代稍存孑遗，今已俱亡。所以然者，除各种战乱或自然与人为的破坏力过大外，缺乏完善的档案保存理念和措施也是一个重要因素。盖其时官方档案控制极严，不但有机会接触的人士太少，遑论抄录，且统治集团出于某种私利，还常肆意对之破坏。连一些经鼎革之变而幸存的前朝档案，也往往在前朝史修纂完毕后，被视为废物而遭毁弃。

这种状况，直到现代档案制度建立后，才渐得改进。北洋政府时期，具有现代意义的档案制度和相关机构开始出现。国民政府成立后，在此基础上建立了总档案室、掌卷室、管卷室等档案机构，行政院还于 1935 年成立"档案整理处"，欲统一政府各部的档

---

① 此处所引黄一农和邓小南之说，俱见《"e 考据"与文史学门的新机遇》，〔北大文研论坛第 44 期〕报道，2017 年 6 月 16 日。http://www.360doc.com/conten/17/1008/09/37154076693131684.shtml

案管理。不过，由于长期的战争动荡，这方面工作依然时断时续。当时的国史馆同样如此，北洋时称"国史编纂处"，先后隶属于教育部和国务院，1928 年停办。1931 年和 1934 年，虽经国民政府两次筹议"重设"，却仍迟迟不能推进。直至 1939 年底，才建立筹备委员会开始建馆及相关档案库的工作。1947 年正式成立后，不久又因国民党垮台而撤往台湾。可见此期的档案事业，从总体看，仍未真正步入稳定规范的发展之路。

1949 年后，我国的档案制度建设进入了一个全新时期。1954 年，国家档案局正式成立。两年后，国务院发布《关于加强国家档案工作的决定》，做出了关于建立各级档案机构和统一立卷归档制度、加紧征集整理历史档案和培养相关人才、推动档案学理论研究等各项系统规定。据此精神，各省市先后建立起档案馆。中央档案馆也于 1959 年正式落成开馆。1958 年，国家档案局复提出在全国普遍设立县一级档案馆的要求，各地纷起响应，至 1962 年，全国已建立了 18 个省级、106 个地（市）级和 1 509 个县级档案馆。改革开放以来，我国的档案事业更取得了长足进展，已构筑起从中央到地方各级档案机构的网状布局，以及涵盖社会各行业专档的管理体系，并充分运用计算机网络等现代技术手段，使整个运作日趋完善。

目前，在国家级档案馆中，与历史研究关系最密且材料最为丰富的当推中国第一历史档案馆和第二历史档案馆。

中国第一历史档案馆的前身是 1925 年 10 月成立的北京故宫博物院图书馆所属文献部，1955 年划归国家档案局管理，改称第一历史档案馆，后成为中央档案馆明清档案部，1980 年单独建制，改称今名。该馆集中收藏明清两代档案共 70 多个卷宗，总数达 1 000 多万件。其中明档因明清之际遭严重毁坏，仅剩 3 000 余件，主要为天启、崇祯时期的兵部档，也有少量洪武、永乐、宣德、成化、正德、嘉靖、隆庆、万历、泰昌时的礼部、内阁档。清档则为朝廷内外各部原档，及一些地方部门或私人存档和溥仪在天津张园的档案。目前，其信息化管理平台上开放档已达 417 万余件，包括内阁、军机处、宫中各处、内务府、宗人府、宪政编查馆、修订法律馆、刑部—法部、民政部、京师高等审判厅—检查厅 10 个全宗，文种有奏折、题本、呈稿、来文、奏案等。其中绝大多数是汉文档案，还有近 40 万件满文档案，及少量蒙文、托忒文①和帕尔西文②档案。而其官方网站公开数字化档案目录总数也达 252 万条，可供社会公众检索利用。这些档案，内容丰富，是探究明清历史不可或缺的第一手史料。

中国第二历史档案馆 1951 年 2 月成立于南京，原名南京史料处理处，隶属于中国社会科学院近代史研究所，负责集中保管中华民国时期（1912—1949）各个中央政权机关

---

① 主要使用范围是巴音郭楞和新疆各地蒙古族人。巴音郭楞蒙古族人使用的托忒语属阿尔泰语系，蒙古语族，卫拉特语支。是和硕特学者扎雅班迪达（1599—1662）1648 年在通用的胡都木文基础上，结合托忒语方言特点创造的新文字。

② 一种使用波斯（Pers）字母的文字，曾通行于新疆西南部和中亚一带。

及其直属机构档案。其后又从成都、重庆、昆明、广州和上海等地接收了大量国民政府中央机构的档案，充实其中。1964 年改隶国家档案局，并易现名。其所藏档案涵盖了民国南方革命政府、北京政府、南京国民政府和汪伪政府各时期，总计近 1 354 个全宗，258 万余卷（宗），除公文书外，还有大量照片、图片、唱片、勋章、印章、股票、钞票、邮票、任命状、商标、字画、家谱、碑帖等，另有民国时期图书期刊资料 7 万余册。其中，1912 年南京临时政府档 100 多卷，1927 年之前南方革命政府档 700 多卷等，均十分珍贵；对汪伪政权档案的保存，较为完整；有关民国时期重要人物的史料虽没有台湾丰富，但也有其独到处，如蒋介石早期档案、张静江档案、冯玉祥档案、邵元冲档案、陈布雷档案等，均具有重要价值。特别是张静江、陈布雷的档案，有利于厘清许多重要历史问题。为保护原档和便于对外服务，21 世纪以来，该馆逐步建立了以 16 毫米卷式银盐片为主，35 毫米卷式银盐片和封套（平）片为辅的缩微品摄制管理系统，以此替代档案原件对外提供利用。同时，部分缩微品已向海内外发行，满足了中外学者及社会各方面研究参考的需求。

省市地方档案馆所藏，一般以地方性和现当代资料为特色。兹以上海市档案馆为例，略作介绍。

上海市档案馆建立于 1959 年 12 月，现藏有 1583—2008 年间档案 2 207 个全宗、300 多万卷、28 000 多件、音像 8 000 多盘、照片约 116 000 张（其中 2 万多张已以数字形式进入数据库，内容涵盖了政治经济、科教医疗、文体艺术、景观人物等各个方面），其他资料 48 000 多册。其下属各区县及城市建设、文化艺术、科技成果、地质资料、工商行政管理局、气象、音像资料和各企事业单位等部门档案馆的藏档也数量惊人。市馆藏档整体按中共党委机关、政府机关、群众团体、革命历史、华东军（行）政委员会、专门（包括刑事、财会、艺术、声像等）、企事业、国民党统治时期、汪伪机构、同业公会、特藏、外文等分类保管。截至 2010 年底，已向社会开放档案 22 批，涉及 1 290 个全宗、811 661 卷。其馆藏特色为：1949 年之前中共地下党组织及其领导的工青妇运动等革命文献、国民党统治时期党政军警机关档案、日伪时期上海地方傀儡政权档案、上海地区民族资本工商业档案，以及 1849—1943 年间在华外国人机构形成的英、法、日、德等外文材料，包括外国殖民者建立的上海公共租界工部局、法租界公董局等档案。1949 年之后主要为 1997 年以前上海市委、市政府相关档案，城市建设改造和开展各政治、经济、文化方面工作的档案。[①]

而各省市地方档案馆的藏档，同样各具本地区的特色。如吉林省档案馆保存较多的是日本侵华时期史料和伪满洲国史料；辽宁省档案馆保存较多的是奉系军阀和东北军史料；大连市档案馆保存的"满铁"档案十分丰富；直系军阀和北洋时期的天津档案，主

---

① 有关上海市档案馆藏档的简况介绍，主要依据上海市地方志编委会所编《上海市志·档案方志分志·档案卷（1978—2010）》书稿打印本。

要典藏在天津市档案馆；抗日战争时期四川省是中国的大后方，四川省档案馆和重庆市档案馆保存大量涉及抗战经济、政治的档案；江西省档案馆不仅保存一些战争年代的中国共产党和苏维埃政府档案，还收藏国民党剿共史料。而苏州市档案馆作为一个省辖市档案馆，保存的商会档案很有特色和价值，一直受到学者关注。[①]

此外，由于历史原因，研究中国近现代史时，台湾地区的台北"国史馆"、"中研院近史所"档案馆、中国国民党党史馆、"外交部"档案馆等单位所藏档案也很值得注意。

二、档案与历史研究

利用档案进行历史研究，虽非新方法。但鉴于近年来一些现当代档案的解密开放以及历史研究出现的新动向，仍然很值得特别强调一下。

不可否认，现当代中国史的研究曾因政治原因长期布满禁区，自 1950—1970 年代，有关"五四"以后现代史的教学几乎都是按胡乔木《中国共产党三十年》的口径展开的。中华人民共和国成立以后的"国史"研究，更因牵涉到当代历史的曲折特性以及各类档案的封闭，困难重重。改革开放以后，随着思想的逐步解放，该领域的研究出现了显著进展，无论在中共党史、国共关系、抗战以及中苏关系的研究上，不少史实都得到了新的解释或澄清，有分量的著作不断出现。这些成就的取得，与相关档案的逐步开放和利用，显然是分不开的。

档案是历史研究和史书编写最为重要的直接依据，而不断发现与解密的档案新材料，则可以帮助人们进一步发现"历史"，厘清和充实过去某些比较模糊的历史情景，并纠正其中认识上的各种偏误。在历史研究中，有不少历史事件，曾经众说纷纭，或在当事人口中显得支支吾吾，但一旦档案公布，即大白于天下。

如 1927 年 8 月 13 日蒋介石第一次下野后，东渡日本与日本内阁首相田中义一进行过长时间密谈。密谈透露了日本企图拉拢蒋介石反共以控制中国的野心，也反映了蒋介石以承认满蒙是日本势力范围为代价，来换取日本支持的意图。日本外务省公布了这份密谈记录。可是，中国台湾方面公布的来源于"总统府"机要室的这份谈话记录，仅选录了寥寥数语，掩盖了谈话的主要内容。又如张国焘一直隐瞒他在 1924 年被北洋政府逮捕后叛变的事实，并在所撰《我的回忆》书中，吹嘘自己在监狱中如何坚强、如何与北洋军阀斗争，说他在遭受"踩杠子"的苦刑时，"只有咬着牙关，忍着剧痛，一言不发"。但中国第二历史档案馆公布的北洋政府档案，却揭示了张国焘在狱中供出中共北方地区组织，出卖了包括李大钊在内的许多共产党员和进步工人，导致中共组织和北方铁路工人运动受到严重破怀的事实。[②]

经验表明，历史研究上凡有大的突破，除观念和理论更新带来的新解释外，最根本

---

① 张宪文：《民国历史档案的研究与利用》，《民国档案》2000 年第 1 期，第 69—70 页。
② 详情参见张宪文：《民国历史档案的研究与利用》，《民国档案》2000 年第 1 期，第 66、64 页。

的，还须仰赖新材料的发现。而通过发掘和新解密的档案以获取新史料，无疑是其中最重要的路径之一。近几十年来，历史学界在清代社会史和区域经济史、戊戌变法史、现代中共党史和中外关系史等研究方面取得的不少突破性成果，几无不与之有关。现将其中较有特色的几项大宗档案资料发掘情况略作介绍：

（1）四川巴县档案。现保存的巴县衙门档案上起乾隆二十二年（1757），下迄 1941 年，长达 180 余年，数量多至 113 000 卷，它全面反映了清朝至抗战中期重庆地区的内政、财政、经济、军事、文化、司法、民风民俗等，特别是清代县级政权机关的职任丞、内部架构及其运行状况。对于研究近代太平天国、清末新政、筹备自治、废科举、办新式初级学堂等，都提供了极好的史料。这批地方大宗档案被保存下来，有一定的偶然性。抗日战争时期，它先被堆放在巴县樵坪场一座破庙中，一直少人关注。1953 年被发现，由西南博物院运回收藏，后交四川省博物馆，1955 年借给四川大学历史系整理，1963 年 3 月归四川省档案馆收藏（现四川大学历史系存有部分抄件，以经济类为主）。目前，此项档案经四川省档案馆（部分有四川大学参与）整理，已出版《清代巴县档案汇编·乾隆卷》（档案出版社，1991）、《清代乾嘉道巴县档案选编》（四川大学出版社，1996）、《清代四川巴县衙门咸丰朝档案选编》（16 册，上海古籍出版社，2011）、《清代巴县档案整理初编司法卷》乾隆朝、嘉庆朝和道光朝部分（西南交通大学出版社，2015、2018）等。

（2）四川南部县衙门档案。南部县档案馆收藏，上起顺治十三年（1656），下迄宣统三年（1911），凡 256 年，共 18 186 卷，84 010 件。大部分是刑、民诉讼案件，以及该县与上下级、同级衙门来往公文，其中有清廷内阁抄发的奏稿、皇帝御旨、太后懿旨、皇太后皇后旨、皇室婚丧寿庆、天象、灾害等。吏房档案包括官吏管理等文件奏稿，以及成立四川戒烟总局，新设四川巡警道、劝业道等材料。户房档案包括户籍赋税、田房买卖、灾情赈济情况。礼房档案包括地方自治、祠祀庙宇、乡约、学务、婚娶丧葬，以及外国人在川传教活动等材料。兵房档案包括军事调遣、军饷补给、剿防缉匪、建立藏军、解散团练的内容。刑房档案包括反清抗洋、盗奸娼匪、飞走凶伤、私铸赌博、狱政治安等内容。工房档案包括财政、工业、手工业、农林水利、商业、建筑以及禁烟、预防灾患等内容。盐房档案包括盐务法规、厘金课税、井厂调查、盐工暴动等内容。2016 年，此档案已由四川南充市档案馆整理编为《清代四川南部县档案衙门档案》（全 308 册，黄山书社，2016），公诸于世。

（3）浙江龙泉民国司法档案。发现于 2007 年浙江丽水地区的龙泉县，这项档案共17 333 件卷宗，88 万余页，时间自咸丰八年（1858）至 1949 年，记录的诉讼案件超过 2万个。由于该地僻居深山，较少受到民国时期包括抗战在内多次战乱的波及，才得以留下了我国迄今发现当时最完整的一批基层法律档案文书。档案包括晚清至民国各时期由当事人或讼师、律师撰写的诉状、辩诉状原件及抄本或副状，知县、承审员或法院推事的历次判词、调解笔录、言词辩论记录、庭审口供、传票、保状、结状、领状，以及各级法院、检察院、监狱等司法机构之间的来往公函。有的还附有作为证据的契约、分家书、婚书、系谱简图、法警调查记录、田产山林的查勘图等。其所传达的历史信息，包涵了各类经济形态、社会结构、地方政治等社会问题，从而为研究中国司法从传统到近代的演变，包括制度、程序、法理、实践等各方面的过渡，以及法律与社会变迁之关系，近代地方经济民生、政治军事、宗族组织、婚姻形态等各个方面，提供了极为丰富的第一手资料。因而消息一公布，立即引起了中外学术界的关注。为更好保护与利用这批宝贵的档案文书，浙江大学历史系在各方的支持下，通过数字化与编目、整理与出版、学术研讨与考察活动、学术研究等一系列活动对龙泉档案展开全面的整理与研究工作。① 经浙江大学地方历史文书编纂与研究中心历时 12 年的整理，从全部案件中选取典型案例，以历史时间为序，分晚清（2 册）、1912—1927（44 册）、1928—1937（30册）、1938—1945（16 册）、1946—1949（4 册）等五辑影印为《龙泉司法档案选编》（中华书局，2012—2019），共 96 册，选编案例 343 个，涵盖约 1 084 个卷宗、26 528 件

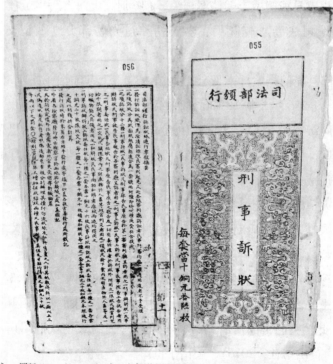

圖版三 一九一三至一九一六年刑事訴狀狀面實例（民國三年八月八日〔批〕張承禮控劉中元等爲買貧抵富圖脫法網事刑事訴狀狀面，5346：55—56）

图 3-2 龙泉司法档案刑事诉状状面实例

---

① 《来源确切 数量巨大 保存完整 年代清晰——龙泉发现民国时期地方司法档案》，《光明日报》2011 年 4 月18 日报道。

档案，入选的每一案例均由案件名称、内容提要、档案索引、图录四部分组成，呈现了该档案中最精华的部分，为该时期社会史的研究提供了丰富而可贵的史料。

（4）苏联解密档案。1991 年苏联解体后，原中央到地方各级党组织档案馆全部转入俄罗斯国家档案系统，在随后几年通过的一系列国家各部或部门档案管理条例中，又规定了各类档案保管、保密和解密的相关年限，以及向社会公众开放的基本原则，其中相当部分的档案开始面世，披露了许多苏联和共产国际秘不外宣的文件，为人们了解这段历史并厘清其中的某些疑团提供了重要参考和依据。其涉及中国现当代史方面，如关于中共建党前各地共产主义小组的活动、中共与苏联及共产国际之关系、中俄政府有关抗美援朝的决策过程等，都因这些档案的公布而更显清晰。① 为更好地加以利用，我国学者沈志华于 1996—2002 年间，与中国社会科学院合作，个人出资 140 万元，专程到俄罗斯和美国搜集复制了几万件相关档案，回国后组织人员翻译、整理、出版了《苏联历史档案选编》34 卷共 36 册（社会科学文献出版社，2002 出齐）、《俄罗斯解密档案选编：中苏关系（1945—1991）》12 卷（东方出版中心，2015）。这些文献的开发利用，都为研究现代中外关系、国际共运史，以及中国现当代史，注入了新的活力。

至于其他各地散存的明清以来未刊档案、户籍、手稿、清抄本等，按其性质，也大致近于这一类。

此外，有关研究机构和档案馆整理出版的多种大型档案汇编，也为学术界提供了诸多方便。

如在明清档案的整理出版方面，原"中研院史语所"自 1930 年以后就一直在开展对清内阁大库档案史料的整理出版工作，1949 年迁至台湾后仍未中断，至 1975 年，在台湾地区共刊印成《明清史料》10 编 100 册、《明清档案存真选辑》3 辑、《明清档案》370 册，选录文件共 58 000 多件。"中研院近史所"则整理编印了的《海防档》（1957）、《中俄关系史料》（甲乙丙三编，1959—1975）、《矿物档》（1960）、《中法越南交涉档》（1962）、《四国新档》（1966）、《教务教案档（1974—1981）、《中美关系史料》（1968）、《清季中日韩关系史料》（1972）等。北京中国第一历史档案馆也先后编辑出版了《清代档案史料丛编》（中华书局，1978—）、《康熙朝汉文朱批奏折汇编》（1984—1985）、《清代中俄关系档案史料选编》（中华书局，1979、1981）等 40 余种各种专题史料汇编。

在民国档案的整理出版方面，当以中国第二历史档案馆的成果最为丰厚，其中规模最大者为《中华民国史档案资料汇编》，它自 1970 年代以来陆续由江苏古籍出版社出

---

① 这方面情况，可参看杨奎松《从共产国际档案看中共上海发起组建立史实》（《中共党史研究》1996 年第 3 期）、《共产国际为中共提供财政援助情况之考察》（《社会科学论坛》2004 年第 4 期）和《抗战时期共产国际与中共关系文献资料述评》（《社会科学》2006 年第 2 期），沈志华《俄国档案文献：保管、解密和利用》（《历史研究》1998 年第 5 期）。

图3-3 《中华民国史档案资料汇编》

版，共五辑90册，凡5000余万字，内容广涉1912年至1949年间政治、军事、经济、财政、外交、文化教育和群众运动各方面，堪称研究中华民国史的必备史料。该馆还编辑出版了《中华民国史档案资料丛刊》，这是一套专题性质的资料丛书，由不同的出版社出版，其中如《民国外债档案史料》《抗日战争正面战场》等，都提供了许多有价值的史料，对推动民国专题史的研究有重要意义。台北"中研院近史所"编印的《中日关系史料》（1974—1976），则汇集了1914—1916年中日两国有关欧战和山东问题，以及邮电航渔盐林、通商与税务、路况等交涉文件。

值得注意的是，国民党政府离开大陆时带走的蒋介石档案，即所谓"大溪档案"，在台湾封存近50年以后，于1997年2月宣布解密，并陆续向广大学者开放。蒋介石日记如今也公开可阅（本拟出版，后因蒋家后人意见分歧而暂时搁置）。这些蒋介石统军主政时期的手稿、文件和日记，其珍贵性是不言而喻的。还有一些因历史原因被长期存放国外的档案，如大批名人函件及口述史料保存在纽约哥伦比亚大学，宋子文全部个人档案则收藏在斯坦福大学胡佛研究所，胡汉民往来信函稿约2500多件保存在哈佛大学燕京图书馆。许多有关中国共产党的重要文献如《中央政治通信》等，则散落日本或俄罗斯。目前也逐步开始受到关注和利用。①

三、档案文献的搜采和解读技能

按照《中华人民共和国档案法》第四章第十九条规定："国家档案馆保管的档案，一般应当自形成之日起满30年向社会开放。经济、科学、技术、文化等类档案向社会开放的期限，可以少于30年，涉及国家安全或者重大利益以及其他到期不宜开放的档案向社会开放的期限，可以多于30年。"为历史研究而查询档案时，可以根据各自研究的专题或事件，选择相应的中央或地方乃至行业档案馆搜寻，并先找一些各地档案馆编写出版的"档案馆指南"（如《四川省档案馆指南》《北京市档案馆指南》等），或通过各档案馆官方网站的查询，做些准备工作，效率会更高。

目前档案馆的文献查询工具有两类，一种是比较传统的书本式、卡片式的各种目录、索引，另一种是计算机网络设置的检索系统。检索时，其范围一般可分以下几种：① 以某全宗为范围，检索其目录内所包含的相关内容；② 以某专题为范围，从档案馆

---

① 张宪文：《民国历史档案的研究与利用》，《民国档案》2000年第1期，第63、67页。

内的相关专题目录、指南、人名地名索引等工具中搜寻相关条目及内容；③ 以某档案馆为范围，通览馆内各种检索工具；④ 选择全国若干档案馆为范围，搜寻相关文献。

而检索途径又可分内容和形式两种。前者以主题词、分类号等反映档案文献内容特征的检索项目为检索入口；后者以档号、作者、时间、发文号等反映档案文献形式特征的检索项目为检索入口。

若运用计算机网络设置的检索系统，则首先须注意局域网与官网检索系统的差别。所谓局域网即馆内所用网络，官网则为档案馆官方主页。以中国第一历史档案馆的查档为例，两者至少存在三方面的差异：一是可查全宗的范围不同，前者及于内阁、军机处、宫中档、内务府、宪政编查馆、修订法律馆、刑部—法部、民政部、京师高等审判厅和检查厅等九个，后者却仅提供内阁、军机处、宫中档三个。二是显示文件的数量不同，凡馆内已数字化的档案，前者均可检索，后者则仅列出部分，且两者数量差距甚大。三是检索栏位上差异，以"责任者"为例，前者可提供责任者 A、B、C 更为细化的检索条件，而后者却只有关于责任者 A 的检索。在馆内查询档案，如需复制其中文件，每人当年最多限 20 件；如需摘抄，可点击馆内信息化平台"检索结果"所列档案条目后的"摘抄"，进入摘抄页面，会自动生成档号、摘抄日期、题名、官职爵位 A，责任者 A，原纪年等项，只需摘抄档案内容即可，此类摘抄每天最多限 200 条。另有一种非"档案检索"下的"摘抄"，仅显示摘抄对象（胶片/全文检索，二选一）、名称、摘抄内容三栏，均需手动填写，无法自动生成其他各项。

由于档案的文种、体载及其内容相当复杂，特别是明清时期的档案更是如此，无论是释读还是运用，都需要相当的语言、文字识别、历史背景和典故等专业知识，否则，即使找到资料也无法正确理解和运用。这里，仅以信函的释读为例，试作多方面的说明，期以收到举一反三的效果。

（1）文字辨识问题。档案中的公文，如奏谕、呈文等一般字体工整，不存在此问题。但会议记录，以及私人信函和日记等，多见行草体字，印章的识别更需认识篆书。请看下列信函原件（如图 3-4）。

这是华东师范大学历史学系已故苏渊雷先生（1908—1995）的书札，其人为当世文史大家，书法飘逸俊朗，极具观赏价值。此函行草兼施，笔画皆有法度可依，但一般人看，自然难于辨识。为提高这方面能力，平时应多观摩行书和草书作品，或通过《六体千字文》《正草隶篆四体字典》等作适当研习，了解其行笔之基本规范和字体特征。今释其文如下：

蠹庐足下文几：

大札快读，俱悉种切，落霞苍壁，信如奇迹，地不秘宝，岂不能欸？梅老康复，诸公无恙，为之欣慰。上周趋调长沙公，因久已住休养院谢客，未晤为怅。尊

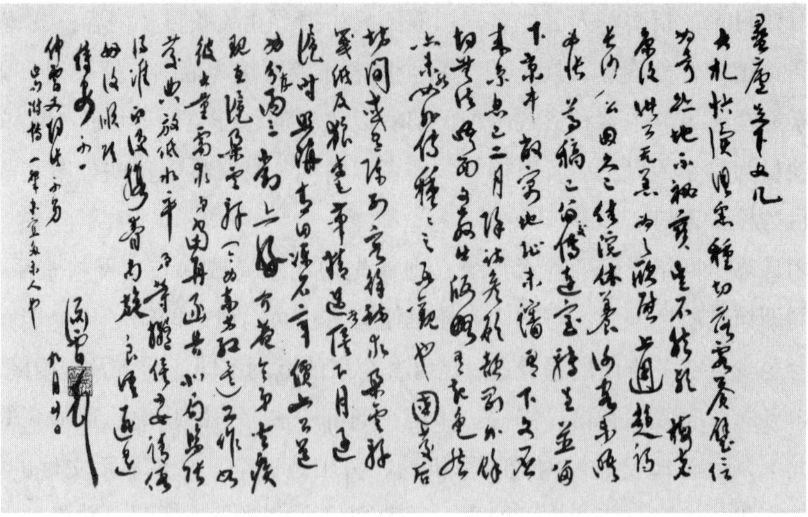

图 3-4 苏渊雷 先生书札

稿已留交传达室转呈，并留下京中敝寓地址，未审有下文否？来京忽已二月，除访候顾颉刚外，余均无法晤面。文教出版略有起色，然亦未能如外传种种之乐观也。国庆后，坊间或有陈列，容徐访求。朵云轩笺纸及狼毫笔精选者，俟下月过沪时照购。青田冻石二章，价亦公道，为分存两三对亦好。介庵令弟去疾现在沪朵云轩（今为东方红矣）工作，如彼大量需求，弟当再函告。北局紧张，庆典放低水平。弟等拟俟小女请假得准，即便携眷南旋，良晤匪遥，匆复。顺颂侍安。不一。

渊雷顿首　九月廿日

仲雷丈均此，不另。近句附，博一粲，未宜多示人也。①

（2）考证年代及背景。国人写信，往往只署月日（有的仅书某日）而无年代。如无法确证年代，势必影响该文献的运用价值。故考证年代，实为解读和整理信函的必要步骤。如上述苏渊雷先生的信，如何来判定书写年代呢？答案只能从其内容中找。

细看该信，涉及时间的要素有几处：① 其中提到的两位名人，一为"长沙公"（当指章士钊，湖南善化即今长沙人），已长期住院，一为顾颉刚。章卒于 1973 年 7 月，则信必作于此前。顾有日记行世，可看一下，其中能否找到两人见面的记录。② 其中说沪朵云轩"今为东方红矣"，考朵云轩之改名东方红书画社，始于 1966 年。可知信必作于"文革"期间，也即 1966 年至 1973 年之间。③ 其涉及时局的有两处，一为"文教出版略有起色，然亦未能如外传种种之乐观也"，二为"北局紧张，庆典放低水平"。"文

---

① 原件照及释文见杨乃琦、章志敏编《翰墨雅韵苏渊雷墨迹选》，西泠印社出版社 2013 年版，第 164 页。按：原书释文标点及个别字有误，引用时已更正。

革"中文教出版形势略有松动是在何时？而"北局紧张"，连国庆的规格都要为之降低，又是何故？综合两项略有冲突的信息，最有可能的当是突发性的 1971 年"9·13"林彪事件。9 月 18 日中共中央以 57 号文件发布了《关于林彪叛国出逃的通知》，10 月 6 日又以 65 号文件发布了《关于进一步扩大传达林彪事件的通知》。写信时的"九月廿日"，此消息虽未正式向下传达，但北京社会上已在流传。故信件最有可能作于 1971 年，与前面判断的时段范围亦恰好符合。最后再翻检一下《顾颉刚日记》，见该年 8 月 17 日有"苏渊雷来，以熟人，谈话较多"的记载，苏函自谓"来京忽已二月"，则 8 月 17 日正其在京逗留时间。于是更坐实了这一判断。当然，有些前人信件因提供的相关信息太少，考证可能会难度更大些，但求证的原理应当是相同的。

（3）内容的解读。书信的解读需要各方面的知识，特别是那些用字简洁含蓄，涉及人物皆为字号、代名，甚至出于某种原因，提及有关事件多以典故代之的信件，更是如此。如张之洞戊戌变法前后亲笔所写的一些电文稿，"原稿虽注明月、日，甚至标明发报的时辰，但无具体年份，原整理者因对其内容不清楚，而大多贴错年份，在档案中分存各处，十分散乱"。茅海建在《戊戌变法的另面》一书中引用时便做了大量深入的释读。今试举一例为证。

在"张之洞与杨锐"一章中，他引录光绪廿一年（1895）5 月 5 日张致杨的一通电文：

> 京。伏魔寺。杨叔峤（锐）：蒸电悉。王爵堂在法甚得力，外部一切向王倾吐，立派兵轮赴台；并为我画策，告以虽批准，法可作不算等语。是法绝无厌王意，惟虑龚忌挠沮，来电早已料及，乃龚使果于日内亦赴法。顷王电，龚多疑忌，不令参赞庆常帮王办事，致令外部生疑，停议两日。现已电奏，请总署电法及龚。足下来电所言，必是龚造言毁阻，希冀王去法，则助华之说散。无非别有成见，恐和局翻动而已。试思法果厌王，肯与商密谋乎？请转致少宰，勿堕龚计，力为主持，万勿令王离法，至祷。法兵若出，虽换约亦能更改，俄亦如此说也。壶。真。

随即对其中的人名一一注解："王爵堂"即清廷赴法官员王之春，与张关系密切；"龚"为李鸿章亲信龚照瑗，时任驻英公使，兼驻法、意大利和比利时公使；"庆常"为驻法参赞；"少宰"一般指吏部侍郎，此处似指廖寿恒；"壶"为张之洞自署。并说明其背景为"《马关条约》已签，尚未互换，'三国干涉还辽'亦在紧锣密鼓进行中"。时"张之洞为阻止马关条约的批准，命杨锐去找总理衙门大臣廖寿恒，以让王之春继续留在法国；在此之后，张又命其幕僚恽祖祈发电其同乡军机大臣、总理衙门大臣翁同龢，他本人则发电总理衙门大臣汪鸣銮，以让龚离开法国"。又在注释中引 4 月底张之洞致总理衙门的电文相证。① 书中的此类解读，看上去信手拈来，如果不是对晚清史和人物掌故十分熟悉，是很难做到的。

当然，强调历史研究应注重档案的发掘和利用，并不意味着唯"档案"是信。这是因为，首先，档案也存在着真伪之别。从材质上看，一件档案的真伪，可以通过它所用材料的质量和品种，来帮助推断其产生的时代。如抗日战争时期，由于物资供应困难，纸张质量很差，反映出战争环境的特点。还可以考察档案文件的来源、流传经过、签署的方式和印章等，以及档案内容所反映的史实是否符合当时的历史背景。只有史料的保存过程很清楚，内容也没有其他反常之处，才可以确信是原始档案，否则，就难断真伪。

其次，机关所存的档案中，有时也存在作伪情况，为防止偏听偏信，最好能与其他文献作比较后再下判断。如中国第二历史档案馆中有一批 1939 年汪伪政权"××市国民党入党登记表"，其内容有入党人照片、住址和签名、盖章，有的还有指模，数量达1 033 份。经调查，其中 609 份是汪伪党徒为了谋取高位并冒领额外党务津贴而伪造的。他们不惜利用学校学生名册上的照片、体育运动员的报名照片等，逐个剪下，加以翻拍，制成登记表报送市党部，最后作为档案而保存下来。② 当然，这种档案赝品在立档单位一般比较少。

最后，即使档案本身十分可靠，在运用时，也当坚持新旧各类文献和史料兼收比勘的态度，既不"屈旧以就新，也不绌新以从旧"，王国维提出"二重证据法"的立足点也在于此。如 1950 年 10 月 2 日毛泽东给斯大林的电报，有两份内容正好相反的档案，就是一个典型的例子。在中国有关文献公布的这封电报中，毛泽东表示接受斯大林的建议，同意立即派出中国志愿军援助朝鲜，而俄国档案馆出示的同一天的电报则显示，毛泽东提出了众多理由拒绝出兵朝鲜。这两封电报究竟是一前一后，还是一真一假？经过认真的调查和分析，多数人倾向于认为这两封电报都是真实的，只是中国档案馆保存的是毛泽东本人起草但一直未发出的电报，而俄国保存的则是苏联大使罗申与毛泽东会谈后向莫斯科发回的转述毛泽东谈话内容的电报。恰恰是这样深入的研究，才反映出中国出兵朝鲜这一重大事件曲折复杂的历史过程。③

事实上，在历史研究的过程中，采用的史料固然有高低优劣之分，但并不能绝对而论。近年来，有关近现代人物的日记已经出版相当多，如《胡适日记全编》《顾颉刚日记》《竺可桢日记》《夏鼐日记》《王伯祥日记》《吴宓日记》《谭其骧日记》《郑孝胥日记》等，书信方面比较有规模的有《王国维书信集》《顾颉刚书信集》《陈垣来往书信集》《朱希祖书信集》等。这些具有私密性的日记和书信不仅反映了书写者本人生活和

---

① 茅海建：《戊戌变法的另面》，上海古籍出版社 2014 年版，第 132、139—140 页。
② 张宪文：《民国历史档案的研究与利用》，《民国档案》2000 年第 1 期，第 65 页。
③ 沈志华：《俄国档案文献：保管、解密和利用》，《历史研究》1998 年第 5 期，第 148—149 页。

内心世界的方方面面，而且为研究中国现当代史提供了极为丰富的文献资料。但即使是这类绝好的第一手资料，也不能排除其中有矫情或有意隐瞒的成分，这就需要我们在使用时根据具体情况和不同人物的个性作具体分析，防止陷入认识上的误区。

第四节　世界史文献的采集初径

历史文献学的工作对象，就其内在所具的共性而言，理应涵盖中外各类相关文献。唯世界史文献因涉及的地域、民族和语种知识极为广泛，研究触及的维度也更见繁复，欲系统明了其运用之道，最好另求诸其他渠道或专门之作。本节对其采录路径的极简略介绍，仅备有志于研治世界史的初习者入门参考。

一、国内世界史文献的引介现状

中国的世界史研究，起步甚晚。大致 1919 年之前，尚处于对其总体概貌的笼统了解状态。自"五四"至 1949 年，才渐趋细化，开始仿效西方现代学术规范，以科学态度开展世界史教学及其相关知识的传播，如注重西方史学原著的翻译和现代史学理念的输入等。但此期国内较为流行的世界史或西洋史著作，除周谷城的《世界通史》（1949）等极少数作品外，仍多属编译性质的通论或教材，如韦尔斯的《世界史纲》（梁思成等译，1927 年商务印书馆版）、何炳松编译的《中古欧洲史》和《近世欧洲史》（1924），以及陈衡哲的《西洋史》（1926）、王绳祖的《欧洲近代史》（1935）等，而很少有自己独到深入的研究之作。究其原因，除受到社会动荡、财力拮据和有关专业人才偏少等条件限制外，显然也与国内世界史原始文献的缺乏有很大关系。以致连清华大学这样一所比较重视西洋史教学的学校，其专业目标也只定位在正确了解外国和借鉴其理论方法，以推进本国史学的研究上。经西方世界史专业训练出身的雷海宗就认为，从当时大学的现状看，根本"无能力对西洋史有研究的贡献。所以各种烦琐的课程可以一概不开，只求叫学生对西洋史能得一个整个而比较充分的了解已非容易，也就很够我们努力的了。"[1] 多年以后，齐世荣也说："由于旧中国无力购买大量的第一手史料，即使外国著名史学家的权威著作也买得很少（个别学校多一些，如清华、燕京、北大），学者们无法从原始材料入手，写出精深的著作。因此，有些学者在国外读书时本来是专门研究外国史的，回国后只得把主要精力用于研究中国史，如雷海宗；或者根据革命的需要，全力研究中国社会经济问题，如陈翰笙。还有一些学者，如刘崇鋐、孔繁霱、沈刚伯，他们毕生坚守外国史的教学岗位，西洋史修养很深，但由于治学严谨，不愿在缺乏第一手史料的情况下轻易下笔，故一生中基本上是'述而不作'。"[2]

---

[1] 雷海宗：《对于大学历史课程的一点意见》，《独立评论》第 224 号，1936 年 10 月 25 日。
[2] 齐世荣：《我国世界史学科的发展历史及前景》，《历史研究》1994 年第 1 期，第 156 页。

这种情况，直到 1950 年代后期，才有所改变，国内史学界先后翻译出版了亚里士多德《雅典政治》（日知、力野译，1957）、希罗多德《历史》（王嘉隽译，1959）、修昔底德《伯罗奔尼撒战争史》（谢德风译，1960）等西方史学原著，以及苏联科学院编《世界通史》（19 卷，1959—）等一批苏联史著。并组织力量译编世界史文献，其中比较有规模的主要为商务版《世界通史资料选辑》——由林志纯主编上古部分（1962），周一良和吴于廑主编古代与近代部分（1964），齐世荣主编的现代部分（1983），及其后首都师大出版的齐世荣主编《当代世界史资料选辑》（三册，1990—1996）。另外，此期的《世界史资料丛刊》出版也很值得注意，该丛刊创始于 1957 年，初由三联书店出版，主编为杨人楩，1962 年底起改由商务印书馆出版，至 1966 年已出 12 种 13 个分册，"文革"期间中断。1979 年后重新上马，上古、中世纪、近代和现代部分分别由林志纯、戚国淦、张芝联、齐世荣任主编，整套《丛刊》拟按时代、国家或地区、事件分 60 种 66 分册出版，每本约 10 万字，所收均为原始文献，不仅可作大学生学习辅助读物，也可供专业研究人员参考。而李巨廉、王斯德主编的《第二次世界大战起源历史文件资料集》（华东师范大学出版社，1985），作为专题性史料汇编，也颇具特色，其取材主要据各国外交文件，全书约 65 万字，为研究第二次世界大战起源提供了外交方面的一些基本史料。

改革开放以来，随着世界史学科建设的大力推进，组织力量系统编辑出版国外原始文献以夯实研究基础的工作，日益受到教育部门和学术界的高度重视，近年成绩尤为可观。如孟广林主编《西方历史文献选读》（社会科学文献出版社，2015—2016），该书凡 248 万字，包括古代、中世纪、近代、现代、当代五卷，选录西方重要的历史文献原文 169 篇，旨在多层次、全方位地显现西方各个历史时期在经济、政治、军事、思想文化、社会生活诸方面的基本状况与特征。所收篇目或为全文，或截取其核心部分。每篇英文文献后均有编者导读，以助读者阅读理解，并列出相关文献目录，以为延伸阅读参考，可供世界史专业教学之用。

不仅如此，对欧洲古代及中古史原手文献的引入力度也较前大为增强，如北大分别在 1986 年和 1999 年以重金购藏《教父文献大全》（*Patrologiae cursus completus*）和《德意志历史文献》（*Monumenta Germaniae Historica*）便是显例。《教父文献大全》初版于 19 世纪，实为 17 世纪以来教会文献考据学家长期整理大量手抄本的成果，内容包括拉丁编 221 卷（收入 1216 年以前的作品）、希腊编 161 卷，是希腊文和拉丁文对照本（收入 1438 年以前的作品），另有 81 卷拉丁文的希腊教父作品。《德意志历史文献》由德国古史研究会主席施泰因倡导编纂，自 1823 年起聘请该会秘书佩茨（Georg Heinrich Pertz，1795—1876）主持编辑，计划汇聚公元 500—1500 年间德国、瑞士和奥地利重要的完整文献，不完全的编年史和片段资料列入另册，6 世纪后的历史记载一律不用二手资料，按编年史家、法律、国家文献、书牍和古物五类编次出版。经德国几代史家的不懈努力，至 1925 年刊行 120 多卷。其于历史文献的搜罗，并不像《教父文献大全》只收基督教文献，而是包括了大量世俗政府的文献，在史料处理的严谨度及印刷上也体现了更高的水准。

在俄罗斯和东欧历史档案文献的引入方面，则以沈志华团队的工作最引人注目。继完成《苏联历史档案选编》34 卷和《俄罗斯解密档案选编：中苏关系（1945—1991）》12 卷的编辑出版后（参见本章第三节"档案文献的搜集与运用"），2019 年又出版了沈志华主编的《东欧八国社会制度转型档案整理编目》（社会科学文献出版社）。该书收录东欧八国及俄罗斯档案馆、图书馆藏档和已出版的档案文献集共 435 卷，内含档案 41 251 件，原始档案和零散发表的档案 3 668 件，总计 44 868 件（重复者不计）。分匈牙利篇、保加利亚篇、波兰篇、东德篇、阿尔巴尼亚篇、捷克斯洛伐克篇、罗马尼亚篇、南斯拉夫篇，以及副篇一（苏联与东欧关系俄国档案）、副篇二（东欧各国档案文献：英译文）、副篇三（东欧各国档案文献：中译文），共 9 卷 11 册。其资料以东欧八国自 1940 年代进入苏联模式到 1980 年代的历史为主线，侧重冷战时期东欧八国在政治、经济体制变化过程中发生的重大事件和危机，如 1948 年苏南冲突、1953 年东柏林事件、1956 年波匈事件、1968 年布拉格之春、1989 年东欧剧变等。从而为研究东欧八国历史，特别是其冷战时期社会制度演变过程提供了一个重要的综合性史料平台。

二、相关检索工具简介

不仅如此，世界史外文文献的网络资源也日渐繁多，仅姚百慧所编《世界史研究外文数据库指南》一书介绍的相关数据库就达 1 145 种。兹择其以提供原始史料为主者，列表以见一斑。

类　别	数据库名称	馆　藏	文　献　特　点
世界史·通史	Gale in Context：World History（Gale 世界史资源中心）	馆藏：人大、北师大、浙大、东北师大、首师大、南开、北外	本数据库名称又作 World History in Context 或 History Resource Center，收录了 1 800 份 Gale 集团独家拥有的原始信息来源，包括 150 种全文学术期刊的全部文章、著名的历史新闻来源、1 500 多份权威专家进行淘选的历史地图及地图集、900 多份插图，以及学术链接、历史年表等。自 2000 年起，内容也从原来注重 20 世纪的历史扩展到目前涵盖的 5 000 多年历史。
	E‐Collections in Stanford Libraries（斯坦福大学图书馆世界史研究资源导航）		提供非洲、法国和意大利、德国、犹太人、伊斯兰和中东、拉美和伊比利亚、墨西哥裔美国人、斯拉夫和东欧等收藏，每个收藏提供研究信息和网站链接。

续　表

类　别	数据库名称	馆　藏	文　献　特　点
世界史·古代	Jacoby Online（雅克比在线）	馆藏：北大、东北师大	包含五个子库，收录古希腊史家残篇集成 1—5 部分，及其修订和扩充版本。
	Loeb Classical Library（洛布古典丛书）	馆藏：北大	目前已出版 500 多册古希腊（绿色封皮）和拉丁语（红色封皮）的英文注释本，这些书籍品种繁多。
	Perseus Digital Library（珀尔修斯数字图书馆）		由塔夫茨大学（Tufts Universiy）主持。收录主要的希腊文、拉丁文古典文献（包含原版和英译版），以及大量钱币、彩陶、建筑和考古遗址图片。大部分图像资料只向订阅用户开放，古典文献则全免费开放。
	Cuneiform Digital Library Initiative（CDLI，楔形文字数字化图书馆项目）		美国加州大学洛杉矶分校牵头，联合英国牛津大学、德国柏林马普科学史研究所，将大英博物馆、卢浮宫博物馆、伊朗国家博物馆等世界多家知名博物馆馆藏泥板进行整理拍照，并注明其出土地、收藏处、所属时代和古代语种，及其研究状况。所收泥板年代自公元前 4000 年至公元前 1000 年。是目前该领域较为全面的学术检索引擎。
	Papyri.inf（纸草网）		最全面的纸草文书网站，综合了以前很多独立的纸草文数据库，包括"高级纸草信息系统"（The Advanced Papyrological Information System），内容除原文外，还有图片、翻译、断代、发现地和收藏历史等。
	Supplementum Epigraphicum Graecum Online（古希腊拉丁铭文集）	馆藏：北大、东北师大	为古希腊文字研究的数据库，每年更新一卷，收录当下对古希腊重要历史铭文、碑文的最新研究，仅收针对公元 8 世纪以前铭文的研究报告，内容包括铭文完整文本和注释等。
世界史·中世纪	Medieval Travel Writing（中世纪游记）	馆藏：北大、中山、国图	其文献资料源自大英图书馆等全球数十家图书馆和档案馆，收录 13—16 世纪游记原始手稿等。
	Dumbarton Oaks, Research and Collection（敦巴顿橡树园拜占庭研究资源网）		由美国哈佛大学拜占庭研究中心主办，有拜占庭图书资料中心。

类　别	数据库名称	馆　藏	文　献　特　点
世界史·近代	Early English Books Online（EEBO，早期英文书籍在线）	馆藏：国图（可馆外）、北大、清华、社科院、人大、北师大、武大、浙大、东北师大、南开、南京、复旦、中山、厦大	收录 1473—1700 年间英文出版物达 12.5 万余种，其中包括许多历史资料和文件，以及孤本、善本等珍贵文献。
	Eighteenth Century Collections Online（ECCO，十八世纪作品在线）	馆藏：国图、北大、清华、人大、北师大、武大、浙大、上图、东北师大、南开、南京、复旦、中山、厦大	收录 18 世纪在英国出版的图书和美国及英联邦出版的非英文书籍，内容涵盖历史、地理、法律、语言文学等各方面，可进行全文检索。
	World Newspaper Archive（全球古旧报纸）	馆藏：北大	包括非洲 1800—1922 年间约 110 种、拉丁美洲 1805—1922 年间 300 多种、南亚 1864—1922 年间 10 种，及美洲 1690—1922 年间各报。
	Archives Unbound（AU 珍稀原始典藏档案）	馆藏：国图、北大、清华、武大、南开、南京、复旦、中山、厦大、浙大等	已出版 300 多个档案库。珍稀原始典藏项目包含超过 29 万份文件。
	Gale Scholor（Gale 原始历史档案数据库）	馆藏（与上项类似）	可访问 43 个数据库，1.7 亿页珍稀原始资源，皆出于美英两国主要图书馆和档案馆。
	AMD（历史与文化珍稀史料数据库集成）	馆藏：北大、国图、中山	现包含 63 个子库，内容涉及世界各国历史、政治、文化与文学等研究范畴，包含档案、手稿和珍稀史料等。
世界史·现代	The First World War 1914—1920s（第一次世界大战典藏，1914—1920 年代）	馆藏：北大、首师大（仅第二部分）、中山、国图	分个人经历、宣传与征兵、视觉观点与纪实、全球冲突等四部分，收录有关第一次世界大战文献资源与珍稀资料。
	Service Newspapers of World War Two（第二次世界大战）	馆藏：北大	记录了二次大战的方方面面，包括来自世界各地的新闻报刊等出版物。

续　表

类　别	数据库名称	馆　藏	文　献　特　点
亚洲史	Asia and the West: Diplomacy and Cultural Exchange（亚洲与西方：外交和文化交流）	馆藏：北外、中山	该数据合集主要为 19 世纪亚洲和西方关系的原始资料。来自英美国家档案馆和其他国际收藏机构。
	Bibliography of Asian Studies（BAS，亚洲研究文献书目库）	馆藏：清华、北外	收入 1971 年（部分回溯至 1992 年）至今亚洲研究会（Association for Asian Studies）出版的有关研究亚洲的西方语言文献。
非洲史	The African Digital Library（非洲数字化图书馆）		提供万余种相关图书。
	African Journals Online（AJOL，非洲杂志在线）		收录 500 余种非洲期刊，其中 262 种为开放获取期刊，总计 1.4 万多期、16 万多篇全文。
欧洲史	Early European Books, 1450—1700（EEB，早期欧洲图书，1450—1700 年）	馆藏：北大	提供此期欧洲珍本书籍和古本书籍的藏书凡 4 万多部，定期补充新内容，范围涉及历史、宗教、科学、文学、哲学、艺术和音乐等。

此外，一些工具书，也对获取世界史研究的相关信息提供了不少便利。如人物方面有朱庭光主编的《外国历史名人传》（中国社会科学出版社和重庆出版社，1981—）、姜德昌等编《世界近代史人物传》（吉林人民出版社，1983），以及《近代现代外国哲学社会科学人名资料汇编》（商务印书馆，1965）、《当代国际人物辞典》（上海人民出版社，1980）、《苏联人物》（三联书店，1980）等，论文索引有复旦大学历史系资料室编《世界通史论文资料索引（1949—1984）》（复旦大学出版社，1988）、华东师范大学历史系资料室编《世界现代史报刊论文资料索引》（1982 年印本）等。在这方面，林铁森主编的《世界史工具书指南》（高等教育出版社，1990）有较系统的介绍，全书收录中外文工具书达 1 134 种，按世界史、洲史、地区史和国别史等大类，下分文化、经济、考古、宗教、军事、民族等专史，以及人物传记、历史地图、历史年表等，对各工具书的内容、特点和检索方法等均有扼要介绍，为从事世界史各专题研究提供了多种检索途径。

世界史文献的采录，虽更具多元的特征，但仍须遵循一般史学研究的通例。在这方面，西方史学同样具有自己的优良传统。如古希腊希罗多德的《历史》对访自各地区的民间传说和口述资料尽管"有闻必录"，然对那些一时难以论定者，并不强作解人，而是通过信以传信、疑以传疑的处置，表现出史家坚持"求真"的审慎态度。修昔底德著《伯罗奔尼撒战争史》，在史料的取舍上更趋严谨，强调："在叙事方面，我绝不是一拿到什么材料就写下来，我甚至不敢相信自己的观察就一定可靠。我所记载的，一部分是根据我亲身的经历，一部分是根据其他目击其事的人向我提供的材料。这些材料的确凿性，我总是尽可能用最严格、最仔细的方法检验过的。"① 古罗马的优秀史家塔西佗等也继承了这一传统。进入 16—17 世纪的"博学时代"，随着许多旧寺院收藏的中世纪档案文献流落社会，以及思想界的逐步解放，在众多史著手稿、编年史、圣徒传和《宗教会议史》的整理编集出版过程中，史料批判意识普遍加强，不少历史学辅助学科相继成形，产生了诸如让·波当的《史学方法指南》（*Methodus ad facilem historiarum cognitionem*，1566）、斯卡力泽（1540—1609）的《年代校订》（*Thesaurus temporum*，1583）、马比荣（1632—1707）的《古文书学》（*De re diplomatica libri*，1681）、蒙福孔（1655—1741）的《希腊古文字学》（*Palaeographia Graeca*，1708）和《古代遗物说明》（*L'Antiquité Expliquée*，1719—1724）、杜·孔日（1610—1688）的《中世纪拉丁词汇》（*Glossary of Medieval Latin*，1678）和《中世纪希腊词汇》（*Glossary of Medieval Greek*）等一批涉及年代学、古文书学、铭文学、古钱币学、校勘学、书目文献学的研究成果，文献学的建设由此日趋系统化。

19 世纪初以后，经过德国史家尼布尔（Barthold Niebuhr，1776—1831）、伯克（Philipp August Bockh，1785—1867）和兰克（Leopold von Ranke，1795—1886）等的努力，西方近代历史文献学的建设更进入了成熟期。尼布尔认为，史家的首要任务就是考证史料，只有在此基础上才有可能揭示历史真相。伯克作为德国语言历史学派的创始人之一，主张语言文字学的目标不仅要重视对历史文献的考订注释，还应包括古物鉴定、历史研究和哲学思考等在内的全部知识，其所编著的《铭文年代研究》《古代度量衡》和《文献学发展概况》等，都反映了这点。② 所谓语言学考据方法，主要包括两项步骤："首先是把出处（这仍然是指文字的或记述的出处）分析为它们的各个组成部分，区别出它们当中早晚不同的成分，从而使历史学家能鉴别出其可靠性或多或少不同的各个部分；其次是，对于那些更可靠的部分进行内部考据，指明作者的观点是怎样影响了他对事实的陈述的，从而使历史学家能够对于由此而产生的歪曲加以考虑。"③ 可见其工作的核心主要集中在文献方面。兰克的史学方法及其《拉丁和条顿民族史》《教皇史》《世界史》等一系列史著编纂实践，则向学界完整展示了如何运用外考证和内考证等方法对各种史料严加批判考订，及其对原始文献尤其是档案的发掘、整理和运用范式。其所确立的历史文献学方法，对于近代各国史学，包括现代中国傅斯年和姚从吾等以文献

---

① ［古希腊］修昔底德：《伯罗奔尼撒战争史》（徐松岩译注本），上海人民出版社 2012 年版，第 50 页。
② 张广智：《西方史学史》，复旦大学出版社 2018 年版，第 198、199 页。
③ ［英］柯林武德：《历史的观念》（何兆武、张文杰译），中国社会科学出版社 1986 年版，第 147 页。

学为重心的实证史学都产生了深远的影响。

当然，由于世界史或外国史研究的对象自具特点，其文献处理方法亦有与本土文献不同处。仅就此类文献的采录而言，因其面对的是各种非本土母语文字资料，一般都须注意不同文字转译过程中出现的一些问题，尤其是：① 文献的中译本或使用者直接将其转为中文理解时，须考虑原文的语境和表述习惯，以加深对本意的理解；② 如同一历史人物或事件存在多国和多种文字记载，或其文本系经转译而来者，则当细辨诸语种文本间之差异及其形成原因，尽量避免误解或偏信。而要做到这点，提升外语能力以及多种语言的比较能力显然是十分重要的一环。有鉴于此，现代学者姚从吾提出的："多通语言，运用原料，更属研究历史的先决条件。所以历史学者除本国语言以外，对于所研究的史料，凡属有关系的语言、文字，必须兼通。否则，文字方面既有阻碍，则应当用的记载不能应用，史料的来源既有隔阂，自然对于要研究的问题也不能了解贯澈。"① 依然值得我们在实践中重视。

第五节　文献搜集训练

一、资料卡片的制作与运用

如何较快掌握搜集史料和判断史料价值高低的基本技能，往往是初入史学殿堂者十分关切的问题。一般来说，练就敏锐的史料眼光，需经过相当的实践并积累了较厚实的基础知识才行。正如梁启超所说的："初学读书的人看见许多书，要想都记得，都能作材料，实在很不容易。某先辈云：'不会读书，书是平面的；会读书，字句都浮起来了。'如何才能使书中的字浮凸起来，唯一的方法就是训练注意。"② 所谓"训练注意"，即是在阅读书籍或各类文献的过程中注意培养对有价值史料的敏感性。

这种训练，除尽力拓展自己的专业基础知识面外，对初学者来说，比较有效的路径，就是采取专题研究法。也就是说，在一定的时间内，可先确定一个或几个（不能过多）想要研究的专题也即梁启超在《中国历史研究法》中所说的"史迹集团"逐步展开。为提高效率，在着手史料搜集前，可依据专题所涉及的人和事，通过有关参考资料和目录索引，确定一个相对完整的书目，按计划进行阅读，遇到与该专题相关的材料就注意或抄录，没有关系的可暂时放过去，并随时将阅读过程中发现的新线索补入搜索范围，进一步扩大搜寻，一个专题基本完成以后，才把注意力转向另一个专题。在最初选择专题时，最好几个专题相互有些关联，这样便于战果的扩张，也便于记忆和形成更大

① 姚从吾：《历史研究法》// 李孝迁：《史学研究法未刊讲义四种》，上海古籍出版社 2018 年版，第 287 页。
② 梁启超：《中国历史研究法补编》//《中国历史研究法》附录《中国历史研究法补编》，东方出版社 1996 年版，第 171 页。

范围的专题研究。如此坚持不懈，时间长了，随着对某些领域资料总体情况、最新研究水准的熟悉，以及个人经验的积累，便会对这方面的材料显得敏感起来。梁启超曾建议，阅读文献时，第一遍，可"专取一个注意点，读第二遍，另换一个注意点。这是最粗的方法，其实亦是最好的方法"①。翦伯赞也认为："我以为搜查的方法，最好是依史料的性质分若干次进行。例如第一次，搜查经济史料；第二次，再搜查政治史料；第三次，再搜查文化思想史料。"② 这样做，一是可以在阅读材料过程中明确目标，集中注意力；二是可以通过反复阅读某些基本文献而熟悉文献，打好扎实的专业知识基础。这样做，在开始阶段，可能进度不太快，但随着基础知识面的加宽，以后对史料的敏感性会越来越强。一般来说，越是对自己研究课题范围及其相关问题熟悉，对与之相关材料的联结能力也越强。对于这个基础训练的过程，要有耐心和韧性，尽量做得踏实，不能急于求成。

当然，也可根据自己的兴趣和今后的研究方向，制订一个比较长期的文献阅读计划，比如政治史、文化史、中国古代各断代史、中国近代史、中国现代史等，对某一阶段或某一专题的基本文献进行浏览式的阅读，进而熟悉之。如主攻古代政治史的可读《通鉴》和《通考》等；搞明史的应通读《明史》《明实录》等；攻中国近代史的应系统浏览大陆和台湾两套《中国近代史资料丛刊（汇编）》等。在阅读的过程中，必须做好笔记或资料分类备忘录，以加深阅读印象，以便今后查阅时可以凭印象较快地找到需要的资料。

抄录资料卡片，是阅读文献时通常的做法，但实际上，光勤抄资料是不够的，还应把抄录每段资料的出发点或对材料的点滴感想随时记在该段资料之下，它可以是对前人看法的不同意见、各种相关文献记载之间的异同辨析、对人物事迹的小考证，以及因某些记载引发的联想等。虽然这些笔记，开始可能会显得很幼稚，甚至存在错误，但却可及时捕捉读书间发自内心的灵感和思想，加深对经眼资料的印象。这对于事后进行卡片资料整理分类或某些学术观点的形成都是十分重要的。不然的话，经历若干时日，印象渐趋淡漠，不但很难寻回当日读书场景下的那些灵感，有时还会直接影响某些抄录资料的使用效率。过去许多学者在书页的天头和地脚空间写上批语及笔记，用意便在于此。宋、明、清人的好些考证札记和学术论著，也正是在这类材料积累的基础上成就的。

用卡片抄录文献加以保存，是一种比较传统的资料积累方法，其长处是易于分类收藏，并便于根据不同专题研究的需要重新组合，历来受到治学者的重视。对于那些难得见到的资料，经眼以后，尤其要做好这项工作，有些材料如篇幅很多，书又容易见到，可在卡片上作提要式的记录，但必须写明材料的出处、出版年月、出版社，甚至收藏地

① 梁启超：《中国历史研究法补编》//《中国历史研究法》附录《中国历史研究法补编》，东方出版社 1996 年版，第 72 页。
② 翦伯赞：《略论搜集史料的方法》//蒋大椿：《史学探渊——中国近代史学理论文编》，吉林教育出版社 1991 年版，第 904 页。

点，以备用时可很快查到。积累的卡片，最好按自己使用的方便分成若干专题（如人物、事件、专题、年代等）存放。而在目前计算机技术已相当普及的情况下，越来越多的人更倾向于制作电子资料卡片，有的还用专门的软件储入资料卡片，形成便于检索的个人资料库，或者根据研究专题建立专题电子文档，把打字抄录和网上下载的相关资料片段归入其中。这些都是值得提倡的。

二、文献搜集的实践训练

在历史研究的实践中，我们查阅搜集文献，不外乎出于这样几种目的：一是为核对征引的材料，如出版社编辑的审稿、校对工作，古籍整理中的查核原文等；二是为了解某些人物、事迹、名词、掌故等；三是为进行某一专题的研究。以下对这几种情况的具体工作步骤分别做些介绍。

（一）片段文献查核

图书引文校对或某些资料，凡有明确书名甚至卷数、页码的，查阅时目标清楚，一般只要熟悉各类图书的收藏地就能很快找到相关的书。特别是现在一般书籍，都有电脑网络资源可供查询，基本没有难度。但也有一些比较少见或有特殊版本要求的，以及非正常印本，如清末有些书，虽收录在某些目录中，但实际上并无单行本而只有杂志连载本；有的是稿本而无流传的印刷本，则仍须设法从相关图书馆寻找纸本。要熟悉这些情况，主要靠平时注意积累这方面的知识，留心图书分布现状和各图书馆的收藏情况。对于特殊版本的书籍，则可参考目前出版的《中国古籍善本书目》（上海古籍出版社，1986—1998）"藏书单位代号及检索表"、《中国丛书综录》所附"全国主要图书馆收藏情况表"和《中国古籍总目》"藏书单位简称表"，进一步搜求。

至于有些未知出处且通过检索词也难在网络资源中查到的片段文字，应先推测其出处，或据其字号确认其名字或个人文集，或据内容类别等，再寻找相关书籍加以核实。如王国维《二牖轩随录》中提到"山阳鲁通甫的《汉宫词》三首"，因不知鲁通甫为何人而无法直接查询，可先设法查到通甫为清乾嘉以后人鲁一同的字，进而知其有文集名《通甫类稿》，再从中寻得《汉宫词》；有些书篇幅很大，但引文者未说明卷数，查起来很费时间，可先注意全书各卷有否内容侧重，然后重点在某卷内寻找，有时也能奏效。

（二）掌故或专门名词查询

可能的话，应尽量缩小其范围。对于那些一般辞典上查不到的材料，只能通过有关书籍去了解。如党史上发生的 1931 年 1 月"东方旅社事件"，有的称作"东方饭店事件"，导致一批中共地下党负责干部被逮捕，20 多人很快被杀害，此事发生的原因，至今扑朔迷离，众说不一。过去，如按后一名称查，就较难查到，按前一名称虽可查到，但相关解释仍比较简略，只能进一步通过与事件有关的如林育南、李求实、何孟雄等人的查询和相关回忆录的翻检，把这些材料凑起来，才能有较完整的概念。对于古代史上的一些掌故等，在查阅的时候，可以通过时代（朝代）、人、事、材料或内容的分类去确定范围与查找方向，然后再通过相关的工具书进行检索。有时应考虑几种途径，一种不行再换一种思路或检索词去找，或者通过几个中转检索词去接近目标。

（三）专题资料搜索

兹先列以下专题，略作演示说明。

1. 光绪朝帝党及其活动

可先通过现有的相关论著和传记资料，对所谓"帝党"人员（如翁同龢、文廷式、沈曾植等）的构成作大致的框定，然后列出这些人的传记、著作、奏稿，及相关回忆、书信、日记、档案、背景资料和前人有关研究，展开针对性的研读。

2. 中国现代史学研究机构的设置及其运作

其材料散布在民国期间的学术杂志、教育部和大学档案、新闻报道和学者回忆录、书信、日记，以及其发布的研究成果中，通过这些材料的广泛搜集和整合，设法揭示"五四"以来究竟有多少这类正式机构，主要进行了哪些活动，成绩和影响如何，其运作模式有何经验和教训等。

3. 人物资料的搜集研究

如清嘉道间较早从事英国研究的叶钟进、清末民初较早从事民俗研究的《中国风俗史》作者张亮采、民国时德国伯伦汉（Ernst Bernheim，1850—1942）《史学方法论》的翻译者陈韬、《何炳松历史学批判》的作者刘静白等，生平事迹迄今不明，都值得在资料上展开搜寻与追踪。

本章的文献学方法运用实践训练，包括两项内容：

首先是要求依据自己的实际情况，确定一项研究课题，并为此制订相应的文献搜集计划。如以人物专题研究为例，除收集其传记和年谱目录外，还应根据其生平主要活动和贡献，侧重于某方面的资料采集。如以学者为例，就应注意搜集阅读其所有个人著作，这些著作目录，不仅可从其碑传去获悉，还可通过《中国丛书综录》末附"子目著者索引"、《东方文化研究所汉籍分类目录》（东方文化研究所，1943）的"人名通检"和萧一山《清代学者生卒及著述表》（北平文史政治学院，1931）等完善相关信息。如以历史事件为专题，则可先设法列出第一手原始资料目录和相关研究论著两类目录，作为基本搜索范围。

其次是为每位学生提供一份无标点或断句的文言原始文献，利用几周课外时间，通过查阅资料和研读，对之开展标点、引文校对、专门名词注释、评论等。

思考题：

1. 为何在网络资讯如此发达的情况下，还要了解传统文史工具书的基本内容和运用方法？

2. 运用网络资源提供的文献，应注意哪些问题？

3. 与一般传世文献比较，档案文献有哪些特点？为什么在历史研究中，档案文献的运用，最好与其他文献结合起来使用？

4. 在文献的搜寻方面，你有哪些好的路径和经验？

参考书目：

1. 杨敏、北辰：《文史工具书应用基础》，上海古籍出版社，2004.

2. 陈丽：《档案信息检索》，四川人民出版社，2010.

3. 黄一农：《两头蛇：明末清初的第一代天主教徒》，上海古籍出版社，2015.

4. ［美］汤普森著，谢德风、孙秉莹译：《历史著作史》，商务印书馆，1988—1992.

5. 姚百慧：《世界史研究外文数据库指南》，世界知识出版社，2020.

6. 林铁森等：《世界史工具书指南》，高等教育出版社，1990.

7. 王国强：《网洋撷英：数据资源与汉学研究》，江西高校出版社，2020.

近几十年来，随着中国社会史研究的突飞猛进，大力搜集利用民间历史文献以治史，已成中国史学研究的一股新潮流，自 1930 年代以来逐步形成并深刻影响海内外学界的"徽学"，以及近年利用民间历史文献从事地方史研究过程中形成的"清水江学"，可以说都是大量发掘民间历史文献形成的史学研究新领域。鉴于民间历史文献对史学研究的重要性，甚至有人提出了要专门建设"民间历史文献学"的主张。事实上，民间历史文献相较于传统历史文献，无论是形式、内容，还是整理与利用，都有其特殊性，且存在着相当的拓展空间，本章特就其应用于学术研究的背景、内涵与外延的界定，以及在收集、整理与利用等方面的情况作基本介绍，期以引起文史专业学生的重视。

第一节 民间文献的史学价值及其采集路径

对民间文献的重视和有组织搜讨，为拓展现代史学的社会视野和史料范围开启了新的局面。传统史学的研究，基本史料大体不出传世文献范围，由于此类文献关注的多为政治和上层社会活动，致其对普通百姓的日常生活长期处于相对隔膜的状态。现代史学兴起后，随着社会经济史和文化史研究日益受到重视，倡导并有计划地推动民间历史文献的搜集整理遂被提上学科基础建设的议事日程。

20 世纪初年，梁启超在掀起"新史学"思潮的过程中，就一面批判传统史学的种种弊端，一面提倡以"民史"代替"君史"，要求突破旧史学的狭隘眼界，稍后又指出"在寻常百姓家故纸堆中往往可以得极珍贵之史料"，并从理论上阐释了民间文献对历史研究的重要意义，以此提醒史家，充分利用好商店、家宅的账簿，各家族谱等深藏民间的各种珍贵的史料。① 这一理论，在新文化运动以后开始真正落实到实践层面。而从现代学术的发展看，此一趋势，最初是循着两条路径展开的。

一是组织人员广泛搜集现存于民间的相关材料。如 1920 年代初北京

---

① 梁启超：《中国历史研究法》，上海古籍出版社 2011 年版，第 53 页。

大学研究所国学门的歌谣研究会、风俗调查会和方言研究会，就曾发动参会学生和分散于社会的会众利用各种机会，征集和记录地方民谣、风俗和方言资料。稍后成立的厦门大学国学院和中山大学语言历史学研究所，也继承了这一传统。顾颉刚在《〈国立中山大学语言历史学研究所周刊〉发刊词》中便提出："我们要实地搜罗材料，到民众中寻方言，到古文化的遗址去发掘，到各种的人间社会去采风问俗，建设许多的新学问！"①希望以此推进"民史"的建设，将过去以帝王将相为主体的历史拓展到普通民众的社会生活层面，多角度、全方位、多层面地反映与记述与国计民生、世道人心、政教风俗息息相关的国史和社会史。为此，他在 1927 年撰写的《中山大学购求图书计划书》中，还批评了以经、史、子、集为书籍全体的旧藏书观念，提出应该用现代的观念去看待图书文献的资料价值，并列出了十六类要搜集的图书，将家族志、个人生活之记载、账簿、宗教及迷信书、民众文学书等资料与经史子集、档案并列，从而大大提高了民间文献在整个历史研究中的地位。

史学界的文献学理念，也影响到图书馆学界。如图书馆学家杜定友，深受顾颉刚的文献学观念影响，还向图书馆学界提出了应重视"地方文献"的搜集整理，以为呼应。其所界定的地方文献主要是指"有关本地方的一切资料"，包括图书、杂志、报纸、图片、照片、影片、画片、唱片、拓本、表格、传单、票据、文告、手稿、印模、簿籍等②，其中传单、票据、文告、簿籍等文献都来自于民间。而原上海图书馆馆长顾廷龙受此影响尤大，曾说："我从事图书馆古籍采购事将五十年，即循此途径为收购，颇得文史学者称便。"③上海图书馆能成为收藏中国家谱最丰富之所，与其主馆的 23 年间，始终本此理念竭力搜罗各种民间文献的做法有极大的关系。

这一民间文献采集路径的关注重点或工作对象，主要是长期散布民间、处于自生自灭状态的纸本材料和业已基本成形的口述资料（如民间歌谣和谱系等），目的既在通过"眼光向下"的文献搜求，更好认识社会一般生活的历史真相，同时也试图由此突破传世文献陈陈相因的旧囿，从中开出新的大宗文献史料源。

二是人类学和社会学引导下的田野调查。人类学是 19 世纪前期西方出现的一门兼跨人文、社会和自然科学的新兴学科，最初研究范围十分宽广，举凡人类起源、发展、本质及各种不同生活方式无不包容在内，其内部知识体系的架构也不甚清晰。以后才逐渐形成了体质人类学、语言人类学、文化人类学和考古人类学等分支学科。其相关知识，自 19 世纪末便开始流入中国。中国学术界有人类学的研究，首倡于蔡元培。1916年底，蔡氏初掌北大，即在校设立人类学讲座，他本人于 1924 年亲赴德国汉堡修习民族

① 见该刊第一卷第 1 期，1927 年 11 月。
② 杜定友：《地方文献的收集、整理与使用》//《图书馆学目录学资料汇编》，书目文献出版社 1984 年版，第 91—92 页。
③ 顾廷龙：《介绍顾颉刚先生撰〈购求中国图书计划书〉——兼述他对图书馆事业的贡献》，《文献》1981 年第 8 期，第 27 页。

学（其性质近于文化人类学）。1926 年归国后，又接连发文倡导该学，并于 1928 年在"中央研究院社会科学研究所"正式成立了民族学组。1934 年 5 月，复将之划归历史语言研究所的人类学组。

按照当时西方学者的定义，"民族学"的研究对象主要为"原始民族"文化之异同，它可以为社会学和现代文明的研究提供各种资料。蔡元培也抱有类似的想法，谓："社会学的对象，自然是现代的社会。但是我们要知道现代社会的真相，必要知道他所以成为这样的经过；一步步的推上去，就要到最简单的形式上去，就是推到未开化时代的社会。然而文明人的历史，对于未开化时代的社会状况，记得很不详细。我们要推到有史以前的状况，专靠考古学家所得的材料，是不能贯串的。我们完全要靠现代未开化民族的状况作为佐证，然后可以把最古的社会想象起来。这就是民族学可以补助社会学的一点。"[1] 据此，当时国内民族学或文化人类学的工作，主要都集中在对少数民族的田野调查方面，如"中研院"系统的林惠祥对台湾地区高山族的调查（1929），凌纯声、芮逸夫、勇士衡等对东北赫哲族（1930）、湘西苗族（1933）、浙南丽水畲民（1934）、云南彝族（1935）、滇西少数民族（1936—1937）、川康羌族和嘉戎族（1941）等调查或考察，中山大学杨成志对云南少数民族和凉山彝族的调查（1928—1929），江应樑、王兴瑞对粤北、海南岛和西南边疆民族的调查，燕京大学罗香林等对闽粤地区黎族和瑶族的调查（1932）等，都是如此。

文化人类学的田野调查，包括了少数民族的人种、语言、历史、社会结构和经济生活、风俗等各方面，内容十分广泛。由于其文化相对落后，多未形成自己的文字，大量材料须通过实地考察和记录部族人员的口述获得。因此，如果说前一路径的着眼在发掘长期被边缘化的民间"存量"文献，那么，人类学田野调查所获的民间文献则包含了更多由见闻者记录而生成的增量"新材料"。

当然，文化人类学的研究并未一直局限在无文字的"原始民族"范围内。大致在1960 年代后，台湾地区的李亦园就开始把人类学的研究转向汉人村落社会。近几十年来，人类学和历史学的跨学科研究更已成为学术发展的新趋势之一，而上述两种搜求民间文献的路径也日趋合为一炉，故其处理历史文献的方法都值得加以关注。

对民间历史文献的自觉发掘和运用，在历史研究的实践领域早有反映。1932 年，陶孟和等人在创办的《中国近代经济史研究集刊·发刊词》中，便强调以前被人们抛弃的私人或家庭的流水账、店铺的生意账、工料的清单、户口钱粮的清册，现在都是宝贵的经济史料。在这方面成就最大的要数梁方仲和傅衣凌。

1933 年，梁方仲便陆续发表了以户帖、黄册、易知由单等民间历史文献写成的研究论文。1950 年，他总结了自己利用民间文献研究社会经济史之价值的看法，认为过去的

---

[1] 蔡元培：《社会学与民族学》（1930）//高平叔：《蔡元培全集》第五卷，中华书局 1988 年版，第 423、422 页。

中国田赋史研究，多以正史和政书为限。这些材料，皆成于统治阶级或其代言人之手，不免有其所偏。除了书本上的材料以外，过去不甚为人所注意的赋役全书、粮册、黄册、鱼鳞图册、奏销册、土地执照、田契、串票，以及各种完粮的收据与凭单也都是好材料，利用这些材料，可以更全面地认识旧赋役制度。而傅衣凌 1944 年出版的《福建佃农经济史丛考》，更是大量利用收集到的土地契约文书，如田地的典当买卖、金钱借贷字据、分家合约、钱谷出入及物价的流水账等民间文献研究社会经济史，取得了显著成就，被日本的田中正俊称之为"中国史学史上划时代的事件"。

近二三十年来，由于历史学日益社会科学化，形成了"走向民间"的新史学，而中国社会史、社会经济史、社会文化史研究的相继兴起，实际上都是新史学"走向民间"的必然结果。因此，广泛收集和充分利用民间历史文献，实为新史学发展的重要路径。

第二节　民间历史文献的类别与特征

目前，民间历史文献研究在中国史学界方兴未艾，有关学者甚至提出要建设"民间历史文献学"学科体系，在依托传统历史文献学理论、方法、知识积累的基础上，借用其他社会科学的思路、理念，对民间历史文献的系统、源流和研究方法做出完整的解释。这一学术动向值得注意。

那么，民间历史文献是什么？符合什么样特点的文献才能被归为民间历史文献范畴呢？

实际上，所谓"民间历史文献"的这类文献古已有之。特别是 18 世纪以后，随着民间"识字率"的提高和普通百姓日常生活中使用文字的场合增多，这方面的文字资料日见丰富，只是传统时代的士大夫并不看重这类材料，以致谭其骧在 1933 年发表《湖南人由来考》时利用谱牒作为考察湖南移民史的主要依据，仍遭到学界人士的质疑，认为："天下最不可信之文籍，厥为谱牒。今子（指谭其骧）以谱牒为依据，而做内地移民史，安能得史料之真相耶？"[①] 直到今天，类似的疑虑依然存在。比较而言，族谱算是受到关注较多的一类民间文献，这或许与其形式最接近一般古籍的文献特征有关。此外，民间碑刻收集与研究也受关注较多，这或因是其与古代金石学存在着较深的关联之故。不过，以前人们关注族谱与碑刻，主要还是着眼于文献本身，却很少从族谱、碑刻作为民间日用文献的角度对其特质和整理方法展开专门而深入的探讨。

20 世纪以来，随着全国各地大批区域性的民间文献，如徽州文书、清水江文书、石仓契约、太行文书等的陆续发现并被运用到历史研究的实践中，对这方面的理论探讨也

① 谭其骧：《湖南人由来考（续）·附或问代答二则》，《方志月刊》1933 年第 6 卷第 10 期，第 50 页。

渐趋热。依据相关的讨论，我们可以对"民间历史文献"的性质和特点试作以下定义。

一、"民间文献"是一个与官方历史文献相对的概念

相对于传统图书馆收藏的文献而言，民间历史文献既非正史、别史、杂史、野史、稗史等官方纂修或文人学士私撰的文献，亦非帝王起居注和政府公文等官方档案材料，而是民众在日常生活中自然形成和使用的文字记录和文献资料，包括记录家族历史的家谱、族谱，记录经济关系的契约文书、账本簿记，反映社会生活的碑刻、乡规民约、唱本、剧本、日用杂书，反映社会关系的诉讼文书、信函书札，反映民间信仰的宗教科仪书、经文、善书、药方，反映个人行迹的日记，以及民众日常生活所用的通书、药方等。① 这些文献反映了民间的实际生活状态和思想观念，可以说是人文社会科学从事相关研究必不可少的第一手资料。

在这里，民间历史文献的"一体双面"情况值得我们注意。对文献"民间"属性的判定，还要结合其使用意图，是关乎百姓生活还是涉及国家事务。比如，起初确为处理百姓日常生活而产生的民间契约、投词（叙诉讼事由的状子）、古文书、碑刻、族谱等文献，属于民间历史文献，但是当它们被纳入官方文件被使用时，便成了官方文书。再如，老百姓打官司，会把家中有利于己的证据拿出来，地方官方档案便会收进一些投词、古文书、碑刻、族谱、合约等，由此成为官档中的某种"成分"。可见地方档案虽属官方行政系统的产物，但因其中有些文献本就出自民间，并反映了民间社会的情况，自然亦可属民间文献的考察范畴。但当我们把投词或合约等文书作为诉讼证据来研究国家的司法问题时，它们就是司法档案，如近年浙江大学整理编集的《龙泉司法档案》。

当然，现在一般所谓的民间文献，也有一些属官府发出的文件，其性质本应属官方文件，但因保存在民间，且内容也与一般百姓的生活密切相关，故也可将之归入民间文献中。如一些地方官吏或文人所做的告示、章程、禁示事宜等旨在处理、管理民间事务的文件即属此类。

概括起来，民间文献大致可分为三个类型：第一，出自普通百姓、在日常生活中形成的文献，其编纂者、使用者、传播者都属民间行为的产物。比如契约、分家文书、买卖合同等。第二，可能是百姓所做，但面对的是外人，尤其是为了应付官府。例如诉状、族谱，是为了自身的某种权益、身份，更多时候是具体的权利、义务，以便在与人发生纠纷时，能为自己的诉求提供合理的依据。第三，可能是地方官、胥吏或地方文人所为，直接颁示百姓遵循的。这些类型表明，衡定民间文献的标准，不能仅从文献制作者的身份是"官"还是"民"着眼，还应照应其与民间社会及其生活的多种关系进行判断。

---

① 程焕文：《中山大学的民间历史文献与现代中国学术传统》，《图书馆论坛》2020 年第 4 期。

二、民间文献多属地方文献，但与地方文献并非同一概念

地方文献指在某地产生、形成，并反映该地政治、社会、经济、文化、历史、地理、人群等情状的文献，其涵盖种类甚广，民间文献只是其中之一。而最典型、最有代表性的地方志，便多由官府组织编纂，具有明显的官修文献特征，并不能归为民间历史文献。

至于民间历史文献的特点，大体可概括为：

第一，实用性。民间历史文献是非知识性的，其主要用途不是有意"写历史"，供人阅读，而在于其实用性，是在生活、生产过程中用文字去解决实际问题、处理相互关系而形成的文字记录，反映的是人们日常生活的诸多方面。

第二，无意性。历史学把一般史料归为两类：一类是有意识的史料，即刻意去书写事情的前因、经过与结果，这是"写历史"，是给别人看的；另一类是无意识的史料，是指人们在社会实际生活中自然形成的文字，这些文字不是刻意写给别人看的。在日常生活中，借助文字来处理实际事务留下来的文字，和刻意用文字把已经发生的事情记录下来，是两种不同的史料。民间文献大多属于无意识史料。当然，这种划分方法有时候也很危险，比如族谱这类民间文献，便既是宗族意识的集中表达，里面也有关于人口、宗族财产、人物关系等无意识的记录。实际上，大多数史书或史料，都既是有意识史料，也包含着无意识史料，既是对过去的记忆，也是对现实的表达。使用时，应对此保持清醒的认识，才能理性地加以处理。

第三，民间性。民间历史文献尽管并非完全与官方无关，有的甚至是官方介入的结果，如碑铭、诉讼文书等，但它们产生、使用和传承的场合或领域，使用者及其群体的目的与所具有的功能和反映的意志，大体是非官方的。

第四，通俗性。具体表现为：①"俗人"记录。记录者和记录的对象是生活在基层的士农工商，甚至是生活在社会底层的五花八门各色人等。②记录"俗事"。大则买田卖地分家，小则柴米油盐酱醋茶，都是司空见惯的民众日常生活。③"俗文"书写。记录者不避俗名俗字，创作者亦俗语连篇，习用民众通俗易懂或喜闻乐见的"俗言""俗语"。④"俗品"呈现。从形式上看，民间文献的文字有形态没章法，文本有格式没形制，纸张有大小没定制，大多是不起眼的"俗品"。这种"俗"，一定程度上反映了民间历史文献不尚修饰和真率的特性，也是其在古代难入正统硕学鸿儒法眼和大雅学术殿堂之原因所在。

如文献符合以上特征的，基本可以归为民间历史文献的范畴。关于民间文献整理相关的理论与实践，王蕾、叶眉、薛玉等所著《民间历史文献整理概论》（广西师范大学出版社，2020）有较详论述，可以参考。

第三节 田野调查与民间文献的发掘

历史上，散落民间的历史文献因得不到重视和收藏整理，长期处于任其自生自灭的状态，更历经刀兵水火，以致损毁极大，即有侥幸遗存者，品相也多遭不同程度的破坏，其中不少仅剩孤本。因此，有计划地收集、整理民间历史文献资料，寓保护于整理之中，实为学术界的当务之急。鉴于此类材料的特殊性，其整个搜集处理工作显然不能单靠传统的文献学方法来完成，故借重田野调查的观念和方法遂成为拓展其空间的重要途径。

田野调查与田野考古都属田野工作，但两者的特点是有不同的。一般来讲，"考古主要是挖掘，是一种人与物的关系；民族学田野调查则是一种人与人之间的关系……人类学田野调查的传统主要着重于'重建'（reconstruct）土著民族过去的文化，包括家族、部落制度以及生计方式、宗教巫术等的探究，所使用的方法就是找一个部落的长老来作为主要报道人（key informant），由他口述传统生活的种种，所有的资料都来自于少数这些年长者口述记忆"①。这就是说，前者的工作对象主要是历史遗址和遗存实物器具（当然有时也有涉及文字材料的东西如甲骨、简牍、书籍、文档等，这类东西，在考古中具有文物和文献的双重意义），而民族学或文化人类学的工作除勘测遗址和实物外，有更多的机会接触民间口述史料及遗落在较小地域范围的各类纸质文献，所以它与当代文献学的关系更为密切一些。田野调查在人文学科领域的开展，是学术走向近代化的表征之一。它最早出现在考古学、人类学和社会学领域，随后被引入历史学领域。故历史研究领域的田野调查，从方法论上讲，有不少方面都受惠于考古学、人类学和社会学，表现出明显的跨学科研究特征。

事实上，田野调查的雏形在中国史学发展史上早就存在。虽然古代史家著史均以文献为主，但也常常会辅以相当的实地调查所得，这一点在司马迁的《史记·太史公自序》便有反映。据其自述，他曾"南游江、淮，上会稽，探禹穴，浮于沅、湘，北涉汶、泗，讲业齐、鲁之都，观孔子之遗风。乡射邹峄；厄困鄱、薛、彭城，过梁、楚以归。"可证实地调查是司马迁获取史料的手段之一。只是随着后来传世文献的不断积累，大多数史家日益满足于在书斋中讨生活，遂使田野调查之风衰微不振。现代史学兴起后，既特重新史料的拓展，观念上复有"眼光向下"之倡。于是，史学工作者走出书斋，深入田野，寻求民间文献之风遂渐趋盛。

史学的田野工作主要为以下几项：① 收集民间文献。包括散存于民间的族谱、碑刻、契约、账本、合同、阄书、宗教科仪本等。② 展开口述访谈。在田野中，采访耆老，记录当事人的陈述，或相关人员的历史记忆，以及当地流传的有关族源、村史、社区内部关系的传说和故事，这些口碑资料所揭示的社会文化或区域史内容多为以往文献

---

① 《李亦园先生访问纪录》，台北"中研院近代史研究所"2005年版，第58页。

记载中很少见甚至未能反映的。③ 体验历史现场。当田野调查者置身于历史发生的地理和人文场景，去感受文献产生地域的山川、河流、建筑、风土、人情，从中加深对当地历史与文化生态的感知时，无疑可大大升华其内心的历史意识。

当然，走向田野并不意味着对传统文献的忽视。传统史料是历史学的根基，在调查之前，我们还是应预先在熟悉和了解各种有关传统文献上下足功夫。只有这样，才能在田野工作中遭遇各类民间文献时，较快产生联想，在文献史料的研读和比较上形成左右逢源的优势。

民间历史文献的收集、保管和整理，原先通常采取分类为主的方法。盖其最初的收集整理是由各领域（特别是法制史、社会经济史）的专业学者进行的，他们的整理大多围绕具体的研究主题，如产权、租佃关系等展开，从而表现出为找材料而找材料的特征。同时又因民间历史文献具有唯一性，故无论是个人还是文献公藏机构，在收集民间文献时，一般都采取能收购尽量收购，后而以"类型分类、时间排序"加以整理收藏。这样做的好处是，便于在研究需要时尽快检出相关材料。此为 2000 年之前，国内学界收集与整理民间历史文献的主流做法。

但这样的做法，弊端也很明显，主要是打乱了文献原有的生态系统，易于破坏同一来源文献间的固有关联性。事实上，有些民间历史文献，特别是产生于同一村寨或一家一户所保存的批量文献，从时间上看，本具有前后相接的特性，而个人或团体来到民间收购这批文献，往往所得只是整套文献的某一部分，这些文献一旦被收购后，便成为私人藏品。如遇另外的文献收购者又来该村寨收购一批文献，然后带走，甚至被带到海外收藏，如此下去，原本有系统的文献就会变得凌乱不堪，缺乏系统性。

而从空间上看，民间历史文献与其他历史文献最大的不同，在于民间历史文献是扎根乡土的原始文献，不像通行的著述和印本那样有着比较完整可考的流传信息，一旦离开扎根的乡土，往往难以辨别出处，倘若散落各处，更是难以归聚。当这类文献的原始地域面貌显得模糊不清，或很难追寻与其生态相关联的多方面信息时，其学术价值自然会受到一定程度的损害。

有鉴于此，陈春声在《清水江文书》整理中采取了"保持文献原来系统"的原则：一是尽量与地方政府和本地研究机构合作征集或复制文献，绝不在乡村收购文书；二是尽量将文献和档案原件保留在原地，最好是永久收藏于当地图书馆或档案馆等公藏机构，以利今后研究者的工作，而研究中心只收藏文献的复印件或数码图像；三是尽量保持文献和档案原来的系统和内在联系，不打乱其原有的系统，绝不根据现代研究者的需要对文献重新分类；四是除与合作机构或文献收藏者有特别的约定外，研究中心收藏的文献都对学术界开放，并努力尽快出版。① 这些原则，涵盖民间历史文献的收集、整理

---

① 陈春声：《清水江文书·序言》//张应强，王宗勋：《清水江文书》（影印本），广西师范大学出版社 2007 年版，第 2 页。

与开放三个方面，已成当下学界整理民间历史文献的主流方法。

这样一来，民间文献的搜集，便从过去的"搬家"走向了"就地保存、复制副本并详细记载保存信息"，使之与周围的地理景观、建筑、器物，特别是当地居民生活继续保持了脉络相连，有利于在研究中开掘出完整的信息，进而通过访谈、田野调查等手段，在具体的场景下构筑时空信息综合体，获取研究的现场感。

就整理方法而言，则从"打散文书、根据内容分类"走向了"进行现状记录，保持文献的归户性、系统性"。努力做到：① 整理时以村寨为单位，每个村寨给定一个序号，村寨之下根据家族或家庭为单位，来自同一家族的文献编为一卷，同一卷之下按照文书收藏者的原有分类列为若干册，每一册内则依照时间顺序排列。② 保证了文书可以对应具体的地理空间，乃至与当下的文书保有者相关联，方便展开深入的调查，将文书与村落的地理景观、人文风貌、口碑资料结合起来，在更广义的史料空间中去理解文献。③ "按照文书收藏者的原有分类"编辑原则，是建立在进村调查、直接获取的基础之上的。保证所见文献归类格局的原生态，显然更具有完备史料信息的意义。

2000 年以后中山大学历史人类学研究中心主持的"清水江文书"整理和上海交通大学历史系主持的"石仓契约"整理，便堪称这方面实践的范例。这两个活动都坚持了"文书原件就地保存，各图书馆、档案馆科研院所、高校等公藏，科研机构复制副本"的原则。不过，从总体看，目前在各地民间历史文献展开相互比较并建立某种相关性、整体性研究的条件还不具备。将来的工作，学界应加强合作，充分利用图书馆学、目录学等方面的知识，建立民间文献分类体系，以便在原来文献分类体系的基础上，真正建立起与民间文献相符合的分类范式和体系。

第四节 口述史料的记录与整理

采集口述史料，是人类学搜求民间文献的重要途径，然此种方法的实践并不限于人类学。事实上，下自平头百姓，上至所谓"精英"的军国要员和社会名流，无不可作为口述访谈的对象，只是由于对民间人物及其生活的记载历来偏少，故通过这种方法加以补救显得尤为急迫而已。就此而言，口述史学及其文献对历史研究实有着某种普遍的意义。为此，本节将纯从方法论的角度，对口述史料的记录与整理作些说明。

口述史料的历史渊源，实际上可远溯到上古时代，现知中外最早的史迹，无不出自人类早期社会的口头传说，即使是《尚书》这样经典的古文献集，其中有些篇目如夏代的《甘誓》等也是经长期口传，被后人用文字记录下来的。① 古代史家很早就开始利用口碑资料辅助治史，如司马迁在《史记·淮阴侯列传》中说："吾如淮阴，淮阴人为余

① 顾颉刚、刘起釪：《尚书校释译论》，中华书局 2005 年版，第 854、873 页。

言。"在信陵君和侯生等事迹的考论中，也都运用过这种方法。当然，这种原生态的口述历史与现代口述史学性质上并非一事，因为从方法上看，前者尚处于自发自在状态，同时，由于口述者记忆上存在的问题（如年轻人和年老者记忆力的强弱、个性诚朴和喜踵事增华的叙述方式不同，都会造成很大的差异等），使之往往有意无意地易夹杂虚假或不可靠的信息。

现代口述史学则是二次大战后首先在美国等西方国家发展起来的一种文献征集和研究方法。主要是通过有计划的访谈、手动记录和现代音像技术，就某一特定的问题获取第一手的口述证据，然后再经过筛选与比照，进行历史研究的方法。其所使用的史料类型主要是口述回忆，即访问当事人而获得的材料。通过这些材料，可以拓展传统史学研究的史料范围，填补过去重大历史事件或普通生活未记载的空白。与此同时，也可以印证传统文献资料的可靠程度，甄别历史事件的真伪，甚至为历史学研究开辟新的研究领域。

1948年，在美国政府和福特基金会的赞助下，美国历史学家阿兰·芮文斯（Allan Nevins）在哥伦比亚大学首先创设了口述史研究的专业机构——哥伦比亚大学口述历史研究室，旨在利用当时的先进录音录像技术，采访并保存各个领域中对历史有重要影响的人物口述回忆，经整理后存档，以供史家研究之用。不久华裔学者唐德刚加入了这一队伍，开始负责采访中国现代史上的名人胡适、李宗仁、顾维钧等人。1950年代中期，台湾"中研院近史所"创办人郭廷以也开始了这项工作，并与哥伦比亚大学的韦慕庭（C. Martin Wilbur）开展了合作，逐步扩大了对民国时期及当代人物口述和回忆资料的征集，同时积极开展相关人物的访问。由此出现了诸如《胡适口述自传》《李宗仁回忆录》《顾维钧回忆录》《白崇禧访问记录》《石敬亭将军口述年谱》《张学良口述历史》《陈立夫早年哥大口述回忆残稿》，以及稍后出版的许多学者访问记录，如《郭廷以口述自传》《石璋如先生访问记录》《李亦园先生访问记录》《蒋复璁口述回忆》等，为中国现代史的研究保存了大量可贵的文献史料，也从中积累了口述史学的实践经验。

作为一种新的史学研究的方法，口述史学的特征主要在于：一是生动性。通过对历史当事人的访谈，口述者以亲历者的身份与视角，重现历史事件发生的经过，因能体现口述者的心理感受，故较一般的历史文献叙述更具生动性。二是广泛性。受访者包含了社会各层次的人群，尤其通过对普通民众的访谈，可以了解普通人对重要历史的记忆与理解，为我们从更开阔的视野去把握历史提供了某种可能。三是合作性。传统史学依据的材料，是"不能说话"的档案或文献资料，而口述史学的过程，则为访问和受访者之间提供了开展某种面对面互动的条件。四是动态性。口述历史是现在对过去有选择性的记忆。由于访谈与历史发生的时间存在相当的间隔，使之具有明显的事后再认识特征。在再认识的过程中，当事人个人经历、社会环境、与口述对象的特殊关系，都会不同程度影响到口述者的记忆。

访谈中，如受访者出现记忆的衰退甚至失忆，以及受访者因怀旧主义或为现实利益所牵动，都可能会影响到口述史的真实有效性。这也是口述史饱受学界诟病的地方。为在访谈过程中尽量避免上述缺点，提高口述史料的可靠性，前辈学者在实践的过程中也逐渐摸索出一套口述史学的操作原则。

第一，口述历史应保证其操作过程的高度真实性。口述史料是对受访人说话的录音记录，其最真实的"底本"当然是原始录音。有人认为，录音一旦成为记录文字，不免会使原本失真，故只应保留其录音而无须做成记录稿。但如果这样，显然会对此类资料的查阅和流传造成很大不便，研究者即使有机会亲聆录音，有时也会因其中夹杂的难懂方言俚语、许多无意义的语气拖音，甚至明显的口误而感到不便。因此，目前学术界的一般共识是同时接受录音带和访问记录稿两种形式。但为保持记录稿尤其是这类出版物的真实性，口述过程中采访者应努力保持客观的姿态，避免以自己的推测或心理去暗示或引导受访者，文字记录整理稿除去掉录音中一些毫无意义又拖沓的声音或口误外，要尽量尊重受访者本人的原意和说话口吻，并在完成后经受访者阅后签字认可方行。

第二，口述历史应具现代学术的科学性。其完成稿不应仅是受访者的简单录音或文字记录，而应是一份经多方验证的严肃史料。采访过程中，为避免或减少受访者回忆可能出现的失误，采访者应事先对受访对象及其经历的历史事变和周围关系有较为充分的了解和知识储备，即使是面对过去几无记载而寂寂无闻的山村或小镇居民，也应通过方志、族谱等资料，设法熟悉受访对象的生活环境、当地历史沿革和地貌等。如此，才有可能在受访者口述出现疑点时，及时发现问题，通过与当事人的直接交流辨析，参证其他材料，及同周围他人口述的比较，以提升其真实度。如唐德刚在采访胡适并据以整理《胡适口述自传》时，为提高口述史料的可靠性，整个流程便采取了三个步骤：① 由唐先按类别拟定发问内容与提纲，并根据这些问题汇集相关资料，在阅读熟悉胡适的《四十自述》《藏晖室札记》、历年日记以及各类文字的过程中，将发现的问题列出备用。② 根据提纲发问，遇到人名、地名、时间、地点、引文、词句翻译、编排、校订等问题都由唐临时或访谈之后解决，有时还通过对话，让胡适把可能知道而过去一直交代不清的问题作出说明，以增加史料的丰厚度。然后写成初次访谈草稿。③ 由胡适再根据唐的草稿作口述录音，以完成最终的文本。经唐校定，再重新打印交胡本人核定。正式出版时，唐氏还加入了好些自己对相关史实的考证注释。从而使这部作品不仅成为一份反映现代历史的第一手文献资料，也兼具了相当的研究性质。

第三，口述史料文字记录稿的出版，尤须谨慎。一方面应征得受访者的同意，并考虑公开发表后的社会实际影响。特别是当代人的口述史料，有时易触及部分健在人员或其家属的隐私而引起是非纷争，如2001—2003年，台湾地区因《温哈熊先生访问纪录》（1997）引发的对簿公堂即是一例，其中还牵涉到蒋氏后人孝严和孝章等。尽管后来法院并未因此判人之罪，但台北"中研院近史所"经此教训，决定"今后本所口述历史在无关公众事务又无法查证的个人隐私方面将会更加谨慎处理"。① 另一方面，为把控口述史料的质量，还须经过相关专家的学术审核。如李宗仁和陈立夫的访问纪录出版前，美国哥伦比亚大学韦慕庭就请台北"中研院近史所"所长郭廷以审核。郭审阅后，认为"李宗仁访问录所谈北伐后期战役，事实相去殊远"。并在审稿意见中指出："李录偏见太深，夸大太甚，列举例证三十余条；陈录所谈党务均为人所共知，许多党政上重大事件，未曾涉及。"② 希望对此做出改进。可见其把关之严。

应当指出，正是这些原则，为维系现代口述史学的严肃性和质量层次提供了基本保证。

近年来，口述访谈被应用于历史学、人类学、社会学、新闻传播学、心理学、医学等多种学科门类，呈现出跨学科的发展趋势。应当指出，口述史料虽是个人亲历亲闻亲见的纪录，但并非一切个人陈述皆可无原则地视为足信的"史料"。按照唐德刚的说法："口述历史并不是一个人讲一个人写就能完成的，而是口述部分只是其中史料的一部分而已。"以其完成的《胡适口述自传》而论，只有百分之五十直接来自胡的口述，其余系据找来材料所作的印证补充。李宗仁的直接口述更是只占了百分之十五，其余百分之八十五则是根据各方资料补充与考证而成的，因此名为《李宗仁回忆录》。显然，将口述记录真正变为一份有价值的史料，必须参证其他相关文献或回忆资料，乃至实物等，并经过研究者的比对、考证和分析，这是一个不断去伪存真、去粗取精和充实提高的过程。

关于口述史料的整理方法，有台湾地区学者将之概括为："一场访谈要成为口述历史，必须是经过录音、整理，再提供保存或出版。并不是任何人所做的任何录音都是口述历史。至于如何将口述录音整理出不改变受访者意愿，有深度、有广度、有信度又有可读性的访问纪录，这是一门学问，也是从事口述历史工作者必须讲求的技巧。"③ 至其步骤，首先是逐字逐句按录音原样写出，对口述过程中受访者自然表达的喜怒哀乐等情感最好也用括注标明（人类学和社会学的田野工作，对这一步骤尤为强调）。其次是将其中一般人不易读懂的方言、俚语、习惯语，以及一些难懂的行话术语，进行精确的语言转化或括注，同时要尽量留下那些能充分反映受访者个性及身份的用语、特殊表达方式，乃至语气词。并对口述中存在的明显前后颠倒、重复和错乱按原意进行梳理，使之成为较流畅可读的文本。第三，根据其他资料和掌握的相关情况，为记录稿添加必要的注释、考证或辅助说明。

以下通过一个操作实例，对此略加具体说明。

某县地方志办公室在1980年代曾组织了一次全县范围关于全县近代历史人物的口述

---

① 沈怀玉：《口述访问稿与资料的整理》，《近代中国》2002年第149期，第13页。
② 《郭量宇先生日记残稿》1963年4月25日、5月21日日记，台北"中研院近史所"2012年印本，第398、405页。
③ 见沈怀玉《口述访问稿与资料的整理》，《近代中国》2002年第149期，第12、8—9页。

访谈活动。其中对淮军名将王芝生后人进行的口述访谈，使我们对王芝生生平事迹有了较完整的了解。王芝生任澎湖镇总兵期间曾救过外国失事轮船，在其后人的口述中，我们得知，当时有位英国王子坐船到台湾游览，在澎湖列岛附近遇到海风，处境十分危险。王芝生得知情况后，立即派了不少船只前往搭救。这位王子回国后，英国女王特派使臣送来一只白金盆，表示感谢。据他听本宗族老人说，此盆直径约十八寸，呈六角形，四周刻满英文，大概的意思是叙述王芝生搭救英国王子的经过并表示感谢。① 以上内容，可以说反映了民间对王芝生事迹比较普遍的记忆。

但在访谈结束 30 余年后，又发现了王芝生的家谱，将上述访谈与家谱所记的内容相比较后，发现其间颇有出入。据王氏家谱所载，王芝生署理澎湖镇时，欧西有卜蝦剌轮船由中国回国，循东南大海航行，行未远而遭遇大风，船飘荡至澎湖，机轮毁坏，船中人遭陷溺，王氏带领当地兵民救生恤死不遗余力，"所救之人内有英国医院医士归国后言于英主，英主维多利亚特遣使臣来澎湖赐以银盆，不识为英国何等赏赐之物，镌英文译以吾国之文是英主代其国遭难之人感仁戴德，敬谢之不能已云云"②。

可见王氏后人的口述，表明其本人并未阅读过家谱，其中虽也有几分真实的内容，但至少有两处明显放大的痕迹，即将一艘普通英国商船和英国医生遭遇的海难，说成是英国某王子经历的困厄，并把英国女王表示谢意所赠的银盘说成"白金盘"。相比之下，当以家谱所述更切合当时的真实情况。

后经翻阅《申报》以及前往徐家汇藏书楼查阅当时英国人所办的《字林西报》，可知《申报》和《北华捷报》曾报道，失事商船名为 Bokhara（《申报》中文译名为博卡喇，家谱中译为卜蝦剌），属于英国半岛和东方轮船公司（The Peninsular and Oriental Steam Navigation Line）的船只，于 1892 年 10 月 8 日满装信函、湖丝、茶叶等价值约值银 73 万两之多的货物从上海起航，前往香港再转赴英国，据往常经验从上海至香港约为 3 天时间，但是同日开出的船只都已安全到港，唯博卡喇号延滞数日后仍未到港，于是派出巴尔卑士号沿途搜寻，最后确认船只在澎湖岛附近失事，船员 125 人葬身海底，获救者 23 人。英国轮船公司得到确切信息后立即降半旗致哀。

船上除船员外还搭乘其他客人，其中有先前刚刚结束对上海队比赛的香港"板球"运动员 11 人，这些运动员中有一位叫 Lowson 的英国医生获救，即后来参与写信感谢王芝生的人——罗松。据 1892 年 11 月 2 日《北华捷报》报道，镇台（总兵为镇台）不仅救助遇难人员，给他们最好的衣食，并称"镇台对待他们完全像对待他自己的孩子一样照顾他们"。给他们提供衣食、药品等，这和家谱中所载的"推食解衣"完全一致。由这些材料我们可以相信英女王赠送的是银盘而并非传说中的白金盘；经历海难的不是英

① 王业广口述：《王芝生与白金盆》//《肥西县文史资料之三：肥西淮军人物》，黄山书社 1992 年版，第 215、216 页。
② 《合肥西乡王氏家谱》，1919 年。

国某王子，而是名医生。比较口述访谈与家谱等材料，可知故事在人们口耳相传的过程中常有放大的危险，但只要我们仔细搜读其他有关文献，通过比较，终能找到比较切近原貌的真实历史。

当然，这里还应指出，从总体上看，尽管现代口述史料的形成经过上述规范操作和把控，在严谨性和可靠性方面已有相当提高，但作为一种个人陈述资料，反映的主要仍是受访者对所经历史的个人感受和认识，不可避免地带有某种感情色彩和主观性。应当看到，此类资料的长处，主要是作为当事者的陈述，可能向人们提供了更多的事变细节，但与其他文献一样，同样不能盲从盲信。在使用时，仍应注意与其他相关文献的比对参证，方是科学的态度。

第五节　民间历史文献的利用

从总体看，田野调查中关注和获得的地方谱牒、宗教科仪书、民间唱本和村社或山水志等民间历史文献，无论是流播年代还是空间跨度，都远不如以刊本行世的传统文籍，其中不少都属迹不出乡里的稀缺原稿本或抄本，甚至是"唯一"之本（如书信、日记、账本、契约、碑刻等），因而颇显珍贵。

此类文献所记虽多系长期被边缘化的民间"琐事"，内容有些碎杂，但却往往更为直接地反映了下层社会和民众的生活、习俗、信仰、行事规则和区域社会经济演变等，在某种程度上也更契合社会史或新文化史"眼光向下"的研究需求，因而日益受到人们的重视。

民间历史文献的利用，就材料的鉴别、考订等处置方法而言，固与传统历史文献学的基本原则无异，但在研究视角的偏重度上，则存在相当的差异。大体说来，多数传世典籍文献的内容都以反映官方或社会精英意识为主，其解读也往往难脱以政治史和思想文化史为基本解释路径；而民间历史文献反映的多为社会底层大众的朴实生活记录，故其解读更多是循着社会经济史和社会文化史的研究思路展开的。因此，在研究过程中，最好是结合田野调查在文献留存现场解读文献。其路径是回到民间文献流传和使用的场地，找到相关的当事人，通过实地考察、访谈，了解当地的生态环境和生活方式，尽可能重建历史现场。这时候，不仅是历史文献资料，就连现存的实物、人际关系、口头传说、仪式表演等，都可以成为我们的研究资料。其最大的好处，是比较容易让我们设身处地去体会当事人的想法和做法。有时候，我们在文献上看到的一些难以理解甚至感到荒谬的东西，到了当地就会恍然大悟、豁然开朗。

比如福州义序黄氏自明代以来六次修谱，每次都要讨论祖先来源和重新寻找祖先，每次都做了认真考证，但结果却不一样，结果把祖先起源时间越推越早。我们当然一看就知道是假的，但他们为什么要慎重其事地作假呢？到当地调查后就知道，原来他们是疍民，当时没户籍，祖先来历不明。上岸定居以后，必须有合法的身份，于是开始到处认祖归宗，依附当地的世家大族。可见他们编造祖先的故事，是为了适应当地的社会环境，改善生存条件和求得发展的策略。我们既不能轻信他们的这些祖先传说为真，也不能满足于仅知其假，而应深入探明其中的缘由，才能设身处地地理解他们认祖归宗的理由，从中发现社会文化变迁的某些逻辑。

目前对民间历史文献的利用，主要集中在明清史研究领域，偶有论著也会向上推至宋元时期或向下涉及近现代。从学术分科上来看，民俗学、社会学、人类学等学科也开始重视民间历史文献的学术价值。

至其研究的关注点，则多聚焦于社会经济史方面。这是因为社会经济史涉及的各种社会关系、经济关系、社会现象和经济现象，以普通人众的日常细琐生活反映最为真切。对于每一代人而言，由于这些生活现象过于普通，反而很少有人去刻意记录，而民间历史文献，尤其是账簿、契约文书等实用性文字恰好留下了过去人们日常生活的大量信息，从而为相关的研究提供了比较丰富的材料。同时，研究者在田野调查过程中仍能看到不少明清保留至今的宗祠、家庙、寺观、庙宇、街道、商路、河道、民俗、信仰等遗风遗迹，也为他们得以在某种意义上进入历史"现场"创造了有利条件。

学界对民间历史文献的利用，形式有多种，但最主要的大约有以下三种：

第一是利用民间历史记载，为政治史、制度史提供"佐证"，成为史学研究中人物、事件、制度等要素的补充材料。比如，王尔敏在《淮军志》中谈到淮军营伍成分时，曾指出构成淮军的"重要核心"是"收编淮上原有团练"，但因未能收集到相关乡土资料，对淮军成立之前地方团练情况的交代仍嫌不足。

实际上，李鸿章在同治癸酉年（1873）为淮军名将张树声之父张荫谷所撰"墓表"中，就对合肥西乡团练兴办的情况，张氏家族与李鸿章的关系，以及淮军兴办之初张氏父子兄弟所起的作用等，都有重要记载。兹不避其繁，录《张荫谷墓表》于下：

> 公讳荫谷，字蓝畦，先世著江西。明时，讳鳌者始迁安徽庐州合肥县。至公曾祖讳从周，居周公山。山介大潜、紫蓬二山间，巍然众望。人遂称周公山张氏，族浸以大。公生而端毅，刻励为学，无子弟之过。仁心义质，与年相长。既以高材为府学生员，而三举不第，重闱待养。遂弃诗书，督家政，孝友任恤，推之族姻里间，敬爱如一家。充然巨乡硕望矣！当是时，天下承平无事，吏民熙熙然宴安为乐。公正躬齐俗门内外，具有法度。教诸子文武各职，毋敢荒嬉。其最知名者，伯子今江苏巡抚树声；次子赠太子少保谥勇烈树栅也。
>
> 初，道光丙午年，寿州盗起，突入掠公乡。公急聚乡人，部以兵法击之走。因太息曰："天下其将乱乎？"乃广纳豪健材武之士，与诸子往来相习，谆谆以忠孝大义警晓之。人莫测其意也。已而粤西贼起，蔓延江淮，遂窃踞庐州，捻贼又乘间纵

横出没，公乡屹立贼薮中凡七八年。贼欲以威胁利诱致降屡矣。公始闻贼警，即大出资，振贫户，倡率团练，为官军声援。又以时简精锐，命伯仲二子率之，从剿无、巢、英、霍、太、潜诸邑。所向有功。而是时，官军胜败如常。诸将帅拥亲兵自卫，时委乡兵。贼不复相左右。于是，公知兵祸，且诏乡人保境待时，筑堡于周公山下殷家畈。峙粮储器，阻河以为险。从而归者万余家。耕战各以时宜。而前直隶提督刘君铭传、山东布政使潘君鼎新、甘肃凉州镇总兵周君盛波、及今广西右江镇总兵周君盛传、江苏徐州镇总兵董君凤高，皆向率筑堡，诣公奉条约。公虚怀酬答，命诸子结为昆弟，忧乐共之。尝连摧粤贼陈玉成、捻贼张洛刑大队数万，斩馘无算。皆贼中号称巨滑善战者也。由是义声威望冠江淮南北，贼喋舌相戒"毋犯三山"。三山者，以公居周公山；左侧大潜山刘君；右侧紫蓬山周君也。当是时，凤台苗沛霖假团练为名，树党自固，浸成逆谋。淮北地方千余里，相推奉为职志。公独斥其罪，戒乡人毋相连染。而沛霖卒坐逆诛，惜公不及见矣！

公状貌凝重，有坚卓不摇之慨。遭值时艰，奋起为乡社保障。扶良化枭，口瘏心碎，遂积劳告终，实咸丰庚申九月十三日。距嘉庆癸亥十月三日生，年五十有八。公卒日，远近百里，相聚哭赴。以为公尝活我，而又恨天不假年，不使公重睹承平，稍抒忠愤于万一也！又十有四年，树声以状抵鸿章乞表。当庐州城陷，鸿章从先赠光禄公奉宣宗皇帝命回籍团练，公遣伯仲二子相属。左提右挈，服公义训至矣！乱靡定而公殁焉。为吾乡痛、天下慨也！自同治初元，今皇帝以大臣言，命鸿章募立淮军，规复三吴，首招公伯仲子与计。于是潘、刘、周、董诸君，皆以所部从征。而树军、鼎军、铭军、盛军之名以起，举三山元从义故，各奋其材武雄杰，争自濯磨。十数年来，发捻二逆，扫荡无余。遂复十八省旧规，是岂期月可致必哉！盖公鼓动气机于先时者远矣！然则公之忠诚德慧，拨乱反正，所以默赞圣朝中兴之隆远者。其视一时智名勇功，为如何？此未易遽定也。鸿章质言大端，匪特申公诸子罔极之慕，且将贻知人论世，有以考也。

从此墓表中，大略可知淮军成立前，地方大族为抵制太平军的进攻，就曾自发组织团练武装（肥西民谣"遍地黄花开"，"黄花"指的是团练），而随着影响的增大，几支主要的团练武装开始互相联合，并主动配合官府，渐从"民团"过渡到"官团"的过程。

肥西团练武装在与太平军、捻军的长期作战中，逐渐形成了以"三山"即周公山张氏父子、大潜山南北的董凤高和刘铭传、紫蓬山北罗坝的唐定奎和唐殿魁为中心的势力，与外围众多的中、小团练相呼应，依靠山势险要，筑堡自卫，凭借有利的地势和人多势众，给太平军以很大的威胁。

至此，李鸿章奉命回乡筹建淮军，与合肥地方武装团练合作的细节就非常清晰了。

淮军的主力，正是以上述地方团练为基干建立起来的。

第二是用于社会经济史研究中"论证"社会形态、社会性质、土地制度、阶级关系等。这方面，最具代表性的是傅衣凌的中国农村社会经济史研究。在经历 1930 年代中国社会性质和社会史的多年论战后，傅衣凌深感对"中国究竟是怎样的社会"仍缺乏一个令人满意的答案。在他看来，中国社会经济自具特殊性，"农民的特质"才是"亚细亚生产方式最真实的基础"，故不能简单照西洋学说来"刻画"，而应从其自身的特点入手进行研究。只是由于其本人长期生活在福州、厦门等沿海大城市，对中国内地农村社会的内在情状仍了解不透，以致当时所写的相关论文还只能停留在生产方式或社会形态等较为宏观的层面作笼统讨论。

抗战时期，傅衣凌为躲避敌机轰炸，无意中进入福建永安黄历村的一间破屋，在那里发现了一大箱从明代嘉靖年间到民国时期的土地契约文书，内容涉及田地的典当买卖、金钱借贷字据、分家合约、钱谷出入及物价的流水账等。后依据这些材料，并参考相关地方志等，先后写成了《明清时代福建佃农风潮考证》《明清时代永安农村的社会经济关系》和《清代永安农村赔田约的研究》三篇文章。1944 年，又将这三篇文章集为《福建佃农经济史丛考》一书出版。该书利用黄历乡发现的数百张契约文书，分析了封建社会后期中国社会经济形态和租佃关系的演化过程，从中揭示了民间历史文献对于拓展这方面研究的特殊意义，被视为中国社会经济史学派的开山之作。

傅衣凌的这项研究，注意将区域社会经济的"细部"与时代经济发展的"总体"研究相结合。在《福建佃农经济史丛考·集前题记》中，他认为自社会史论战十数年以来，中国社会经济史的研究尚无使人满意之作，究其原因，多为史料收集不足所致。尽管不少研究者通过概括性的研究已经构筑了颇为新颖的理论体系，但仍难脱借一斑以窥全豹的粗放模式，往往"以偏概全"，一旦涉及某些特定问题的深入探讨，便不免出现一些破绽，以致影响到"总的体系的建立"。为改变此种现状，他希望通过民间史料的采集，以地方志、寺庙志及从乡村发掘的"民间文约"为基础，对福建农村经济更多地展开深入的专题研究，同时也"不放弃其对于中国社会经济形态之总轮廓的说明"。①

《福建佃农经济史丛考》所收录的三篇文章就是在进行"细部"研究过程中兼顾"总体"性追求的显例。如其《明清时代福建佃农风潮考证》指出，对"农民风潮"的具体考察，应充分注意其与时代背景的联系，而不可将之视为孤立偶发的事件。该文前半部分有关明清时代福建农村封建生产关系的解释和后半部分重点考证农民暴动的具体原因，正是这一学术理念的反映。② 在《记清代福建长乐的乡约》一文中，傅衣凌通过

① 傅衣凌：《福建佃农经济史丛考·集前题记》（福建协和大学中国文化研究会文史丛刊之二），私立福建协和大学中国文化研究会 1944 年版，第 1—2 页。
② 傅衣凌：《明清时代福建佃农风潮考证》//《福建佃农经济史丛考》（福建协和大学中国文化研究会文史丛刊之二），私立福建协和大学中国文化研究会 1944 年版，第 3—34 页。

长乐乡关于修身、禁止赌博烟酒、防止盗窃火灾、学田产业和公有地、缴纳租税、乡族争议与诉讼以及乡董职责等规约的整理分析，认为这些乡约所规定的范围，不单基于全村的公议，且具有与法律同等的效力，有时这些乡约从自身利益出发就隐然有"不顾政府尊严"而与之对抗的目的，如乡约中规定的政府"差役到乡苛索夫价工食，事主不必给予之例"，便是中央政府与地方势力集团互相利用的结果。一方面，中央政府为安定地方，不能忽视地方势力集团的存在，出于扶植其存在，加以怀柔的必要，常会利用乡族自治的习惯，使其担负一部分社会控制的任务，以防止反封建的行动，如关于盗贼、治安诸规约，均是为这一目的设置的。另一方面，乡约有关学田的规定、考试的奖励，又可以看作是乡族势力集团为保存地方力量，图谋自身继续发展而加强乡约组织的考虑。① 此种研究方法的特点，在于采取"地志学"的研究方法，从搜集史料入手，以个别地区社会经济调查与分析为出发点进行解剖，然后在此基础上陆续撰写一些论文，以探其总的发展轨迹。

傅衣凌的《福建佃农经济史丛考》本质上是一部由民间历史文献为主构成的史料长编，目的在于用具体个案，为探讨中国社会性质提供实在例证，由此开掘出"以民俗乡例证史，以实物碑刻证史，以民间文献证史"的社会经济史研究新路。此后，傅衣凌通过田野调查过程中发掘的大量前人所不重视的契约文书、族谱、账本、唱本、科仪书、日记、民间传说、宗教榜文、日用杂书、碑刻、墓志铭、民谣儿歌、乡规民约等民间文献或实物资料，继续完善和深化了这一治学方法。

第三是加强对基层社会、社区社群、日常生活等的研究，并将它们与历史记忆、地方社会、历史变迁密切联系起来，以一种新的视角审视历史。开始尝试将大历史与小历史相结合，从地域社会的发展进程，去理解和解释长时段的历史变迁。这是 1990 年代以来利用民间文献研究历史的一个新趋势，其中以华南学派的理论与实践较具代表性。

如该派学者陈春声在《从"倭乱"到"迁海"：明末清初潮州地方动乱与乡村社会变迁》一文就是这方面很好的案例。② 近几十年来，学界关于明末"倭寇"问题的研究进展，其中最重要的发现是明代官方史料所记载的"倭寇"侵扰东南沿海的事件，大多数乃中国沿海的"海盗"与"势家"所为，"倭寇"问题的症结，主要不在于中日两国间"朝贡"贸易关系和日本国内政治格局的变化，而应从中国社会内部去寻求更深层的原因。论者往往以此为出发点，以为"倭寇"问题乃因明朝政府励行"海禁"与嘉靖以后东南沿海高度发展的商品货币经济（也即所谓"资本主义萌芽"）产生深刻矛盾所引致，故所谓"倭寇"实际上是从事海上走私贸易的"海商"集团。

---

① 傅衣凌：《记清代福建长乐的乡约》（原载厦门《星光日报》，1946 年 10 月 3 日）//《傅衣凌治史五十年文编》，中华书局 2007 年版，第 80—84 页。

② 陈春声：《从"倭乱"到"迁海"：明末清初潮州地方动乱与乡村社会变迁》//《明清论丛》第 2 辑，紫禁城出版社 2001 年版。

而利用田野调查，从一个区域较长时段的内部发展考察当时沿海社会动乱的缘由，则可发现，这一时期在潮州沿海活动的"盗贼"集团，并非全部具有海上贸易活动的背景，地方动乱的根源主要不在于"禁海"与海商走私贸易的矛盾，而是"整体的"社会结构"转型"的一个方面。应当看到，明末清初是潮州历史发展中一个具有关键性意义的转折时期。与地方动乱的一系列事件相联系，此期潮州府的地方政区重新划分，聚落形态发生变化并出现明显的"军事化"趋势，以宗族组织和民间神祭祀为核心的乡村社会组织重新整合，户籍和赋税制度也有重大变化，当地人对地方文化传统和历史渊源的解释有了新的内容。"倭乱"的背后，同时进行着一场影响深远的社会变动。所以，仅仅从贸易或经济发展的动因去解释"倭寇"的起源，可能有以偏概全的阙失。

陈春声通过田野调查，在大量搜集潮州地区民间历史文献的基础上，对这些问题提出了新的看法。其研究表明：至少在潮州地区，社会动乱是一个从明代天顺年间延续至清代康熙中期长达二百余年的过程，其间地方社会进行了复杂的分化和整合，官员、士绅、军队、"盗贼"和一般百姓之间的关系不断变化，实际的社会运作中，义理与功利并重，功名与豪势共存。这样复杂的历史变化实况，不管将其单纯归结为贸易管理、行政控制或军事征伐的得失成败，都与真实的情形相去甚远。

同样，科大卫也强调中国社会史研究须摆脱过往"坐在椅子上"的研究路径，呼吁学者走出书斋，走向历史发生的现场，考察各种历史遗迹，收集各类民间历史文献。其《皇帝和祖宗：华南的国家与宗族》一书，集二十余年华南研究的心血而成，堪称华南学派的代表作。该书在广泛搜集位于珠三角地区的家谱、方志等地方历史文献的基础上，对以佛山为中心的乡镇及其邻近村庄的宗族制度展开深入的考察，从长时段上，探讨了自12世纪至20世纪以来的珠三角地方社会与国家的互动与整合过程，全面展示出宗族制度在珠三角的诞生、发展和衰弱的过程。

此外，华南学派还注重民族文献资料的收集与刊布。自1995年起，在东京大学滨下武志的推动下，东京大学东洋文化研究所中国经济史研究室、香港华南地域社会研究会、香港科技大学人文学部、中山大学历史系明清史研究室合作设立"华南资料研究中心"，"旨在为从事华南研究的学者提供资源共享的条件，吸引更多学者从事该项研究，推动香港、内地与海内外同行交流与合作"。该中心出版的《华南研究资料中心通讯》季刊，2006年以后为让新读者更能掌握该刊之宗旨和内容，自第44期更名为《田野与文献：华南研究资料中心通讯》（英文刊名为：*Field and Documents：South China Research Resource Station Newsletter*），专门刊出有关华南地域社会研究的学术动态介绍，包括学术会议、研讨会纪要；研究机构、资料中心介绍；田野考察报告及文献资料介绍等内容。[①]与此同时，还刊出了"历史·田野丛书"，先后由三联书店出版黄国信的《区与界：清

---

① 《编辑委员会启事》《田野与文献：华南研究资料中心通讯·征稿启事》，均载于《田野与文献：华南研究资料中心通讯》2006年第43期，封底。

代湘粤赣界邻地区食盐专卖研究》、赵世瑜的《小历史与大历史：区域社会史的理念、方法与实践》、黄志繁的《"贼""民"之间：12—18 世纪赣南地域社会》、温春来的《从"异域"到"旧疆"：宋至清贵州西北部地区的制度、开发与认同》、张应强的《木材之流动：清代清水江下游地区的市场、权力与社会》等。这些，都为我们搜集和利用民间历史文献提供了足资参考的实践范例。

思考题：

1. 史学思想的进步与民间历史文献的关系如何？

2. 说出民间文献的内涵与特点，即其与官方文献及地方文献的区别于联系。

3. 如何收集与整理民间历史文献？

4. 如何认识现代口述史学方法的科学性？田野调查对之的运用应注意什么？

参考书目：

1. 赵世瑜：《历史人类学的旨趣》，北京师范大学出版社，2019.

2. 王蕾、叶湄：《民间历史文献整理概论》，广西师范大学出版社，2020.

3. 董建波：《史学田野调查方法与实践》，上海辞书出版社，2013.

第一节　阅读历史文献的知识准备

阅读历史文献特别是古籍，涉及的知识面很广，有很多情况，如单从字面看，则无法理解。对于搞专业研究的人来讲，阅读历史文献不能只求一知半解，而要真正做到求其解，就必须通过学习和积累，具备多方面的基本知识。

一、与古代语言文字相关的辅助知识

古代文献是在一定历史条件下形成的，其形式、内容、章法、体制、字句、声训都与通行的现代文献不同。因此，要较好地读通古文献，不但需要一般的古汉语基础知识，还得注意一些特殊的问题。这些问题主要包括以下几点。

（1）古文献语言的时代特点。先秦、汉魏六朝、唐宋、元、明清文献，虽然都是古文献，但又各具其时代特点。例如"居然"一词，魏晋南北朝时惯用于表示"显然""自然"之义，《抱朴子·内篇·道意》："今宽老则老矣，死则死矣，此其不得道，居然可知矣。"《魏书·崔浩传》："假令国家弃恒山以南，裕（指刘裕）必不能发吴越之兵与官军争守河北也，居然可知。"都是如此。如缺乏这方面知识，便很容易望文生义，按今天的习惯错解为"竟然"。如果是从事断代史研究的，就应对某一时代的文风特征和习惯用语有所把握。这个问题，当然不是几句话所能说得清的。不过近几十年，有关方面已经对初学者在这方面的训练提供了比较便利的条件，除台湾版《中文大字典》、中国大陆的《汉语大词典》和《汉语大字典》外，中国历史文献研究会组织编写了一套二十五史辞典，凡十四卷，由山东教育出版社陆续出版，包括《史记》《汉书》《后汉书》《三国志》《北朝五史》《南朝五史》和《新旧五代史》等，目前大多已出版。这些辞典中，收入了大量不同历史时期的语词，可帮助解决这方面的问题。

（2）文体问题。中国古代文体众多，散文、赋、骈文、古诗、近体诗、词、曲、元代的公文白话等，都有一些专门的表现手法和格式，更

不用说是甲骨金文了，如果缺少相应的知识，一旦遇上，就会严重影响对文献的理解，甚至产生误会。

（3）字体问题。甲骨、金文、篆文、隶书、行书、草书，除了隶书和行书比较好认外，其余几乎都需要经过比较专门的训练才行，如果从事先秦史研究，最好是要懂一些甲骨金文和简牍文字。如想从前人的书稿、信札、日记和档案原件中获取资料，最好具备行、草书方面的知识。不仅如此，有时还须具备一些识别传统手稿中特殊记号的知识。如王国维对清周济《介存斋论词杂著》所作的跋语手迹（原件如图5-1）①，有的书中释文为：

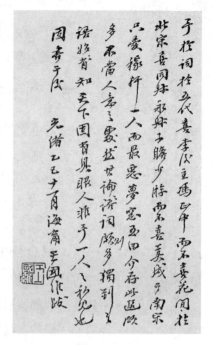

图5-1 王国维《介存斋论词杂著》跋语手迹

> 予于词，于五代喜李后主、冯正中而不喜《花间》。于北宋喜同叔、永叔、子瞻、少游而不喜美成。于南宋只爱稼轩一人，而最恶梦窗、玉田。介存此选颇多不当人意之处。然其论，论语词则颇多独到之语。始有知天下固有具眼人，非予一人之私见也。因书于后。光绪乙巳十一月。海宁王国维跋。②

这段话中，"然其论，论语词则颇多独到之语。始有知天下固有具眼人"两句读去不太顺，对照原件，可知释读者将原件中"语"字右上角两点所表示的"涂乙"记号（表示该处有错漏）错当成了现今人们在非正式文本书写中所用的"重复"号，不仅没把"语"字删去，还增加了一个"论"字；但又觉得若将"有"字右上角的此记号也这样处理，增一"始"字，句子就根本无法读通，于是对此采取了忽略的办法。其实，原件中这两处记号，本意是表示"语""有"两字写错而当删，故正确的释读应为："然其论词则颇多独到之语。始知天下固有具眼人"。上述释读错误的出现，正因缺少这类知识的缘故。

（4）繁体字和简体字在运用中的字义之别。必须看到，在古文献中，有不少繁体字和简体字之间的差别，绝不单是字形上的不同，有时还有含义的不同，这一点，常为初

---

① 原件藏日本东洋文库。
② 此释文见李庆编注《东瀛遗墨》（上海人民出版社1999年版，第144页）。李后主即李煜，冯正中即冯延巳，同叔为晏殊字，永叔为欧阳修字，子瞻为苏轼字，少游为秦观字，美成为周邦彦字，稼轩为辛弃疾号，梦窗为吴文英号，玉田为张炎号。周济号介存居士。光绪乙巳为1905年。

学者所忽略。

如獲、穫二字现均简化为"获"，但在古籍中二者一般不通用，"获得"的"获"写作"獲"，如李斯《谏逐说客书》："獲楚魏之师，举地千里"；"收获"的"获"写作"穫"，如晁错《论贵粟疏》："秋穫，冬藏"。

又如復、複二字现均简化为"复"，但古书中并不通用，"復"为"再"和"恢复"之意，如《韩非子·扁鹊见桓公》："居十日，扁鹊復见"；"複"为"繁复"之意，如《梦溪笔谈·活板》："每字有二十余印，以备一板内有重複者。"

其余，如餘、余均简化为"余"，但古文中"余"作姓和自称用，"剩余"的余作"餘"；"后"、"後"均简化为"后"，古文中"以后"之"后"作"後"，"皇后"与"皇天后土"之"后"作"后"；现代文"雕刻"之"雕"和鸟类之"鵰"都可作"雕"，古文中则通彫、琱，彫又通凋，有花纹之义，与"鵰"不可混用；现代文"体"为繁体"體"之简化，但古文"体"却读作"笨"，与"體"完全不同；简体之系（世系）、繫（动词，系带）、係（关系）均作"系"，但古文中的含义则不同；"聽"简化为"听"，但古文中"听"或读如吟，原意与"聽"不同，乃指笑的样子。

（5）古文中的通假字问题。有些字在现代汉语中是不能混同使用的，在古文中有时却作通假用。如《东坡志林·别文甫子辩》有"仿佛见舟及武昌步乃还"一句，有人将其标点为"仿佛见舟及武昌，步乃还"。其实，此处"步"为"埠"之通假字，柳宗元《永州铁炉步志》云："凡舟縻可而上下者曰步"。埠即今码头之意，故标点应作"仿佛见舟及武昌步，乃还"才是。[①] 又如班、斑两字，现在一般都不混同使用，但在古文中，"可见一斑"的"斑"却可写作"班"；汝、女二字，古可通假为"你"，现代文却各具其义，不能通用。其余如閒（闲）和間（间），蜚和飛（飞）等古文中皆可通假，简体却意义全然不同。通假有许多都属同声通假，东汉郑玄即说："仓卒无其字，或以音类比方之。"这在先秦尤为常见，如"彝"和"夷"、"事"和"士"、"事"和"吏"、"背"和"倍"、"常"和"嘗"等。

（6）与现代文用法完全不同的一字多义。如"乱"字，现在都作混乱、不安定解，但在古文中，既可作"混乱"解，又可作"治理"解，《尔雅·释诂下》："乱，治也。"《泰誓》："予有乱臣十人，同心同德。"这和前者的意思是完全相反的。如果不注意，很易误解。又如"除"字，现在均作"除去"义用，但在古代任命官职也作"除"，《洪武正韵·鱼韵》："除，拜官曰除。"如果作"除去"解，那就正好相反。又如"致"，现在义为给予、到达、对某物关注之意，古代又有"归还"之意，如《左传·襄公八年》："与子尾邑，受而稍致之。"致事，指向上陈述汇报政事；致政，指归还政事；致仕，指退休，还禄位于君。又如"抗"字，现在一般均作"对抗""抗衡""抗击"解，

---

① 王海根《古籍整理与训诂学》//国务院古籍整理出版规划小组：《古籍点校疑误录》（三），中华书局1989年版，第14页。

但过去还常用以表示"坚持"和"坚守"的意义，如"抗志""抗节而死"，不是指与某对抗而死，而是指为维护气节或名节而死。

在阅读或编校古籍古语时，遇到此类问题，勿望文生义，或者按现代汉语的习惯随意更改，而应勤查字典，详审确切文义后再作适当处理。

二、关于年代学方面的知识

年代学方面的知识，工具书很多，比较常用的除各种新编的中国历史年表外，还有陈垣的《中西回史日历》和《二十史朔闰表》。但是在实际操作中，在年代问题上还是比较容易出现差错。如抗战时期，陈垣曾写信给正在编《全五代文》的儿子陈乐素，提醒他搜集五代文时不要漏了一些标为唐代而实际已进入五代的文字，如"李晋（指晋王李克用）称天佑（唐末哀帝年号，凡四年，904—907）至十九年，吴杨（吴王杨渥、杨演）称天佑至十五年，虽是唐年，亦应归入五代，因唐天佑只有四年也。南唐末造有称宋建隆年者，亦可归入五代"[1]。

又如王国维的著作《宋元戏曲史》现在流行的标点本中有一段话：

> 按《元史·太宗纪》："太宗二七年，耶律楚材请立编修所于燕京，经籍所于平阳，编集经史，至世祖至元二年，始徙平阳经籍所于京师。"则元初除大都外，此为文化最盛之地，宜杂剧家之多也。（见第九章）

这段话中，熟悉年代学的很快就会产生两个疑问：一是元太宗（窝阔台大汗）死于公元1241年，在位仅十三年，何来"太宗二七年"？二是既为《太宗纪》所载的材料，又何以会涉及世祖（忽必烈）二年之事？其中肯定有问题。但这么多年来，出版界就是这样在标点，这样在翻印，可见根本未引起人的注意。实际上，这条材料是《元史·太宗纪》太宗八年（1236）的事，王氏在《二牖轩随录》中引这段资料时作"太宗七年"，也有误。这样看来，"二七年"可能是早年排印时将"之七"二字误排出的错，王氏绝不致出现这种违背常识的错误。而世祖二年之事，则出自《世祖纪》世祖三年，王氏误记为二年（也可能是排印时错将王氏所写"三"认作"二"所致），当然也不应与太宗时事打入同一引号。又如，东汉光武帝刘秀的年寿，《后汉书》本纪记为"六十二"，赵翼《廿二史札记》四根据其在位年号推算，认为其即位时年31，经建武三十二，至中元二年，在位共34年，应为64岁。但陈垣却指出，赵翼忽略了建武三十二年四月改为建武中元元年的事实，两者实在同一年，故所谓中元二年，只不过一年时间，故应减去一

年，为 63 岁。[①] 可见，掌握正确的年代学知识，对于提高文献史料的阅读和判断能力，避免某些错误，十分必要。熟悉年代学知识，比较有效的办法，是通过年表或大事纪年之类的阅读，以加深对各朝皇帝和主要年号的记忆和印象，提升自己在这方面的敏感性。

可能的话，还应略懂一些与年代学相关的古代天文历法纪时知识。如古人将一昼夜的时间分为十二个时段，即夜半、鸡鸣、平旦、日出、食时、隅中、日中、日昳（dié 音迭）、铺时、日入、黄昏、人定。这些名称在现代文中，大多只是时间概指词，但在古书中，却是一天中某一时段的确指，相当于用子丑寅卯等地支表示的十二个时辰。

又古人把头年冬至到次年冬至作为一个回归年的计算基准，以地支排序，每年有冬至的月份为一月，称"子月"，二月称"丑月"等。据《史记·历书》，"夏正以正月，殷正以十二月，周正以十一月"，三代历法有所不同。[②] 即夏以孟春三月为岁首（即冬至后二月，亦称"寅月"，相当于今夏历正月），故称夏正建寅；殷正建丑，在二月（相当于今夏历十二月）；周正建子，在一月（即包括冬至的月份，相当于今夏历十一月）。春秋时，宋用殷正；鲁用周正；晋、齐、郑用夏正。战国时夏正渐通行。秦自以继周，故以夏历十月为岁首，汉初继之（因排除秦的正统地位，自以当直接周之统绪），到武帝时更定历法，创立《太初历》，此后，夏历独自推行二千余年。

夏历纪时，以十天干和十二地支依次相配（甲乙丙丁戊己庚辛壬癸／子丑寅卯辰巳午未申酉戌亥），形成六十为一周期的循环，称为甲子纪时。殷人主要用以纪日，后人主要用以纪年。西周时用月象纪时法，即根据月亮接受太阳光照区分，将一月分为初吉、既生霸、既望、既死霸四个时段，大致每时段为七到八天。

中国上古还有一种文字表述很复杂的星岁纪年名称，据说出自某种古语的发音，后来才转变为比较简洁的干支纪年，其原来的名称，十干为阏（yān，音焉）逢、旃蒙、柔兆、强圉、著雍、屠维、上章、重光、玄黓（yì，音弋）、昭阳。十二支为：困顿、赤奋若、摄提格、单阏（chán yè，音禅叶）、执徐、大荒落、敦牂、协洽、涒（tūn，音吞）滩、作噩、阉茂、大渊献。如甲子，则表述为阏逢困顿，乙丑表述为旃蒙赤奋若，丙寅表述为柔兆摄提格等。在《史记》和《资治通鉴》中都有其对照的记载，可参看。

三、关于历史地理方面的知识

我国历史悠久，疆域宽广，地形复杂，不少地方民族错居，历代地方行政区划多所变化，历史上，一地多名、同名异地的情况也不少，如《史记·货殖列传》有"江南豫章长沙"，其所谓的"江南"一般只是指今湖北境内长江以南部分和湖南、江西部分。

---

① 陈垣：《〈廿二史札记〉四光武及汉文帝年岁考证》//《陈垣史源学杂文》，人民出版社 1980 年版，第 23—24 页。
② 司马迁：《史记·历书》，中华书局 1959 年版，第 1258 页。

至于今日的江南，《史记》中称为"江东"。又如"关内"和"关外"，秦汉唐均建都陕西，其时所谓"关"，乃指函谷关或潼关，其西王畿之地为关内，以东为关外。明清时之关则指山海关，其关内外所指亦相应发生变化。而山东山西之说，战国秦汉间以崤山或华山为东西之界，后来才以太行山作为山东山西之界划。具体到某一地名，也多有这种情况。如北京、南京、东京这类地名，历史上好些地方用过。辽代曾有五京，包括上京临潢府（内蒙巴林左旗东南波罗城）、中京大定府（今内蒙宁城县西南大明城）、东京辽阳府、南京析津府（今北京）、西京大同府，约相当于今天省级行政机构的省会，因辽帝四时巡行，有四时捺钵制度，故国都并不固定。又北宋庆历二年，建大名府为北京，在大名县（公元 1401 年被漳河和卫河大水淹没，现埋于 4 米下的黄河河沙中）。其余同名不同地的情况就更多了，如无一定的历史地理知识，便会在文献的阅读中遇到一些困难。

掌握阅读历史文献的地理知识，首先是要对历代的行政区划变迁有一个大致的了解。先秦时，原行采邑制，天子封诸侯，诸侯封贵族卿大夫，通过一层层的宗法血缘关系维持统治。春秋以后，诸侯国渐设有县。至秦并六国，分天下为三十六郡，即内史、三川、河东、上党、太原、代郡、雁门、云中、九原、上郡、北地、陇西、颍川、南阳、砀郡、邯郸、上谷、钜鹿、渔阳、右北平、辽西、辽东、东郡、齐郡、薛郡、琅琊、泗水、汉中、巴郡、蜀郡、九江、彰郡、会稽、南郡、长沙、黔中。后平百越，又增设闽中、南海、桂林、象郡，合为四十郡。后增至四十八郡。① 郡下设县，由此在全国统一推行了郡县制。汉承秦制，但又建诸侯王封国，与郡平级，故又称"郡国"。高祖时分为 62 郡。武帝时，为加强中央对地方的控制，分全国为十三部州，即司隶校尉部（京师地区）和豫、冀、兖、徐、青、荆、扬、益、凉、并（朔方并入）、幽、交（交趾改）诸州。每州设刺史监察地方郡守。至西汉末元始二年（公元 2 年），共有郡、国 103（见《汉书·地理志》）。东汉末，改刺史为州牧，于是州始正式成为地方行政区划，形成州、郡、县三级制。三国六朝，大致沿用此制。

入隋后，并省州县，计有郡 190，县 1 255。后一度废郡存州，旋复废州为郡，以郡统县。唐太宗时，分全国为关内、河东、河南、河北、山南、淮南、江南、陇右、剑南、岭南十道，有州 360，县 1 557。唐玄宗又从关内道析出京畿道，河南道析出都畿道，山南道析为山南东道和山南西道，江南道析为江南东道、江南西道和黔中道，凡为十五道。唐代的道，相当于西汉的州，为监察区而非行政区。其时州郡名称常互相替

① 案秦郡之数，历来有争议。三十六郡之说，见于《汉书》；四十郡之说，见于《晋书》；另有四十六郡、四十八郡和四十余郡等说，清钱大昕主三十六郡说，王国维主四十八郡之说，认为这比较合于秦人对数字专崇六之倍数之说。四十八郡之说，除上述四十郡外，尚有陈郡、衡山、东海、恒山（常山）、河内、广阳、胶东、济北。谭其骧也主四十八郡，但在具体的所指上与王说有不同。目前比较通行的是谭说。而湖南龙山县里耶镇秦末 1 号墓发现的竹简，表明秦时曾设有洞庭郡（一般认为即秦长沙郡，后为汉长沙国，以封吴芮），可见情况并不那样简单。

用，一州的辖境约当于明清的府。宋太宗时，分为十五路，神宗时为二十三路，徽宗时为二十五路。此外尚有少数不领民事、专为军事而设之路。宋代的路，初为征收赋税转运粮漕而分，后渐转为行政区划，其中福建路、广东路（广南东路）、广西路（广南西路）、湖南路（荆湖南路）、湖北路（荆湖北路）、陕西路、河北路等，名称已与后来的省名相同。路下有府有州，有些军、监，也隶属于路；府或州下辖县。辽、金皆为分路制。

元设中书省统河北、山东、山西等直辖区，另设若干行中书省分管各地区，省以下领州，或路领府，府再领州县。明代改中书省为承宣布政司，通称还是省，全国共有两京十三司。清恢复"省"称，省下主要是府、县两级。已基本上接近今天的行政区划。

对中国古代的行政区划名称，要历史地看，同一名称，权限并不一样。如"州"，据说三代有九州，汉也设有十三州，其范围大。唐宋以后的州就比较小。又如后代的郡县，一般总是郡大于县，但在春秋时期初设县时，郡县并无隶属关系，县本指处于诸侯国都之外的鄙（郊以外之地）或邑，后来才成为行政建制。[①] 郡亦多设在边远地区，有的还小于县。所以《通典·职官》称："春秋时，列国相灭，多以其地为县，则县大而郡小。故传云：上大夫受县，下大夫受郡。"直到战国以后，才逐步形成郡大于县和郡下辖县的局面。

至于"军"作为行政区划名，是宋代特有的现象。一般说来，宋代"军"有两种，一与府、州同级，隶属于路；一与县同级，隶属于府州。要了解各"军"的级别，须针对具体情况查阅有关的文献或词典才能知道。

还有一个问题很值得注意，即东晋南朝时的侨置郡县现象。西晋亡后，大批北方士人和百姓南下，这些士族大多聚族而居，保持原籍。统治集团为了缓和南北士族的矛盾，稳定政权，便设置了一些侨州、侨郡、侨县，沿用原来北方的州郡县之名，有官无地，使北方士族能借此保持某些特权。刘裕收复北方的青、徐等州后，为和南方的侨州郡相区别，便在北方的原州郡前加上"北"字。刘裕代晋后，复取消此"北"字，而在南方的侨州郡前加上"南"字以别之。这就给当时的地名造成了极大的混乱。直到隋统一南北，这一制度才被废除。因此，读《晋书》和南北朝诸史，便不能不注意这点。

关于古代地理方面的基本知识，可参看谭其骧主编的《中国历史地图集》和《中国历史大词典·历史地理分卷》、魏嵩山主编的《中国历史地名辞典》、臧励龢主编的《中国古今地名大辞典》、史为乐主编的《中国历史地名大辞典》和其他一些相关的辞典。特别是由戴均良等主编的《中国古今地名大词典》（上海辞书出版社，2005），是我国建国后编纂的一部规模最大、最具权威的古今地名工具书。全书6.8万余条，1 000多万字，由主管地名工作的民政部组织，经全国几十个单位和数百人十余年的努力编成。全

---

① 周振鹤：《县制起源三阶段说》，《中国历史地理论丛》1997 年第 3 期。

书分三大部分：古地名、旧地名和今地名。古地名收词包括历史上的古国、部落、都邑、城镇及各级行政区划名称，山川、关隘、道路，水利工程和其他重要建筑，名人出生地及文学名著中的地名；旧地名收词主要为 1912 年至 2004 年 6 月底撤销的我国县以上行政区划地名；今地名收词包括 2004 年 6 月底前全国各省、自治区、直辖市县级以上行政区划地名及重要集镇（建制镇全收）；人口资料采用公安部 2004 年公布的统计资料。在古旧地名中，该书将县级以上的行政区划，基本收齐。特别是收录了我国土地革命时期、抗日战争时期和解放战争时期所设的县名，这在过去全国所有的地名工具书中是没有的。

四、关于职官制度问题

在阅读古代文献的过程中，会遇到许多有关职官的内容，有时还会因对职官制度的不熟悉而读破句。如前些年出版的《王国维文集》收录了一篇《郭春榆宫保七十寿序》，开头几句是这样标点的：

> 国朝故事，官制有国史院领，以大学士后罢内三院，仍设馆于禁城内，置总裁纂修，协修诸官，以词臣兼之。其书体例如《古正史通》，列朝为一书。国祚无疆，斯国史亦与之为无疆。[1]

短短的三行字里，出现了三处破句，以致不能卒读。正确的断句应为："国朝故事，官制有国史院，领以大学士，后罢内三院，仍设馆于禁城内，置总裁、纂修、协修诸官，以词臣兼之。其书体例如古正史，通列朝为一书。国祚无疆，斯国史亦与之为无疆。"其所犯的错误，有两处与缺乏官制常识有关。因此，我们虽然不能要求每个史学工作者都成为职官制度方面的专家，但却应该具备一般的专业知识。

中国古代的官制前后变化很大，这里无法一一细说，只想介绍几本基础读物，供同学参考。古代有关官制的记载，各正史《百官表》《职官志》、"十通"、各朝"会要"等都有记载，遇到比较专门的问题，可直接去翻检。在古籍中，较全面反映历朝官制演变的有清黄本骥的《历代职官表》，该书是清乾隆年间官修 72 卷本《历代职官表》的简编本。官修本以清代官制为纲，自宗人府、内阁、吏部、户部等部门起，至藩属各官、土司各官止，共 67 个门类。每门由三栏组成：一为表，首列清代各职官名称，然后依次排列三代至明相应的职官名。二是"国朝官制"，说明清朝各官的员额、品级和职掌等。三是"历代建置"，罗列"三礼"等儒家经典、各史《职官志》和政书、类书、笔记中有关文献资料。并附案语，考订三代秦汉至明官制的建置沿革。黄本将其删为 6 卷，显

---

[1] 王国维：《王国维文集》，燕山出版社 1997 年版，第 478 页。

得比较简明。1965 年中华书局上海编辑部校印黄本时，为阅读方便，又对其内容作了以下充实：① 前加今人瞿蜕园的《历代官制概述》，通论古代官制的沿革。② 在表后增加《历代职官简释》，对表中所列的官名和机构大部分作了解说，凡 880 余条。③ 末附《历代职官表及简释综合索引》，检索方便。近几年来，又陆续有一些相关的书籍出版，如徐连达主编的《中国历代官制词典》（安徽教育出版社，1991）、杨志玖的《中国古代官制讲座》（中华书局《文史知识文库》本，1992）、吕宗力主编的《中国历代官制大辞典》（北京出版社，1994）、刘子扬的《清代地方官制考》（北京紫禁城出版社，1994）、龚延明的《中国历代职官别名大辞典》（上海辞书出版社，2006）等，都可参考。关于近现代方面的，则有钱实甫编的《清代职官年表》《清季新设职官年表》《清代的外交机关》《北洋政府职官年表》和近年中华书局出版的《中华民国时期职官年表》等可参考。

此外，与官制有关的还有古代的科举制度、军事制度等，也都应当引起我们的注意。

五、关于避讳学方面的知识

避讳，是古人死后，其子孙从崇敬先人的感情出发，不愿别人直呼其父、祖之名而采取的避讳办法。皇帝、官僚等统治者的避讳制度更为严格，对他们的名字必须缺笔改字，加以隐讳，否则就会受到惩罚或社会舆论的谴责。古人著述或刻印书籍，遇到需要避讳的字，往往采取改字、空字或少写笔画的办法。如汉朝人为了避刘邦之讳，当时流行的典籍中，凡遇"邦"字处，往往改为"国"字，不改则作空字，或曰某。唐朝避讳，始创缺笔或改音之法。避讳的种类有多种，有改姓，有改名，或称其字，或去其名一字。如《晋书·邓嶽传》："本名岳，以犯康帝讳改为嶽。"《新唐书·刘知几传》："刘子玄，名知几，以玄宗讳嫌，故以字行。"一般来说，避讳也有规律可寻，如与汉朝皇帝名有关的，当时往往将邦改为国，盈改为满，恒改为常，启改为开，彻改为通等。在宋代雕版刻印的古籍，凡属皇帝的名字，大都缺笔避讳。清朝时，统治者十分忌讳胡、虏、夷、狄等字，凡属行文书写刻印图书往往避讳。

由于中国古代经历避讳制度的时间很长，经过历代积累，需要避讳之处太多，使许多文献留下了这方面的历史烙印，因而如果掌握了避讳学的一些基本知识，有时可以帮助理解文献，或解决某些疑难问题。诚如陈垣指出："避讳为民国以前吾国特有之体制，故史书上之记载有待于以避讳解释者甚众，不讲避讳学，不足以读中国之史也。"① 又说："民国之前，凡文字上不得直书当代君主或所尊之名，必须用其他方法以避之，是之谓避讳。避讳为中国特有之风俗，其俗起于周，成于秦，盛于唐宋，其历史垂二千

---

① 陈垣：《通鉴胡注表微·避讳篇》，北京科学出版社 1958 年版，第 80 页。

年。其流弊足以淆乱古文书，然反而用之，则可以解释古文书之疑滞，辨古文书之真伪及时代。"① 因为讳字各朝不同，往往是某朝某时特有的，根据这类特征，便于帮助判断某书的写作或刻印年代，从而辨别其真伪。也可以帮助推测某些记载的原貌。关于避讳制度的研究，宋人就开始注意，清代学者的研究更不少，但最为精要的是陈垣的《史讳举例》，该书凡八卷，搜集了大量史书上有关避讳的材料，将其归纳为八十二例，分卷讨论其所用方法、种类，因避讳而改史实、生讹异，及避讳学应注意之事项、不讲避讳学之贻误和避讳学之利用等，末卷叙历朝讳例及其特点，并列有诸帝名讳表，以供稽核参考，为后人利用避讳学的知识治史、特别是研究史籍提供了很大方便。

六、关于典故方面的知识

中国古人写作，特别是诗词韵文，有喜欢用典的习惯，近现代文献中，这种情况还是存在。常用的成语，几乎都包含着掌故，遇到这类典故，尽管讲不出故事的来龙去脉，倒还不至于误解原文的意思。但在许多场合下，因为不懂典故，连文字的意思都不能理解。如王国维《二牖轩随录》所录清末陕西渭南县知县杨调元《集二李②书六百言》，通篇四字句，包含了许多典故，在报载本的整理标点过程中，有的字模糊不清，但如熟悉典故，有时就能帮助我们较快地辨清或确定某些字。兹举其中一段文字为例：

> 说举版间，冯老郎署。弘谢（以下一字原印本不清，下面好像是个"田"字）人，攸识魏王。③

此四句，每句皆含一典故，"说"指殷高宗武丁时贤相傅说，相传其本为从事版筑之奴，被武丁选拔为辅佐之臣。冯指西汉时冯唐，长期任郎中署长，至年老方被文帝发现才干，迁至楚相。第三句中，"弘"必指一两汉时历史人物，有可能是西汉武帝时之公孙弘，经查《汉书》，知公孙弘为菑川国（今山东寿光市南）人，武帝初，年六十，征为博士，出使匈奴，还报，不合意，以病免归。元光元年，再被地方推举，弘谢，请再选，国人固推之，乃上，因对策为武帝赏拔。由此知此模糊之字乃"菑"字。

可见作为阅读文献的知识准备，还必须掌握一些典故。在网络资迅发达的今天，遇有确切人名的掌故，查找比较方便，但也有一些只涉及典故的一二个字，不熟悉的人便难以了解，这就需要平时多储备一些相关知识。要做到这一点，看一些掌故词典，当然也是一种途径，但这种方法，印象一般不易深。比较有效的办法，是选读一些古典诗、

---

① 陈垣《史讳举例·序》，上海书店出版社 1997 年版，第 1 页。

② 二李，指秦李斯和唐李阳冰。李斯为秦始皇时丞相，相传秦统一文字，由其将籀文简化为秦篆，称小篆，始皇时不少碑文宣出其手书。李阳冰字少温，祖籍赵郡（今河北赵县）。官至将作少监。学秦《峄山碑》，善小篆，传世书迹有《怡亭铭序》《缙云城隍庙碑》《李氏三坟记》《般若台题名》等。

③ 原样见国家图书馆藏剪报本《二牖轩随录》。

词、赋、骈文和散文的注释本，特别是对其中的注释下些功夫，广览博收，久而久之，对一些常见的典故印象便会不断加深。这样，既学习了古典文学的知识，又对提高古文的理解欣赏能力有益。

第二节 历史文献的标点与注释

一、历史文献的标点

有人认为，"句读是读懂古书的起点"。但实际上，从另一个角度看，句读也是对古文献理解能力的综合反映，因为只有真正读懂了古书，才能作出正确的句读。

句读，也就是今天所说的断句标点，古代又称句豆或句逗，即在文字表达需要停顿地方所做的标记。在我国文字史上，有关句读符号的使用起源很早，在甲骨金文上，我们就可以看到一些简单的符号。1959 年甘肃武威出土的西汉《仪礼》简册，更是使用了篇、章、句读、题目以及括号等比较复杂的符号。只是当时这类符号的使用社会上既不统一，也不普遍。唐以后，随着书籍刻印的流行，句读在社会上逐渐通用。当然，绝大部分的古籍刻本仍然是无句读标点的。这给我们今天阅读古籍带来了一定的难度。现在所用的新式标点符号，是新文化运动以后，在传统句读的基础上，吸收西方语言学经验而逐步改进成的。同时，为了照顾到古文献的行文特点，中华书局编辑部又编制了《古籍标点通例》（刊《古籍整理出版情况简报》第 112 期），使文献整理刊行在文言古籍方面有了比较统一的标点准则。

因此，在练习历史文献的标点前，让我们先把目前通行的古籍标点通例作一些解说（因古籍多以繁体直排本出版，此处说明姑以直排为例）。古籍标点与现代白话文标点的不同点主要在于：

（1）在文字直排的情况下，书名号作曲线（书名简称、词牌名也标，毛传、郑笺等附于其他著作而行的注释专名不标），曲牌名可作"【 】""〖 〗"，人名号作直线（尊号、某人之专称、民族名称也标，集合名称如三代、五岳等不标），地名号也作直线（这条不少古籍标点并不采用）。

（2）引号作"「 」"和"『 』"，引文时，完整的前应加冒号，引文完后，句号应打在引号内；如系不完整引文夹在行文中出现，可不用冒号，逗、句号应打在引号后。

（3）一般不用省略号"……"，遇有省略，字数少可不顾，字数多可用引号将前后段隔开。

（4）遇须删字用圆括号"（ ）"，补字用方括号"［ ］"。

在历史文献的阅读标点过程中，出现错误的原因是多方面的，或以漏衍文字而误，或以未解文义而误，或因不顾文体而误，更多的则是因知识结构不足而造成的，如不明典故、昧于制度、混淆地名人名、疏于背景等。以下结合例证作些具体分析。

（一）因不知脱漏，失校而误

古籍在长期流传过程中，难免有脱简、倒置或漏字等现象，导致文义扞格不通。凡遇此种情况，应通过校勘等方法寻找原因，加以解决。

例1：至高宗射铭之所，高祖（即孝文帝）停驾，诏诸帝及侍臣，皆试射远近，唯详箭不及高宗十余步，高祖嘉之，拊掌欣笑。遂诏勒铭，亲自为词。

——中华书局版《魏书·献文六王传》

按：此记北魏孝文帝出巡，途经前文成帝拓跋濬射铭之处，让随从人员比试射箭功力，其中北海王拓跋详射出之箭"不及高宗十余步"，竟获得孝文帝的嘉奖。其事颇令人生疑。核以《北史·献文六王传》，其文为："诏诸帝及侍臣皆试射远近，诸人皆去一二十步，唯详箭及之。"显见《魏书》因有所脱漏而改变了原意。①

例2：《汉书·沟洫志》曰：自塞宣防河，复北决于馆陶县，分为屯氏河，广深与大河等。

——上海人民出版社版《水经注校》

按："自塞宣防河"一句有误，无此河名。查《汉书》原文为："自塞宣房后，河复北决于馆陶。"又云："于是卒塞瓠子（即瓠子口，在今河南濮阳市西南），筑宫其上，名曰宣防。"是宣防（即宣房）为宫名，"河"字应属下文。② 古人征引他书，常引其意而于原文有所删略。凡遇此种情况，均当查核原文，或参用他校法，以减少错误。

（二）因不明文义而误

例1：余以布衣从帝东渡，得承殊渥，位到公辅，尝以不克任荷为惧帝之命，余曰：以仁义忠孝训及嗣人，余敬奉以示子孙。

——李善长《李氏宗谱序》

按：此段标点为某书稿引文，系明初大臣李善长记朱元璋对其所作之训诫。其中"尝以不克任荷为惧帝之命"不通，乃不明文义所致。实则"帝之命"当从下句，而末句亦非训词，改为"尝以不克任荷为惧，帝之命余曰：'以仁义忠孝训及嗣人。'余敬奉以示子孙。"即文义可通。

---

① 陈金戈：《〈魏书〉校勘拾零》//《古籍点校疑误汇录》（一），中华书局1984年版，第285页。
② 鲍善淳：《〈水经注校〉标点商榷》//《古籍点校疑误汇录》（五），中华书局1990年版，第269页。

例 2：奴酋觊觎辽非一日，已并毛怜诸卫取其敕印，又割海西之半而重赂，北虏收土蛮为助，夺地界，遏贡市，增车价，一切无如之何……止生从祖父，来世有禄位于朝，多倜傥大节未竟其施……令志早行，三年有成。宁渠一败涂地，至此奴酋往入，寇杀戮彰威，抄掠满载而还。

——李维桢《武备志》序

按：此为某论文稿引文，乃晚明大臣李维桢为茅元仪《武备志》所作序。由于未能读通原文，故标点问题较多。应更正为："奴酋（指努尔哈赤）觊觎辽非一日，已并毛怜（明朝在东北设置的卫所，后与建州卫同为建州女真的主体）诸卫，取其敕印，又割海西之半而重赂北虏（指当时的蒙古等部落），收土蛮为助，夺地界，遏贡市，增车价，一切无如之何……止生（茅元仪字）从祖父来，世有禄位于朝，多倜傥大节，未竟其施……令志早行，三年有成，宁渠一败涂地至此！奴酋往入寇，杀戮彰威，抄掠满载而还。"

（三）因不辨文体而误

例 1：花封绣户贮娇姿，不数他邺都铜雀，剑拥玉人充舞队。多半是帝胄金枝，吹银笙，鼓瑶瑟，分明世外钧天。开锦帐，启琼筵，疑是壶中福地。

——《六十种曲·红拂记》

按：《六十种曲》为明毛晋辑刻，1955 年文学古籍刊行社曾据原刻本印行，系断句本。某书稿在引用上文时的标点却不顾上下文联系，不但破坏了原曲的文体，也把意思弄乱了。① 此段文字本为骈体组成的对仗式唱词，美观而有很强的节奏感，应作："花封绣户贮娇姿，不数他邺都铜雀；剑拥玉人充舞队，多半是帝胄金枝。吹银笙，鼓瑶瑟，分明世外钧天；开锦帐，启琼筵，疑是壶中福地。"

例 2：革命非谋私利名位，岂以酬劳导流俗，以幸进之心召向隅者不平之气，事甚无谓，安用曲徇？

——湖南人民出版社版《谭人凤集》

按：此文风格接近骈体，标点者未注意而致误，正确标点应为："革命非谋私利，名位岂以酬劳？导流俗以幸进之心，召向隅者不平之气。事甚无谓，安用曲徇？"

---

① 程毅中：《克服轻敌思想，努力减少标点错误》//《古籍点校疑误汇录》（二），中华书局 1985 年版，第 5 页。

（四）因不明训诂而误

标点解读古籍所需的训诂学知识面很广，或涉及用语的出典，或因古今用法不同。如"劝"字，今多用于劝阻、劝解等，但古代常有劝进、训奖等推进意。有的更涉及比较艰深的涵义，以下仅举证两例较浅显的。

> 例1：公（吕蒙正）生于洛中，祖第正寝至易，簀亦在其寝。
>
> ——中华书局版《归田录·佚文》

按：此因标点者不知或未注意到"易簀"两字的出典，将句子点破，致使文义不明。簀者，竹席也。据《礼记·檀弓（上）》，曾参临终，以自己的寝席过于华美不合礼制，命其子扶起撤换，但易席后尚未安躺下就去世了，后世遂以"易簀"代指人之临终。正确标点应为："公生于洛中祖第正寝，至易簀亦在其寝。"

> 例2：晚饯慕韩并酌甄甫、乔梓及沈吉斋大令、子谷、桐生两孙婿。
>
> ——中华书局版《王文韶日记》下

按：此标点因不明"乔梓"两字含义而误。在中文的传统表述中，常以乔木高，梓木低，似父位尊和子位下，而借喻父子关系。此处却将其错当成了人名。故正确标点应为："晚饯慕韩，并酌甄甫乔梓及沈吉斋大令……"

> 例3：天明，母重启济曰："昨又梦如此，虽云梦不足怪，此何太适，适亦何惜不验之？"
>
> ——上海古籍出版社版《魏晋南北朝小说选注·讴士孙阿》

按：魏晋时，"适适"作为惯用语，表示分明、清楚之貌，故应作"此何太适适"，标点者不明此义，竟将两字点开，遂成破句。

（五）因不熟掌故而误

这种情况在标点中较多见。

> 例1：渭南令。殉于秦。葬者谁。渭南民朱邑，桐乡古有此……
>
> ——社会科学文献出版社版《王国维学术随笔》

按：此为王国维《二牖轩随录》所记清末渭南县令杨调元被起义革命军杀死后，一位遗老赋诗纪念的开头，其中后两句读上去颇费解，原因就在标点者没有弄清这句话的出典。其实，和"朱邑"有关系的不是"渭南民"而是"桐乡"，《汉书·循吏传·朱邑传》称其少时为舒桐乡（今安徽桐城市北）啬夫，廉正不苟，未尝笞辱人，并能关心耆老孤寡，深受吏民爱敬，后官至大司农，卒葬桐乡，当地民为其起冢立祠而纪念之。诗中以汉代的朱邑之事来比喻杨调元死为当地人所葬之事。故这几句诗应标点为："渭南令，殉于秦。葬者谁？渭南民。朱邑桐乡古有此。"

例2：江阴虽不称剧邑，然有三事复然绝伦，余为拈出。地非帝乡，而有太祖皇帝（指朱元璋）故人焦千户、高尚如、严光，事见《寓圃杂记》。

——中华书局版《戒庵老人漫笔》

按：此"严光"为东汉光武帝刘秀同学，字子陵，刘秀登基后，隐居不出，曾被召至洛阳，授谏议大夫。他不受而归隐于富春山，世以此高之。此处以焦千户比诸严光，称其人格高尚。标点者未注意此典而将"高尚如"错标为人名。其实应作："而有太祖皇帝故人焦千户，高尚如严光"。

（六）因不明制度而误

古代制度复杂而牵涉面广，有的连专家也存有争议。如《史记·商君列传》中"明尊卑爵秩等级各以差次名田宅臣妾衣服以家次"一句，原来顾颉刚和王伯祥两家标点均作"明尊卑爵秩等级，各以差次；名田宅臣妾衣服，以家次"。而《通鉴》则作"明尊卑爵秩等级各以差次名田宅臣妾衣服"，无"以家次"三字，胡三省注文置"各以差次"之下，亦以"各以差次"属上为句。宋云彬认为："皆非也。名者占也。应读为'明尊卑爵秩等级，各以差次名田宅，臣妾衣服以家次'。盖'明尊卑爵秩等级'为一事，'各以差次名田宅'为一事，奴婢多寡及服饰各随其家爵秩之班次而定，又为一事也。'差次'犹言次第，亦犹言等级也。'明尊卑爵秩等级各以差次'，语意重复，为不辞矣。"[1] 才对此有所纠正。兹复举两例。

例1：三岁，宣帝下诏曰："制诏御史：以其贤良高第扬州刺史（黄）霸为颍川太守，秩比二千石，居官赐车盖，特高一丈。"

——中华书局版《汉书》

按：实际上，"秩……石居"，"以……秩居"是汉代给官吏破例增加秩俸的专用语，故此句中"石"后之逗号，应移至"居"以后。

---

[1] 宋云彬：《红尘冷眼》1958年3月2日日记，山西人民出版社2002年版。

例2：其巡检使王守一走马承受，刘宗言不从逼胁，相继遇害。

——中华书局版《包拯集·乞断韦贵二》

按："走马承受"乃宋代官名，全称"走马承受公事"，为朝廷派往"缘边承受使臣"，一度改称"廉访使者"，此处却将其误解为动作用词，其实应移至逗号后，作"其巡检使王守一、走马承受刘宗言"。

（七）因不辨篇名、书名、地名、人名而误

例1：螽斯振振兮，振振，多也。麟趾振振，公子振振，仁厚也。殷其雷振振，君子振振，信实也。

——上海古籍出版社版《两般秋雨盦随笔》

按：《螽斯》《麟趾》（《诗经》作《麟之趾》）和《殷其雷》，均为《诗经》中篇名，后跟"振振兮"等，则是诗句。正确的标点应作："《螽斯》'振振兮'，振振，多也。《麟趾》'振振公子'，振振，仁厚也。《殷其雷》'振振君子'，振振，信实也。"①

例2：《焦氏丛书》中未刻《曲考》、《曲目》，则仪征李斗载之《扬州画舫录传奇汇考》仅有旧钞残本，惟黄氏之书稍为完具，其所见之《曲通杂剧传奇汇考》，共一千零十三种。

——河北教育出版社版《观堂集林》

按：此段标点中，多处书名标错，应作："《焦氏丛书》中未刻《曲考》，《曲目》则仪征李斗载之《扬州画舫录》，《传奇汇考》仅有旧钞残本。惟黄氏之书稍为完具，其所见之曲，通杂剧、《传奇汇考》，共一千零十三种。"

例3：溯而上，汉武建边郡，命曰西河、治平、定县，南距石离五百九里，则今陕西榆林府之鄂尔多斯地。

——上海古籍出版社版《戴震集》

按：此段地名标点有误，据《东观汉记》，汉建西河郡，治所在平定县，故应以"命曰西河，治平定县"为是。②

---

① 常青：《校点者的疏忽》//《古籍点校疑误汇录》（一），中华书局1984年版，第360页。
② 顾义生：《〈戴震集〉标点质疑》//《古籍点校疑误汇录》（六），中华书局2002年版，第50页。

例4：周密《浩然斋雅谈》载南宋王夫人所作《满江红》词及文文山《邓中甫和作》，其词人人能道之，独不详夫人为何如人。

——北京燕山出版社版《王国维文集·书宋旧宫人诗词湖山类稿水云集后》

按：这段标点中，很明显的错误就是把"邓中甫和作"当作了文天祥的作品名。其实，"邓中甫"即邓剡，字中甫，与文天祥出自同门，并同被元兵俘虏，押至建康，后因病未继续北上。文中的意思是说王夫人写了《满江红》的词，文天祥和邓剡各有和作。故应标点为："文文山、邓中甫和作"。至于古籍中出现的一连串地名、人名，有些甚至人名字号官衔混杂在一起的表述，就更需细加辨别了。

（八）因不明历史背景而误

例1：升平二年，交州刺史温放之，杀交阯太守宝，别驾阮郎遂征林邑。

——上海人民出版社版《水经注校》

按：《晋书·温放之传》："放之既至南海，甚有威惠。将征林邑。交阯太守杜宝、别驾阮郎并不从，放之以其沮众，诛之，勒兵而进。"但现在的标点，末句的主语却错换成阮郎。当更正为："杀交阯太守宝、别驾阮郎，遂征林邑"。[1]

例2：又领诸王副车僧道伊啰勒琨。大食蛮朝觐贡献，敷奏宣发号令诸事。

——凤凰出版社版《全元文·皇元高昌忠惠王神道碑铭并序言》

按：文中的"伊啰勒琨"即也里可温，"大食蛮"即达失蛮，乃元朝人对当时各宗教派别的专门称呼，前者指基督教徒，后者指伊斯兰教。这里，标点者显然把大食蛮当成国家的名字，与后面的"朝觐贡献"相联系了。正确标点应为："又领诸王副车，僧、道、伊啰勒琨、大食蛮，朝觐贡献，敷奏宣发号令诸事。"

阅读标点文献，除了一般的散文外，还会碰到一些特殊文体，需要相关的专业知识来应付。主要包括：① 赋和骈文。其中往往包含大量的华丽辞藻、典故和工整的对仗，标点时应把这一特点突显出来。② 诗。包括四言、五言和七言等各种古体诗，五言、七言近体诗。古体诗在押韵、句式上相对自由些，一般句号多在押韵处；近体诗则对押韵、平仄和对仗都有比较严格的要求，一般是两句一句号。③ 词。词的标点必须根据词谱，也可参照现在出版的新式标点本词集。但应注意，同一词牌的词，句式并不完全一致，有时也有变格，出现句式和字数不一样的情况，如《莺啼序》等，可看王力的

---

① 白正有、蒋宗许：《〈水经注校〉标点琐议》//《古籍点校疑误汇录》（六），中华书局2002年版，第407页。

《汉语诗律学》和《中国词学大辞典》，清万树《词律》和王奕清等《钦定词谱》。④曲。曲的句式变化更大，其知识更专业化，可参看《中国曲学大辞典》，或直接对照元曲的选本和汇编本。其他有些比较专门的文体，留待下文再作说明。

要求高一些的文献标点，实际上还是一种文献整理的过程。因为这里牵涉到许多有关校勘、分析和考订的工作，如对文献中明显的排印错误，在证据确凿的情况下加以改正；对于一些漏字和模糊的，自己必须尽力辨认和分析，有可能的话，应当谨慎地补上；根据全书或全篇的文意，进行段落的划分；对于错字、错句和引文错误的地方进行必要的校勘；以及撰写必要的注释和校勘记等，这都需要查阅大量的文献古籍和有关专业资料，进行认真细致的考订才行。

二、初涉历史文献注释应注意事项

对历史文献的专用语或难点作出正确理解或注释，是读通文献的基础。在目前各类参考书籍异常丰富和网络资源发达的情况下，对一般历史文献进行注释的难度已较从前大为降低，但仍然有一些问题值得初学者注意。

首先，由于历史文献中一地多名或同名异地的情况大量存在，故在对某历史地名进行注释和认定时，一定要注意其时代和区域的特定性，切忌张冠李戴。一般历史地名词典中，一名往往有几条释词，就是为了应对这种情况。故注释时，必须做到时代和区位等都符合所释对象的条件，才能使用。历史人物同名异人的现象也大量存在，其注释也应如此。如有同学在史源学实习中，为清杨椿《泰誓考》一文作注，把东汉前期的经学家贾逵（30—101）和汉末三国魏时的官员贾逵（约175—约228）混为一人。有的在对清陈寿祺《唐天佑四年琅邪王师子铜炉铭释文》的注释中，把唐检校太子詹事张敦礼释为"熙宁元年选尚英宗女祁国长公主"的驸马，将其与宋代人物混淆起来。其实，若仔细查核《唐书》，可知该文所谓"张敦礼"当作"崔敦礼"，系唐高宗时宰相，永徽六年（655）改任中书令兼检校太子詹事。这样年代、事迹和职衔就完全对上了。故对人物的注释，应将其所处年代、籍贯和行事等结合起来考察，才不致出错。

其次，汉语的字词，常具多义，注释须注意切合上下文的语境，方能减少误解。如有同学把明茅元仪《兵事策》中提到的"五纪"，指为古代"伦纪"所倡导的仁义礼智信，但细观前后文，就会发现，这里的"纪"，乃"十二年"之意，"五纪"即六十年。还有的把文献记载中的"鼓吹"理解为现代人常用的"吹嘘、吹捧"，不知原文有时所指乃古代的仪仗乐队。这都是望文生义导致的误解。

最后，对初学者来说，注释中难度比较大的是一些牵涉到训诂知识的文句。如有人以为苏轼《喜雨亭记》中"于是举酒属客而告之"的"属"与"嘱"通，又把《前赤壁赋》中"举酒属客"释为向客人劝酒，其实都不太妥当，从训诂学的角度看，"属"与"注"通，《仪礼·士昏礼》"酌玄酒三属于尊"，即"三注于尊"。苏文中这两处的真切文义当系给客人斟酒的意思。① 又如《太平广记》卷 140 "汪凤"条引《集异记》，谓盛忠以其居宅不利，欲将之出售，张励遂诣忠，"请以百缗而交关焉"。"交关"两字，人或释为"交出房屋的钥匙"。其实，此乃六朝至唐宋时习用俗语，即今交易买卖之意。而该书出现的"下官"两字，也被注家释为"有官职人的谦称"，但实际上，"下官"作为六朝唐宋的俗语，其时却是不论地位和男女都可用的自称，并非官员专用。② 当然，由于训诂学知识面广，且有的深奥而不易掌握，只有不断扩大阅读面和注重知识积累，才能有所提高。

总之，当我们的注释从上下文意看显得不顺或比较勉强时，便应勤查资料，慎下断语。

第三节　史源学训练

一、史源学的原理与基本方法

文献学方法实际上是历史学最基础的方法，这些方法，如仅仅依靠个人的摸索，一般都需要经过较长的实践才能熟悉和掌握。为了培养学生较快在这方面入门，现代史学家陈垣先生创立了一门"史源学实习"的课程，专门训练学生自己查找文献、判断是非、进行独立思考和史料史实考辨的严谨治学态度及综合能力，收到了很好的效果。

初入史学研究殿堂的学生往往是见材料就用，缺乏辨别和精选史料的自觉意识。这突出地表现在习惯于从他人的论著中转引资料。但实际上，他人所引的资料，由于各种原因，有时难免会出错，有文字脱漏而导致与原意相出入者，有出处标错者，也有因引文不全而易生误会者。这些情况，无论是今人还是古人引书中都存在。如不核对原文，势必将错就错，贻误他人。

还有人认为只要是从古籍上引的，便都是第一手资料。这同样是一种错觉。比如，《资治通鉴》是一部很有名而又严谨的史著，但是它所依据的许多史籍今天还在，因此，除非它所记载的事今天已不见且有比它更早的文献，或它所依据的原始资料现已不存，才能将其作为原始资料引用，不然的话，仍应尽量找原书引用或核对。对于从《史记》《汉书》、"十通"到后代其他古籍文献的使用，也应本此原则。当然，对成书时间有先后但史源不同的资料，自可另当别论，其引证原则应以经考证确定可靠者为准。依据现存最原始和最可靠的材料立论，这可以说是历史研究的一条"铁律"。也就是说，在文献史料的运用上，不可盲目地跟风前人，而应"采铜于山"。

---

① 吴孟复：《古诗古文校注得失例谈》//《古籍点校疑误汇录》（三），中华书局 1989 年版，第 22 页。
② 郭在贻：《〈太平广记选〉（上册）注释商榷》//《古籍点校疑误汇录》（一），中华书局 1984 年版，第 158—159 页。

陈垣认为，懂得寻找史源是从事历史研究最基本的技能，因为"非逐一根寻其出处，不易知其用功之密，亦无由知其致误之原"。① 1954 年，他收到一位包姓学者的论文稿《贾似道二三事》，见其史料运用不直接引《元史》相关记载而转引《续通鉴》，即向他指出："毕沅《续通鉴》成于幕僚之手，本非精湛之书，《书目答问》推许之，实为过当。关于宋元史事，吾人用他作参考，未尝不可，至于引证，则原书具在，我们应引原书，不应根据《续通鉴》。除非他的议论或他的考证有用……况《续通鉴》于《元史》译名用乾隆改译本，如大著第一章所引阿勒达尔、额埒布格、呼必赉等名，皆乾隆时改译，令读者多增一重障碍，贻误后人不浅。"而论文中所引的《清续通考》原采自明末王圻的《续通考》，更早的还见于明永乐间所编《历代名臣奏议》。此类材料即使用，也应找原书核对一下，以避免转引而产生的错误。② 而"史源学实习"的课程，便是为了培养学生的这种治史理念、严谨风格和能力而设置的。

作为现代历史教育的大家，陈垣先后在多所知名大学任教，担任过辅仁大学校长、燕京大学国学研究所所长和北平师范大学史学系主任等职，结合自己的丰富实践，他于1932 年在北平师范大学首创设了一门"史源学实习"的专业选修课，后改名"史源学研究"（有时或作"清代史学考证法"），在该校和辅仁、北大三校间轮流开设，主要对象为历史系三、四年级学生及研究生，直至 1940 年代末。

何谓"史源学"？陈垣解释说："历史研究法的史源学大概分四项：一、见闻，二、传说，三、记载，四、遗迹。今之所谓'史源学实习'，专指记载一项。"③ 其法为"择近代史学名著一、二种，逐一追寻其史源，检照其合否，以练习读一切史书之识力及方法。又可警惕自己论撰时之不敢轻心相掉也。"④ 一般每周二小时，选讲一篇文章。"每期选出文四页，长者一篇，短者二篇，预先告学者端楷钞之，虽自有书亦须钞，亦一种练习。"讲前各学生手抄原文，自行标点断句，找出该文的所有史料来源，"将文中人名、故事出处考出，晦者释之，误者正之"⑤，要点是："一、看其根据是否正确：版本异同，记载先后，征引繁简。二、看其引证是否充分。三、看其叙述有无错误：人名、地名、年代、数目、官名。四、看其判断是否的确：计算、比例、推理。"然后提出自己的见解，带到课堂上进行交流讨论，由老师提出评价。并要求学生每两周作一次实习，即写出史源学的考证文章，交老师批阅，老师也把自己写的相关文章与学生交流。这门实习课程，曾使许多学生打下了坚实的文献学和考证学基础，终身受益无穷。可见，史源学是一门实践性很强的课程。

① 李瑚：《励耘书屋受业偶记》//《励耘书屋问学记》，三联书店 1982 年版，第 115 页。
② 陈垣致包赉函，见《陈垣来往书信集》，上海古籍出版社 1990 年版，第 782 页。
③ 陈智超：《〈陈垣史源学杂文〉前言》//《陈垣史源学杂文》，人民出版社 1980 年版。
④《北平师范大学历史系课程标准（1934 年）》//王应宪：《现代大学史学系概览（1912—1949）》（上），上海古籍出版社 2016 年版，第 152 页。
⑤ 陈垣至陈乐素函，《陈垣书信集》第 695 页。

关于"史源学实习"的教材选择，陈垣主张"一、份量不大不小。二、时代不远不近。三、范围不广不狭。四、品格不精不粗。"① 当年选作"史源学实习"教材的主要是清代赵翼的《廿二史札记》、顾炎武的《日知录》和全祖望的《鲒埼亭集》。之所以选择这三部史著，一方面是陈氏对三人的学术成就比较推重，对于赵的史法和读史眼光，顾的学问、全的文字以及后两人的民族爱国思想尤为欣赏，同时也因为这些书的材料引证都存在着一些问题，以此作为教材，正可从中发现一些比较典型的问题，以引起学生的警惕。他还认为，三书之中，"错误以《札记》为最多，《鲒埼》次之，《日知》较少。学者以找得其错处为有意思。然于找错处之外能得其精神，则莫若《鲒埼》也。"② 故以《鲒埼亭集》作为史源学的实习材料，不仅内容适中，且可从中提高文学修养。

关于史源学实习的操作过程，陈门弟子赵光贤有比较详细的回忆，今简述如下。他说，当时所上课程名"清代史学考证法"，主要是读《日知录》，并将第八卷以后（前八卷为经学，未作教材）书中每条引文都找出原书核对一遍，写出笔记。查原书出处，有的很容易，如在正史里；有的则很难，如只有一个人名，年代、籍贯、行事、著述全不知道，简直像大海捞针。我们每读一卷，即翻检群书一遍，然后写出笔记，交先生批阅。记得一次查一个故事，我走了捷径，先据《辞源》，说是见《说苑》，一查《说苑》，果有此条，即据以交卷。结果先生认为不对，因此说最早见于《吕氏春秋》，故不应说出于《说苑》。在先生看来，自《康熙字典》以下的字典、词典，一般只能供翻阅，而不能引用，因为编此书时所引用的古书，今天基本上都能见到，故必须查找原书。《说文解字》虽然也是字典，但当时所见之书今大半已亡，故有些内容，我们只能从该书引用。③

李瑚也回忆说，在读《日知录》时，陈垣所出的写作练习题有《〈日知录〉考证法》《〈日知录〉引唐割属东川六州制考》《读〈日知录〉卷十漕程条》《〈日知录〉九部刺史条唐置采访使原委》等，这些题目，有大有小，可深可浅。其中不少题目，都很有趣味。如《日知录》卷八"停年格"条，顾炎武注中提到"辛琡为吏部尚书上言"。但遍检诸史，皆无辛琡之名，《通典》《通志》（59《选举略》）和《通考》的记载是"薛淑为吏部郎中上言"，《通鉴》则作薛琡，查《北齐书》和《北史》均有薛琡传，其职官《北史》作吏部郎中，《北齐书》作吏部尚书（《通志》153 列传引《北史》，亦不误），详核各种记载，始知辛琡为薛琡之误，吏部尚书为吏部郎中之误。④ 以顾炎武这样的大家尚不免在资料引用上有误，何况其他？这就使学生看到了学问无穷尽和对之钻研

① 陈智超：《〈陈垣史源学杂文〉前言》//《陈垣史源学杂文》（增订），三联书店 2007 年版，第 2 页。
② 陈垣致陈乐素函，见《陈垣来往书信集》第 695 页。
③ 赵光贤：《回忆我的老师援庵先生》，《励耘书屋问学记》第 156—157 页。
④ 见《励耘书屋问学记》第 129 页。关于辛琡的考证，详可见陈垣《〈日知录〉停年格条注引辛琡考》，收入《陈垣史源学杂文》（增订版），三联书店，2007。

追求的勇气。

又如《〈廿二史札记〉七〈晋书〉条末引唐〈艺文志〉订误》① 一文指出,《札记》七《晋书》条末所引《新唐志》晋史凡十种,几无一种无问题,乃逐条疏举,加以辨正,然后又归纳其属人名误者五、书名误者四、撰注误者二、次第误者二,并分析其致误原因,以为新旧《唐书》皆不如《隋志》之善。借以示后学在考证中运用演绎与归纳之法。

至于史源学实习的小论文写作,陈垣以为应力求内容集中,短小精悍。其弟子来新夏回忆,当年他修读此课程,"隔周必有作业,布置作业只发一张500字的红格作文纸,多写不收",陈垣强调,"只有能写小文章,才能放开写大文章"。② 现录陈垣所作史源学论文《尚左尚右浅释》如下,以窥其写作及考证之技法。

《鲒埼亭集》外编三十一《题真西山③集》,谓黄文洁生平,左西江而右建安④。语本不误,而诸生多以为左右二字应互易,非也。

《左》襄十年,王叔与伯舆争政,王右伯舆。范宣子曰:天子所右,寡君亦右之。杜注:右,助也。孔疏:人有左右,右便而左不便,故以所助者为右。

《国语》七,晋士芴曰:太子,君之贰也,今分之土而官之,是左之也。韦昭注:左犹外也。

《战国·赵策》:赵国豪杰之士,多在君之右。

《史记》八一《廉颇蔺相如传》:相如拜上卿,位在廉颇之右。《索隐》据王劭引董勋《答礼》曰:职高者名录在上,于人为右;职卑者名录在下,于人为左,是以谓下迁为左。

谢山之言,盖本之《战国策》。《战国·魏策》:苏代曰:衍将右韩而左魏,文将右齐而左魏,二人者将中道而不可。高诱注:右近左远。鲍彪注:右言助之力。中道犹中立也。谢山"左西江而右建安"之言,即本于此,不得谓谢山误也。

且尚左尚右,有时代之不同,如汉尚右,唐宋尚左,元尚右,明尚左是。有地域之不同,如《左》桓八年谓"楚人尚左"是。有人事之不同,如《老子》"偃武"章谓"吉事尚左,凶事尚右"是。不可以一概论也。今将汉人尚右之例列后,以发其凡。

《史记》十《文帝纪》:十四年诏,右贤左戚。《集解》韦昭曰:右犹高,左犹下也。《汉书》四《文纪》同。师古曰:以贤为上,然后及亲也。《康熙字典》

---

① 陈智超编:《陈垣史源学杂文》,人民出版社1980年版,第28—30页。
② 来新夏:《重读〈陈垣史源学杂文〉》//龚书铎主编《励耘学术承习录》,北京师范大学出版社2000年版,第181页。
③ 真西山,即南宋真德秀。
④ 西江指陆九渊,建安指朱熹。

"左"字条引《史记》及注，均左右互易。此以意妄改古书之显例者也，学者应垂为厉戒。

《史记》五六《陈丞相世家》：愿以右丞相让周勃。文帝乃以勃为右丞相，位次第一。平徙为左丞相，位次第二。《汉书》四十《王陵传》同。

《汉书》一《高纪》九年二月条，言汉廷臣无能出其右者。师古曰：言材用无能过之也。

《汉书》十四《诸侯王表》序：左官之律。应劭曰：人道上右，今舍天子而仕诸侯，故谓之左官。师古曰：汉时朝廷之列，以右为尊，故谓降秩为左迁，仕诸侯为左官也。

《汉书》五二《灌夫传》：贵戚诸势在己之右，欲必陵之；士在己左，礼教与钧。师古曰：右，尊也；左，卑也；钧，等也。《史记》一〇七《灌夫传》同。

详见《两汉刊误补遗》一、《十七史商榷》二十三、《陔余丛考》二十一、《十驾斋养新录》十、《韩门缀学》三、《鲒埼亭集·经史答问》九。①

该文系对清全祖望《鲒埼亭集》中有关"左""右"两字用法的辨析，其文虽短，然引经据典，既点明了全氏之本意，复厘清了历史上不同时期和地域"尚左尚右"的习惯差异，归纳出汉尚右（先秦朝官尚左，兵事尊右），唐宋明尚左，元尚右；遇吉事尚左，凶事则尚右等史实。颇具史源学训练的示范意义。

通过这种形式的读书，不仅使学生受到了严格的专业训练，还由此扩大了他们的知识面，因为《日知录》《鲒埼亭集》和《廿二史札记》等书引用的古籍面都很广，对这些资料的溯源，可使学生们因接触各类文献，建立起学问的根基。其学生柴德赓后来读吴士鉴的《晋书斠注》，便运用此法对其注中所引的资料一一找原书作了核对，收到了很好的效果。故有人称："史源学实习"的创立，"使中国历史考证学成为可以具体传授其技巧、技能的一门科学，使广大青年学子有门可入，循径可深，能够掌握和运用历史考证学的方法去进行科学研究"②。

二、史源学的实践

结合史源学的原理和方法，选择相关文献作尝试性的实践，可有效提高治史的兴趣和实际技能。

史源学的实践，需要对作业的材料进行标点、引证材料核对、注释和作必要的考证。这里介绍一些常用的工具书，以便在进行实践前更快查得需要的文献信息。查找古

---

① 陈智超编：《陈垣史源学杂文》，上海人民出版社1980年版，第45—47页。
② 张其凡：《浅谈陈垣先生的"史源学实习课"》//龚书铎：《励耘学术承习录》，北京师范大学出版社2000年版，第287页。

文献，涉及面极广，有时即使知道某书在何处，找到以后，并不知在哪一卷哪一页，旧时有的学者引文且有只引篇名而不写书名，或者只引文句而不明出处的，以致检索十分困难，须耗费大量的时间。虽然网络发达以后，在好些情况下，可借助网上的关键词检索来实现这一目标，但这种方法有时也会因条件受限而不能奏效。故对于前人制作的相关工具书仍不可忽视。这方面目前常用的文史工具书主要有：

（1）哈佛燕京学社编纂的前四史、《庄子》《墨子》《荀子》《韩非子》《山海经》《说文》《文选》《说苑》《水经注》《世说新语》等引得。新时期出版的则有周钟灵等编《韩非子索引》（中华书局，1982）、程湘清等编《论衡索引》（中华书局，1994）、张双棣等编《吕氏春秋索引》（山东教育出版社，2002）、中国广播电视出版社出版的"前四史"索引等。

（2）《十通索引》和《十通分类总纂》。

（3）叶圣陶编的《十三经索引》和中国广播电视出版社出版的《大型古籍索引丛书·十三经索引》。

（4）古诗方面，可查阅《古诗引得》（《古诗源》）、《全唐诗索引》、《全宋诗作者索引》等。

（5）古文方面有闵尔昌编《全上古三代汉魏六朝文索引》以及某些古代类书的索引。

（6）在金文文句的检索方面，由华东师范大学中国文字研究与应用中心编纂的《金文引得》（殷商西周和春秋战国各一卷，广西教育出版社，2001、2002）较便于使用。

这里，要特别提一下古代的类书。所谓"类书"，是采辑或杂抄各种古籍中的有关资料，将其分类整理编次，以供人们检索的工具书。在古代，这类书主要是供文人学士作文和科举士人检寻词句和典故用，本身没有什么学术价值。《四库全书总目提要》称："此体一兴，而操觚者易于检寻，注书者利于剽窃，转辗稗贩，实学颇荒。然古籍散亡，十不存一，遗文旧事，往往托以得存。"① 由于古代类书所辑录的资料，有不少原书已佚，其价值遂凸显出来。古代出现过的类书很多，流传至今而又常为人引用的主要为：唐代欧阳询等编《艺文类聚》、虞世南编《北堂书钞》、徐坚等编《初学记》、白居易编《白氏六帖类集》等四大类书。其中以《艺文类聚》最为有名，该书分天、岁时、地、州、郡、山、水等46部，下分727个子目，每一子目下，先录经史百家之文，后附诗文，以时代先后排列，并注出处。如卷58《杂文部》内"纸"项下，引用了史书、子书、小说、杂录等古代12种资料中相关记载，查阅十分方便。在其所引证1 431种古籍中，现存者不足十分之一。宋代的类书规模更大，最著名的为李昉等编的《太平广记》《太平御览》和王钦若等编的《册府元龟》，号"三大类书"，要寻找宋以前的佚书，一

---

① 永瑢等：《四库全书总目提要》类书类小叙，中华书局1965年版，第1141页。

般只能通过这些类书。至于元代所编《经世大典》和明代编的《永乐大典》，今已佚，只存少数残帙。上述类书，有不少已有新标点本，有的还编有引得，可供检索。

当然，前人并未为我们编好所有的文献索引，在网络和工具书直接检索难以获取史源信息时，只能试着从两个角度下手：一是凭经验推测大致的方向去查找。二是可以通过间接运用工具书的方法，去查得文献。如只知道作者的字号和其片段文字，可先通过有关室名别号的索引，了解其姓名；再通过相关的人物词典和传记索引，去了解其生平著作特别是文集的名称；进而通过其文集去查得这段文字。也有些文字，特别是唐以前的文字，可以试着找出其中比较专门的词，通过《汉语大词典》《词源》《经籍纂诂》《佩文韵府》《骈字类编》去查其出处，有时也能得到一些线索。三是遇到某些材料的出处，知其书名而不知卷数，知其卷数而不知页码，为提高检索的效率，在检索前，可先根据已知的条件，作些推测，然后下手。对于明知在某书而反复查阅不得的材料，应重新考虑其信息来源是否可靠，或设法寻找其他版本进行复查。总之，在遇到比较难查找的文献时，思路要开阔灵活，方法要多样。

第四节　历史文献阅读训练

本节将结合一些比较专门的文体，对其阅读方法作些简要说明，目的在于进一步开阔文献视野及其应对能力。至于这些文献涉及的许多专业知识，仍须另求诸于专家之学。

一、古代公牍的阅读

公牍类文书，在官方保存的档案中向来占据着极大比重。就此而言，重视公文的解读实为历史文献运用的一个重要环节。

中国的官僚制度历史悠久，其传统公文的流转较早就形成了一套规范程式，明清时更趋严格，并已露出某些现代公文程式的端倪。就比较成熟的明清公文类型而言，大体包括以下几种：

（1）皇帝颁发的下行公文，如诏、敕、诰、制等。

（2）官员题奏的上行公文，如奏本、题本①、呈咨、呈状、申状、牒呈等。

（3）官署发布的下行公文，如照会（有"会同参照"之意，属较接近平行的一种下行公文）、札付（明为发付下属之文，清则指六部或巡抚等向非所属下级衙门发文，余用札）、下帖、故牒等。

（4）官署间的平行公文，如平咨、平关、平牒、移会等。

（5）民众上行文，如牒状、禀状、告状、诉状等。

---

① 明代官员上奏，公事用题本，他事用奏本。清初沿之，后官员有紧急事务多用奏折，而送通政司转达内阁的题本却成例行公事。清季废题本，并裁撤通政司。

上述各类复因操作对象的不同而形成种种名目。其行文格式，则都须体现当时社会上下尊卑的秩序。如对上行文须称"申""呈""奏"；对下行文则称"付""下""令"，对平级行文则要用"咨""牒"；书写须遵守避讳、平阙①等规则。以下结合实例，对此类文献的解读作进一步说明。

兵部为广东巡视海道责任为监督香山等寨及驭澳防倭事行稿（原件见图5-2）②

（1624年9月30日）

兵部为缺官事。职方清吏司案呈，奉本部送，准吏部咨开：四川布政使司右参政史树德，改补广东布政使司右参政兼按察司佥事，管理前项地方事务，补吴伯与留任员缺。移咨该部，照例请敕。等因。到部送司，案呈到部，拟合就行。为此

一合具揭帖，差主事孙元化赍赴内府翰林院，请写

敕书施行。

计开：请

敕官一员，巡视海道带管市舶广东布政使司右参政兼按察司佥事史树德。查得本官责任，驻扎东莞南头城，遇汛驻扎新安、新宁等城，整搠船器，操演水战，监督南头、广海、虎门、香山等寨及驭澳防倭诸务，汛毕回省。平时则训练兵夫，简阅强弱，稽察奸弊。如值沿海有警，督率官兵相机剿捕。倘声势猖獗，听征调各守巡所辖寨哨策应。如东西寨哨驰报重大警息，亦督所属将领船兵互相应援，以靖地方。凡一应备御事机，悉听从宜区处，沿海府、县、卫所文武官员，俱听节制，考核殿最，敢有怠忽及私役军兵、科敛财物、与奸徒私通、接济夷倭等项，轻则量情惩治，重则参奏拿问。本官尤须持廉秉公，正己律下，以副委任。如或因循旷职，责有所归。

天启四年，八月十八日　　　　郎中　方孔炤

张尔嘉③

以上排印，基本按照原件格式。此为明代兵部有关官员给吏部的行稿。明清时公文一般起首为发文人官衔、姓名和事由；其次为正文，行文中常以"等因""等由"对引用上级或同级公文作结，如引皇帝谕旨，则用"钦此"作结，然后以提出结论或要求作

---

① 古代行文中遇尊重对象或名称须采取的一种书写规定。平指平出，即抬头；阙指阙字，空出几格。《唐六典》中规定，凡上表、疏、笺、启及判、策文章，如平阙之式。"谓昊天、后土，天神、地祇，上帝、天帝，庙号，祧皇祖、妣，皇考、皇妣，先帝、先后，皇帝、天子，陛下、至尊，太皇太后、皇太后、皇后、皇太子，皆平出；宗庙、社稷，太社、太稷，神主、山陵、陵号，乘舆、车驾，制书、敕旨，明制、圣化，天恩、慈旨，中宫、御前，阙廷、朝廷之类，并阙字。"（见陈仲夫点校《唐六典》卷四《尚书礼部》，中华书局1992年版，第113页。
② 所谓行稿，是各衙门送皇帝的题稿，经皇帝批示后向各有关衙门或官员发送的行文稿。由于二者常粘在一起不能分开，故称题行稿。此文仅是行稿。
③ 中山市档案馆：《中山香山明清档案汇编》，上海古籍出版社2006年版，第2—3页。原件后面有缺损。

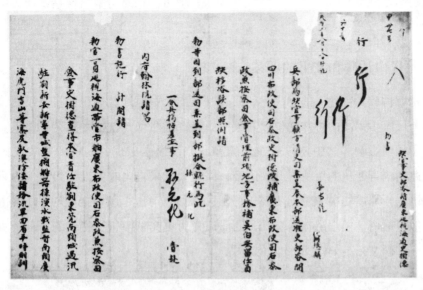

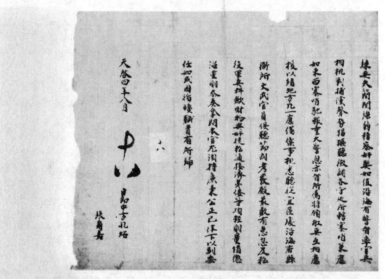

明天启四年（1624）八月，兵部为广东巡视海道责任为监督香山等寨及驭澳防倭事行稿

图5-2 明天启四年（1624）八月，兵部为广东巡视海道责任为监督香山等寨及驭澳防倭事行稿

为结束；最后依次写上受文者官府、职衔或名（若受文者为皇帝，则不书），行文年月日、印章，文种名称和发文者签押，其中下行或平行文最后一行顶格大字标明文种名称，下面写文件责任者姓，并画花押；奏疏和一般上行文，责任者需在日期下写全姓名。

上所引行稿大体即按此程式书写，其内容并不艰深，但需掌握一些公文专门术语，如"准……咨开"（为叙述同级官署来文之引叙语。准，此处用法同于呈文中的"奉"字；开，为开示之意）、"揭帖"（本明代内阁直达皇帝之一种机密文件，清代则指各省送通政司题本之副本）等。如不了解这些规矩，便可能在断句中出现错误而影响对文意的理解。①

二、元代白话碑和文书的阅读

元朝是蒙古族为主建立的中央王朝，其时在广大中原地区通行的虽是汉语，但由于蒙古语在上层统治集团的特殊地位，其某些语言特点在官方以及大都（今北京）周围地区也形成了相当影响。元中期以后在公牍和北方汉语中出现的一种"蒙式汉语"白话文，便是此期语言变化的反映。此种语言，语汇大抵采自当时的汉语口语，内中却掺杂不少蒙古语法，那些由蒙文翻译过来的公牍，更是如此。元代白话文的口语化非常明显，读去似很通俗，但理解却很费劲，因而成为历史文献中相当特殊的一种类型。下面我们先看一件碑文拓本如图5－3。

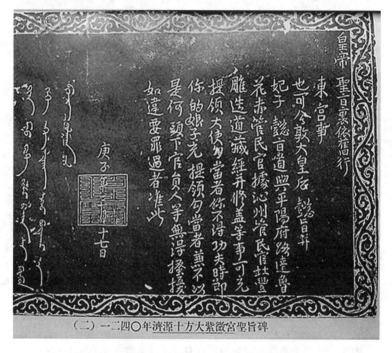

图5－3 一二四〇年济源十方大紫薇宫圣旨牌

（汉字正书 末附蒙古畏兀儿字三行 在河南省济源县）

此碑在河南省济源市十方大紫微宫，上刻回纥蒙古文3行，汉文11行。内容为根据窝阔台皇帝圣旨，由大皇后与诸合敦下达的关于让山西命沁州管民官杜丰监督雕造道藏一事的懿旨。拓片收藏在北京大学艺风堂缪氏旧藏碑拓中。被蔡美彪收入《元代白话碑集录》，释文如下：

---

① 关于这方面知识，可参考丁晓昌等《古代公文研究》（安徽文艺出版社，2000）、胡元德《古代公文文体流变》（广陵书社，2012）等。

皇帝圣旨里依旧行东宫事也可合敦大皇后懿旨并妃子懿旨，道与平阳府达鲁花赤管民官：据沁州管民官杜丰雕造道藏经并修盖等事，可充提领大使勾当者。你不得功夫时节，你的娘子充提领勾当者。兼不以是何头下官员人等，无得骚扰。如违，要罪过者。准此。

庚子年三月十七日。①

碑文中，里，有凭借、根据之意；也可合敦，为蒙语"大皇后"的音译；达鲁花赤，蒙语为"掌印者"，有监临官、总辖官之意，元时由蒙古或色目人充任，掌朝廷各部及各路、府州县军政实权；勾当，指公务或事情；头下，即投下，其制出于辽金，意为封地、采邑，蒙元沿之，将包括民户的封地分赐蒙古诸王贵族。

元代白话公文和一般古文相比，涉及许多特殊用词，如下文就是。

圣旨：差撒里打火里赤军去者，问你每：待投拜，待厮杀？鼠儿年（1216），黑契丹你每高丽国里讨虏时节，你每迭当不得了去也。阿每差得札剌、何称两介引得军来，把黑契丹都杀了。你每不杀了，阿每来。若阿每不将黑契丹了，你每不早了那是么？使臣禾利歹根底不拜来那是么？投了呵，差使臣爪古与你每根底不行打来那什么？爪古与没了，使臣觅爪古与来，你每使弓箭将觅来底人射得回去了。那上头，管是你每底将爪古与杀了也。阿每觅问当来也。

皇帝圣旨道：若你每待厮，交阿每一处厮，相杀住到老者。若还要投呵，依前一般去投了者去。若你每民户根底的爱惜，依前一般去投拜来。下去底使臣快快地交回来者。若要厮杀，你识着！

皇帝大国土里达达每将四向周围国土都收了，不投底国土都收了，你每不听得来？投去了底人都一处行打，你每不听得来？阿每将劫掳你每底寄不及都收抚了，听你每根底来？高丽国王，你每底民户里投拜了的人依旧住坐，不投底人户杀有。

虎儿年（1218）投拜了，咱每不曾一家来那什么？使去底使臣是阿土。

——《高丽史·高宗世家》

这是窝阔台三年（1231）致高丽的一篇牒文。大意是：派撒里打率军前来，你们是降还是战？丙子岁契丹人入侵高丽，你们无力抵挡。我们派札剌、何称率兵灭之。不然，你们早完了。你们曾对我们的使臣禾利歹表示降服，并与另一使臣爪古与相交涉。可爪古与死了，你们还用箭射阻碍我们寻找他，看来是你们杀了他。现在我们兴师问罪

---

① 蔡美彪：《元代白话碑集录》，中国社会科学出版社 1955 年版，第 7 页。据蔡氏考证，此大皇后可能是合敦字剌和真。

来了。皇帝有圣旨：你们要打，咱就打到底！若投降，那就快降。你们若顾惜生民就该降，并放回使臣。不然就等着瞧！蒙古皇帝四征不庭，凡不降者一律征服，降者可一起平安相处。俺们将劫掠收抚你们的强丁老弱，这由不得你们。投降的民户可安居如初，不降则杀。戊寅岁你们曾投降，当时我们有如一家。派去的使臣是阿土。

读这篇文献，如不知元代白话文的特点，就很难理解。不仅要注意其夹杂着宾语在谓语前的蒙古语句式，还应懂得其中的一些特殊词语。如"阿每"即"俺们"；"迭当"即抵挡；"根底"为对于、向着之义等。在当时此类白话文中，常用的词语还有：肚皮（蒙古语"贿赂"）、吃肚皮（受贿或贪赃）、根脚（官员出身或原本）、在动词后加"者"字以表示命令祈使式、以"么道"为助动词或表示"以为""说"等。① 有关这方面的知识，可参考李崇兴等所著《元代汉语语法研究》（上海教育出版社，2009）等。

在《元典章》和《通制条格》等法律和案例汇编中，不少文书亦属此种语体。如图5-4《元典章》所收"赎刑"文书②：

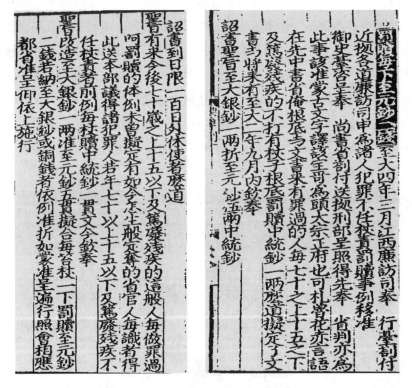

图5-4 《元典章》所收"赎刑"文书

---

① 以上所引《高丽史》及相关说明，均见亦邻真《元代硬译公牍文体》//《元史论丛》第一辑，中华书局1982年版。

② 《大元圣政国朝典章》（影印元刊本）卷三十九（刑部卷之一），中国广播电视出版社1998年版，第1455—1456页。

罚赎每下至元钞二钱

至大四年三月，江西廉访司奉行台劄付：近据各道廉访司申，为诸人犯罪，不任杖责，罚赎事例。移准御史台咨：呈奉尚书省劄付：送据刑部呈："照得先奉省判，亦为此事。该：'准蒙古文字译该，宝哥为头大宗正府也可札鲁花赤言语：在先中书省俺根底与文书来：有罪过的人每，七十之上、十五之下及笃废残疾的，不打有，杖子根底，罚赎中统钞一两。么道，拟定了，文书与将来有。至大二年九月内钦奉诏书圣旨：至大银钞一两，折至元钞伍两。中统钞，诏书到日，限一百日外，休使者。么道，圣旨有来。今后七十岁之上、十五以下及笃废残疾的，这般人每做罪过呵，罚赎的体例未曾拟定有。如今怎生般定夺的，省官人每识者。得此。'送本部议得：诸犯罪人，若年七十以上、十五以下，及笃废残疾不任杖责者，前例每杖赎中统钞一贯文。今钦奉圣旨改造至大银钞，一两准至元钞五贯，拟合每笞杖一下，罚赎至元钞二钱。若纳至大银钞或铜钱者，依例准折。如蒙准呈，遍行照会相应。"都省准呈，仰依上施行。①

此文书记录了元武宗至大四年有关罪犯年七十以上、十五以下及病残者因不堪杖刑，可纳钱以赎免的规定和出资标准，同时也从一个侧面反映了元代钞法大坏，从中统到至元、至大间一再大幅贬值的趋势。在解读时，除了其所具的元代白话文特点外，还应注意古代公文的常用格式，以及劄付（官府上行下的文书用语）、咨（同级机关行文用语）、照得（查察而得）、议得（讨论结果）等专门用语，不然便易在标点和理解上出错。

三、民间契约文书的阅读

民间契约文书是指私人因买卖和租赁等订立的合同文书，其内容广涉各历史时期社会下层经济活动、阶级关系和民情风俗等，足补以往正规史籍记载之阙，故近年来日益受到学术界的重视。作为一种社会实用性文书，契约的起源很早。在中国古代，早期买地契曾被刻于玉、石或金属器物。晚清以来，西北地区出土的汉简就有关于买卖的券约，如王国维《流沙坠简·屯戍丛残考释》所载：

神爵二年四月二十六日，广汉县□□里男子□宽惠卖布袍一，陵胡隧长张仲□用贾钱千三百。（其下漫灭）书符用钱十。时在旁，侯史张子卿、戍卒杜忠知券约，□沽□二斗。②

---

① 此段标点，主要依据陈高华等点校《元典章》，天津古籍出版社、中华书局 2011 年版，第 1335—1336 页。
② 王国维：《王国维全集》卷四，浙江教育出版社、广东教育出版社 2009 年版，第 108 页。

而和阗（治今新疆和田市）出土的唐代契券，则是目前保存下来较早的纸质契约文书，其文曰：

> 大历十七年□，（下阙）要粮用，交无□□，□于护国寺僧虔英边使粟壹拾柒□，其粟霍昕悦自立限九月内还。如违限□，□由僧虔英牵掣霍昕悦家资牛畜，将充粟直，有剩不追。恐人无信，故立私契，两共对面平章画指为记。
>
>
>
> 粟主
>
> 使粟人 行官　霍昕悦，年卅七
>
> 同使人 妻　　马三娘，年卅五
>
> 同使人 女　　霍大娘，年十五①
>
>

这些民间契约，大抵叙事简略且口语化很强。宋明以后的契约，目前存世较多，内容也更趋详密。其中经正式向官府报办交税的称红契或税契；由交易双方协商拟订，有中人作保并签名盖章的契约，但未在官方办理纳税的称白契或草契。下面是清嘉庆间的一件徽州契约文书：

> 立杜凑卖庄仆、庄屋、基地、坟山、田皮各项契人邵伦堂秩下三房人等，今将承祖遗下吴姓仆人及屋宇、烟火柴山、田皮全备，坐落三四都一保盈字乙佰五十五号，土名下培丈高地壹佰七拾乙步，又将（下有四处土地屋基，略）等处吴姓葬祖坟山禁步，缘先年祖人等造屋置买田地豢养吴姓仆人，生居死葬应身姓各役，世守无异，永远使唤世仆。又将三四都一保吕字号三佛弯柴山乙备，并前门源等处田皮与吴姓耕种度活。以上之业，先年出卖一半与盛管业，该身仍存一半。长房出门未归，今因门户钱粮正用紧急无措，合中将身贰三房业产各项毫无存留，尽数立契出卖与盛宏济祀秩裔名下为业。三面议定时值价纹银贰拾两正（整）。其银在手足讫，比即卖价两明。其业未卖之先，并无重复交易，亦无来历不明等情（下略）。自成之后，卖出吴姓仆人听凭盛姓使唤，所有婚姻丧祭开门扫地等事，随时应役，无得执拗。家内人等尽在契内分价，毋得异言。今欲有凭，立此凑卖杜出吴姓仆人及屋宇、基地、坟山、田皮各项契，永远存照。
>
>
>
> 嘉庆二十二年十一月初三日立杜凑卖庄仆庄基及屋地各项契人邵叙堂
>
> 秩裔二房　邵尚悦等（押）②
>
>

---

① 王国维：《二牖轩随录》//《王国维全集》卷三，第484页。

② 原件藏安徽省档案馆，档号46.27.11。此转引自严桂夫、王国键《徽州文书档案》，安徽人民出版社2005年版，第405页。

契约表明，原主人邵氏宗族出卖的不仅是田地庄屋等，还包括了守祖茔的吴姓世仆，可见后者身份之低微。解读此类文书时，注意历史背景，并细辨当时乡土地名、民间俗字的写法①，以及立契的常用套语，可减少标点运用时的错误。

下面提供一份明代徽州山地住基买卖契约的原件（如图5-5），以供阅读标点练习。

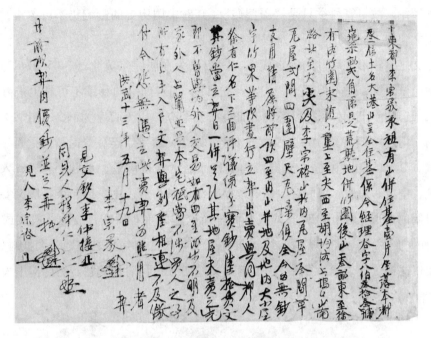

图5-5　明代徽州山地住基买卖契约

四、明清八股文的阅读

以科举选拔官员，始于隋唐。隋以策论取士。唐曾设秀才、明经、进士、俊士、明法、明书、明算诸科，及一史、三史、开元礼、道举、童子诸科，而特重明经、进士两科，前者主试经史知识熟悉程度，后者主考诗赋写作能力，其中后者尤为时人看重。至宋神宗时改以"经义取士"，即从考生讨论经学义理的文章判其优劣，进士科由此独行，并发展为明清的八股取士制度。据《明史》，洪武三年（1370），朱元璋决定恢复科举，专取四书五经命题试士，"其文略仿宋经义，然代古人语气为之，体用排偶，谓之八股，通谓之制义"。并提出，此后将"使中外文臣皆由科举而进，非科举者毋得与官"。②

按照这一制度，士子通过科举走向仕途，须通过三次不同规模和等级的考试，即县试、省级乡试（省试）及全国性会试。童生经县、府、院三试录取，方可进入府、州（直隶州）或县学，成为秀才。乡、会试三年一次，中试的举人，次年春可参加会试。

---

① 关于这方面的知识可参考张涌泉编著《汉语俗字研究》（商务印书馆，2010）和方孝坤《徽州文书俗字研究》（人民出版社，2012）等。

② 张廷玉等：《明史》卷七十《选举志二》，中华书局1974年版，第1693、1695—1696页。

科举考试的内容，虽不都是八股文，还包括帖诗、策论等，但八股无疑是其中的重头戏。

自科举制兴，几成传统读书人唯一的进身之阶。在长达五百多年的明清社会，无数学子为之呻吟其间，场屋不利者至老死牖下，仍不改一领青衿；得志者或平步青云，始得展满怀经纶。故尽管科举只是"敲门砖"，其对中国历史的影响仍不可忽略，而八股文在中国文化史上同样也留下了难以磨去的痕迹。

八股文之真正形成后世的固定模式，一般认为在明宪宗成化（1465—1487）以后。作为科举应试之文，它不但要求"代圣贤立言"，如对四书的释读不可越出朱熹的《四书集注》，还规定了具体字数和格式。如明"五经文"以五百字为满，"四书文"以三百字为满。清之"四书文"始为四百五十字，继为六百字，至乾隆时增为七百字，不可随意加减。其行文更须遵循一套严格的规程，通常须按破题、承题、起讲、入题、起股、出题、中股、后股、束股、收结的顺序写成，其中起、中、后、束各股又要求用两相排比对偶的两股文字组成，共八股，为全篇论述的重心所在，故称八股文或"八比文"。按照顾炎武的说法，其写作结构"发端二句或三四句为之破题，大抵对句为多，此宋人相传之格（本之唐人赋格）。下申其义作四五句，谓之承题。然后提出夫子（曾

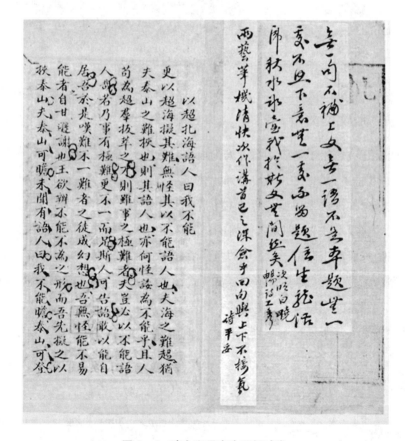

图 5-6　清永兴县童生两场试卷

子、子思、孟子皆然）为何而发此言，谓之'原起'。至万历中破止二句，承止三句，不用原起。篇末敷衍圣人言毕，自抒所见，或数十字，或百余字，谓之'大结'。明初之制可及本朝时事，以后功令益密，恐有借以自衒者，但许言前代，不及本朝，至万历中大结止三四句矣。于是国家之事，罔始罔终，在位之臣，畏首畏尾，其象已见于应举之文矣。"① 当然，在实际操作中，也有少数用"股"多于八股或少于八股者。至其出题，更有大题（用于乡、会试）、小题（用于小考）、截搭题等种种名目。士子作文，几如按格律填词，备受约束。

八股文大多为功令所限，并受格式的严格束缚，显得空洞无物，但也有少数例外，下文便是难得的一例。

匹夫不可夺志也

明　钱禧

惟在己者之足恃，故匹夫能胜乎三军也。（破题）

盖匹夫虽渺，其志则其所自有也。虽欲夺之，谁得而夺之？（承题）

且天下之气势，有自外而助之者，多所附而始雄；有自内而主之者，绝所援而弥壮，盖外者不足凭，而内者可自必也。（起讲）

以三军而奉一帅，附之者非不多矣，而或有时可夺矣。（入题）

若夫匹夫者，上天下地，以一身子处其间，人之孤危而易于摧伤者，无过于此也。

居处饮食，与一妇相偶而已，势之薄弱而动受侵陵者，无过于此也。（以上起二股）

然而有其志焉，不必有其知慧，而天下至愚之人，其发念必至诚。不必有其学问，而天下至朴之人，其立心多至勇。是志也，匹夫自有之志也。（过接）

凡世之所以夺人者，大率以其能荣人辱人耳。以千万人而计较荣辱，则趋辟之心未决；以一人而计较荣辱，则趋辟之心易决矣。匹夫有志，能守则其荣也，不能守则其辱也。人间之荣辱何有矣。

凡世之可以夺人者，夫抵②以其能生人死人耳。以无主之心而踌躇生死，则取舍之计未定；以有主之心而踌躇生死，则取舍之计立定矣。匹夫有志，生亦守之以生也，死亦守之以死也。天下之生死人者气尽矣。（以上中二股）

以匹夫周旋士大夫之间，则士大夫有时或怯，而匹夫恒得其彊。何也？士大夫

① 顾炎武：《日知录集释》卷十六《试文格式》，上海古籍出版社 2014 年版，第 374 页。
② 此据王凯符《八股文概说》所载，田启霖编著《明清会元状元科举文墨集注》第 2 册（广西师范大学出版社 2016 版，第 829 页所载亦同），然从上下文义看，"夫抵"似当作"大抵"，与上股"大率"相对。龚笃清《中国八股文史（明代卷）》（岳麓书社 2017 年版）第 742 页所载则作"甚则"。

之身家妻子，为谋甚重，而匹夫之俯仰甚轻，轻则胸无私累，故其盟诸幽独者，清明而难惑以非也。

以匹夫揖逊学士仁人之列，则学士仁人有时或伪，而匹夫恒得其真。何也？学士仁人之名节道谊，为途甚宽，而匹夫之天性甚隘，隘则不留余地，故其矢诸隐微者，毫发必不敢徇人也。（以上后二股）

夫三军至多矣，匹夫至少矣。然三军之帅，以众人卫一人者也；匹夫之志，以一人卫一志者也。其可夺不可夺之数，固已较如矣。嗟乎，匹夫者，亦至愚至朴之人耳，其志之不可夺且如此，况益之以知慧，进之以学问者乎？夫天下大任，非匹夫所能胜，君子可不勉乎哉！（大结）①

此文题出《论语·子罕》"三军可夺帅也，匹夫不可夺志也"句，全文论述引录经学的内容并不多，却能在八股的架构内，纵横驰突，独抒胸臆，文词畅酣，言之有物，且颇具现实感怀，堪称当时八股文中少见的思想丰满之作。文章一开始的破、承、起、入，就以寥寥数语，直奔主题，点出何以三军可夺帅，而匹夫作为个人反难夺其志的理据，表现出张扬个性和独立人格的精神。接着，以八股排偶的句式，层层展开，说明匹夫因其质朴的品行，看淡生死荣辱，才能一往无前而坚持其志。在收结时，作者更发出感慨，呼吁那些"益之以知慧，进之以学问"的当世士大夫君子"可不勉乎哉"！

由于八股文的内容以虚谈经义为多，现在一般历史研究论著中征引较少，但作为一种文化遗产仍当引起我们的重视。一方面，它至少可以作为研究思想史、文化史和制度史的一类大宗文献。另一方面，还应看到它在如此长久的历史时期中笼罩乃至浸润了所有读书人的生活，其习惯思维和行文架构及风格必然要在其他各类文献中留下深深的印记。掌握八股文的基本特点和写作结构，不但可以帮助我们解析这类文献，实际上也有利于读懂唐宋以后其他类型的传统典籍。

思考题：

1. 提高文献阅读的效率和理解能力，应把握哪些重要环节？

2. 何谓"史源学"？怎样进行史源学训练？

3. 试就古代公牍、民间契约等文献原件阅读标点的需要，寻找相关参考资料自行解决疑难，以提高独立解决问题的技能。

---

① 原文收录清光绪间同文书局石印《大题文府》，此处标点和分段主要从王凯符《八股文概说》（中华书局2002年版第214—215页）。

参考书目：

1. 高振铎：《中国历史要籍介绍及选读》，黑龙江人民出版社，1982.

2. 齐佩瑢：《训诂学概说》，中华书局，2004.

3. 陈智超：《陈垣史源学杂文》，三联书店，2007.

4. 王凯符：《八股文概说》，中华书局，2002.

第一节　历史文献的鉴别与考证

在文献史料的运用上，同样有一个科学的态度和方法问题。引证史料多，并不一定表明一个人治学的严谨，关键是要找出可靠而又能说明问题的材料。这就需要在材料的搜集和鉴别上下一番功夫。

对于文献的鉴别，史学方法论有所谓"外考证"和"内考证"的说法。外考证包括对文献史料本身来源可靠性的鉴定和文本校勘等工作，内考证是指对文献所记史实价值的分析。在实际的历史研究过程中，人们往往会发现，对于同一历史事件，各种文献古籍或史料存在着不同的记载，如年代的差异、参与人物的不同，乃至事情经过和是非曲直评价的不同。有时甚至会感到不知取哪种说法为好。遇到这种情况，采取的办法主要有这样几种。

一是取最早和最直接的记载。所谓最早的记载，是指离事件发生最近的相关记载，比如研究先秦的历史，在一般条件下，自应尽量依据先秦或汉人的记载，而不是唐宋以后人所作的记载。所谓最直接的记载，是指事情的直接参与者或材料直接得之于亲见亲闻者的记载。当然，在是非曲直的评价上，有时因记载者自身对事件加入过深，反易掺入较多的主观色彩，这是我们需要注意的。

二是对于同是当事人的几种记载，应分析这些当事人各自的立场、为人和他在这些事件中所处的利害关系，由此判断其可靠的程度。比如，鸦片战争以后，当事人有关的记载不少，但其中抵抗派魏源等人和妥协派黄恩彤等（黄恩彤《抚远纪略》，或赘漫野叟《庚申夷氛纪略》）对同一事件的描述就很不相同。又如，历代碑传墓志一类的人物传记资料，虽然在记载人物生卒年代和履历方面比较可靠，但因多为死者的亲朋好友或子孙托人所写，其对人物的事迹品行往往有隐恶扬善的倾向，因而对这些资料的价值应作具体的分析。

三是对于不同来源且出处可靠的材料，应各取所长，互为补充。同时，对其中相互矛盾的部分，则须作考订后择善而从，如司马光的《通鉴考异》便是这样。

然而在实际的操作中，这些原理的运用，又会遇到很多复杂的情况，需分别视之。

首先，如何来辨别文献形成的确切年代和早晚呢？这对于那些著明作者、年代而又得到社会公认的文献，当然不成问题。但对某些年代不明的材料，则需进行一定的考证。还有一些材料尽管著明了年代和作者，却来路不明，或其内容显得不符其时代特征，更需辨明其真伪。关于后一点，前人曾做了大量的工作，还形成了一门专学，即辨伪学。

中国古代留下的文献极为丰富，但其中也包含着一部分伪作，对这一点，古人很早就有所认识。孔子的学生子贡就说过："纣之不善，不如是之甚也！是以君子恶居下流，天下之恶皆归矣。"[1] 刘向父子整理群书，曾在这方面做了不少工作，指出不少古籍存在着假托的痕迹。王充也在《论衡》中说："今《论衡》就世俗之书，订其真伪，辨其实虚，非造势更为，无本于前也。"辨伪之学，在宋代得到了较大的发展，欧阳修、朱熹、郑樵等都在辨伪学上作出了贡献。明代宋濂的《诸子辨》、梅鸷的《尚书考异》、胡应麟的《四部正讹》也都是辨伪名著。特别是胡氏，从理论上对前人的辨伪成果做了总结，提出了辨伪书的八条方法，给后人以很大的启发。清代学人的辨伪成就尤为卓著，姚际恒的《古今伪书考》、万斯同的《群书辨疑》、崔述的《考信录》等，都受到后人的高度重视。特别是阎若璩《古文尚书疏证》，从八个方面列举了其作伪的证据，指出其内容一与古籍不合，二与史例不合，三与古史不合，四与古典礼不合，五与古代历法不合，六与古代地理不合，七与训诂不合，八与义理不合。几如被判死刑，近年清华简的发现和研究，更进一步证实了这方面的推测。历代学者的辨伪显示，传世文献中，作伪嫌疑最大的是先秦古籍（特别是诸子百家，因经历秦火和战乱之劫，散佚窜乱颇多）和唐宋以前的作品。关于历代伪书以及辨伪成果，可参看现代学者张心澂的《古今伪书通考》，该书以书名为纲，以诸儒辨伪之说列其下，共收录论辩之书1105部，为当时最完整的综合性辨伪参考工具书。近年来，随着考古发现和学术界对这方面认识的深入，相继出现了郑树良《续伪书通考》（三册，台湾学生书局，1984）、邓瑞全和王冠英编《中国伪书综考》（黄山书社，1998）等。另有一部刘建国的《先秦伪书辨正》（陕西人民出版社，2004），也颇值得注意，书中对原来认为是伪书的49部先秦著作做了辩护，其说也可参考。

不过，我们也不能把前人说"伪"的古籍全当作伪书看待，因为根据近些年来学者的研究和考古新发现，表明不少前人以为"伪"的书其实并不伪，或者并不全伪。如现存《周礼》，过去认为成于汉代，所记皆战国时制度，西周不可能有这样完善的官制。但实际上，考古材料发现，其中不少有关西周制度的记载，确有所本，当然它的成书比较晚，其中也掺杂了许多后来的东西。《古本竹书纪年》《孔丛子》《孔子家语》的情况

---

[1]《论语·子张》。

也是如此。① 又如《文子》一书，近代以来不少学者都认其为全伪，但 1973 年河北定县汉墓出土的西汉竹简，却有《文子》，内容与《汉书·艺文志》所说相合，虽然不能说是周平王时所作，但确属先秦古籍。

应当说，前人在辨伪中发现的一些古籍中不可靠也即后代掺入的成份，确实存在，不过有许多并非古人有意作伪，而是因为古籍的成书过程原本就十分复杂。吕思勉就曾指出："古本有一家之学，而无一人之言，凡书皆荟萃众说而成，而取一著名之人以为标题耳；而辗转流传，又不免有异家之书羼入。此古书之所以多错乱。然编次错乱是一事，书之真伪又是一事，二者固不容相混也。"② 盖古代典籍的作者虽然都标明为某人所作，但实际上，有不少书是成于众手，尤其是先秦诸子，实际上多应视为各学派的集体作品，大多经过几代师生传授和补充加工成书，才成为今天的模样。也有一些是后人在整理时，因古简散乱，把不同作品乃至不同时代的古籍混在一起所致。所以，对这些古籍的各部分内容应作具体分析，才能加以正确的运用。

另外，有的书即使是伪书，也有相当的参考价值，虽然我们不能按照该书自称的成书年代，但只要弄清了它的确切成书年代，还是可以用来研究某一时代思想或其他事项。诚如陈寅恪所说："真伪者，不过相对问题，而最要在能审定伪材料之时代及作者而利用之。盖伪材料亦有时与真材料同一可贵。如某种伪材料，若迳认为其所依托之时代及作者之真产物，固不可也。但能考出其作伪时代及作者，即据以说明此时代及作者之思想，则变为一真材料矣。"③

关于辨伪书的方法，前人已有了许多总结，比较完整的是梁启超在《中国历史研究法》中谈到的"辨伪书十二条"：① 其书前代从未著录或绝无人征引而忽然出现者，什九皆伪。如明人所刻《古逸史》之《三坟记》《晋三乘》《楚史梼杌》等即是。② 其书虽前代有著录，然久经散佚，乃忽一异本突出，篇数及内容皆与旧本完全不同者，什九皆伪。如有抄本《慎子》与四库本全异，被收入《四部丛刊》者即属此类。③ 其书不问有无旧本，但今本来历不明者，即不可轻信。如经学史上所谓汉河内女子所得《泰誓》、梅赜所上《古文尚书》及《孔安国传》等。④ 其书流传之绪从他方面可以考见，而因以证明今本题某人旧撰为不确者。⑤ 真书原本经前人称引，确有佐证，而今本与之歧异者，则今本必伪。如明以后流行之《竹书纪年》即是。⑥ 其书题某人撰，而书中所载事迹在本人后者，则其书或全伪或一部分伪。如《越绝书》。⑦ 其书虽真，然一部分经后人窜乱之迹既确凿有据，则对于其书之全体须慎加鉴别。如《史记》中所记武帝天汉以后事，必后人掺入。⑧ 书中所言确与事实相反者，则其书必伪。⑨ 两书同载一事绝对矛盾者，则必有一伪或两俱伪。如刘向《列仙传》竟谈及二百年后传入之佛教，

---

① 关于这方面的最新研究信息，可参看李学勤《失落的文明》（上海文艺出版社 1997 年版）中有关论述。
② 吕思勉：《先秦史》（1941），上海古籍出版社 1982 年版，第 20 页。
③ 陈寅恪：《冯友兰中国哲学史上册审查报告》//《金明馆丛稿二编》，三联书店 2001 年版，第 280 页。

其伪显然。⑩ 各时代之文体，盖有天然界画，多读书者自能知之，故后人伪作之书，有不必从字句中求枝叶之反证，但一望文体即能断其为伪者。如《古文尚书》。⑪ 各时代之社会状态，据各方面之资料，总可以推见崖略，若某书中所言其时代之状况，与情理相去悬绝者，即可断其为伪。⑫ 各时代之思想，其进化阶段，自有一定，若某书中所表现之思想与其时代不相衔接者，即可断为伪。

其次，确定了文献的真实性和确切年代，是否表明其所记载的事实就一定准确无误了呢？也不是。由于记载人受其立场、观点、视野和当时某些客观条件的限制，他们的记载一般都会存在某种不足，或是对整个过程记录不全，或是观察有误，或是心存忌讳，或属道听途说，或为有意曲笔。对此，引用者必须通过广搜材料，尽力破除主观想象，冷静平等地看待各类相关史料，进行去粗取精、去伪存真的考订，作出适当的取舍。这就是文献史料的考证工作。

文献考证中运用最多的方法，不外是聚集多种来源不同的史料，包括正史、野史、笔记、诗文、金石碑刻、档案等，进行多方面的比较参核，从中钩稽历史的真相。傅斯年就说过："假如有人问我们整理史料的方法，我们要回答说：第一是比较不同的史料，第二是比较不同的史料，第三还是比较不同的史料。假如一件事只有一个记载，而这个记载和天地间一切其他记载（此处所谓记载，不专指文字，犹史料之不以文字为限）不相干，则对这件事只好姑信姑疑，我们没有法子去对他做任何史学的工夫……历史的事件虽然一件事只有一次，但一个事件既不尽止有一个记载，所以这个事件在或种情形下，可以比较而得其近真；好几件的事情又每每有相关联的地方，更可以比较而得其头绪。"甚至认为"史料学便是比较方法之应用"。① 现代史家王国维、陈垣、陈寅恪都在这方面提供了极为成功的范例。

还有一种方法，是通过对某种文献内部相关记载的比较去发现问题，即所谓"本证法"。特别是中国古代的纪传体史书，因篇幅大，而纪、传、志的内容又存在着相互交叉的特点，对这些记载进行比较研究，往往会发现一些值得注意的问题甚至自相矛盾之处，从而避免或减少材料征引上的失误。如清汪辉祖的《元史本证》对明修《元史》所作多方面正误，便是这一方法成功的范例。

在文献史料考证方面，历代史家做了大量的工作，留下了丰富的遗产，在考证的成果方面，如司马光的《通鉴考异》、洪迈的《容斋随笔》、李心传的《旧闻证误》、王应麟的《困学纪闻》、黄震的《东发日钞》、顾炎武的《日知录》、王鸣盛的《十七史商榷》、钱大昕的《廿二史考异》、赵翼的《廿二史札记》等，都足资参考。在考证的方法上，现代史家的"二重证据法""诗文证史""史源追寻法"等也都可供参考采纳。

① 傅斯年:《史料论略》//欧阳哲生:《傅斯年全集》卷二，湖南教育出版社 2003 年版，第 308、309 页。

第二节　文献资料的取舍和选用

对于历史研究而言，史料的搜集，只是其第一步的工作，我们还必须通过对史料的分析，形成自己的观点和研究成果。同时，在史学论文或著作中，我们也不可能把所有搜集到的可靠资料都堆上去（除非确有这样的特殊需要）。通常的做法是选择最能说明问题，也最能显示自己研究心得的材料引用。要做到这一点，还需取决于实际操作中能否妥善处理文献材料的归纳选择等环节。

历史研究中这一归纳材料和逐步形成自己观点的过程，也就是我们常说的"论从史出"。在实践中，我们常常可以发现这样的情况，面对同样的材料和题目，各人会做出不同的文章，其见解和心得有时甚至会表现出很大的差异。造成这些差异的原因固然是多方面的，如个人的史学素养、性格、兴趣爱好，以及看问题的角度和方法不同等。但其中很重要的，当与各人对材料的敏感度或理论判断力，也即通常所说的"史识"有关。所谓敏感度，在相当程度上又是和其掌握基础知识的程度以及史学素养的高低有关的，具体来讲，即应对所读资料的基本背景、相关年代、地理、人物的活动，以及典章制度和重要事情等均有相当的了解，才有充分的识力来驾驭资料。否则便会陷于被动，甚至入宝山而不识货，空手而归。一般来讲，知识面越广，对于一般层面上文献的敏感度就越强些；对某一方面的专题越是熟悉，在阅读这类文献时的感触也就会越多些，因而也易于发现其中的一些问题。因此，提高自己对文献史料归纳和观点提析能力的根本方法，除了加强史学理论修养外，还必须多读书和勤思考，不能想象不经过资料上的努力，仅靠一点方法和理论就来从事历史研究这样一种实证性很强的专业。

对文献的归纳和观点提析，有人习惯于把全部材料收齐后再进行，这样做当然也有有利的一面。但实际上，由于看材料的过程本身就是一个思索和观点酝酿的过程，因此，我们应当在收集和摘抄资料的同时，随时把为何抄录这段资料的想法记录下来，将这条资料属于哪一类做上标记，以为事后集中分类时参考。这样，在材料基本搜集好时，由此逐步构筑起研究论题的初步框架。在此基础上，再对搜集到的全部材料进行系统的梳理，经综合调整后形成完整的研究成果，自然会显得更顺些。

在专题研究尚未形成完整的思路时，可先试着进行几种方式的资料归纳，首先，可按事情发生的过程即时间顺序分类，这种方法，要避免报流水账。特别要注意事件发展过程中具有突变性的现象，找出造成这种突变的关键因素，加以讨论。其次，可以据材料内容进行横向分类，把该专题资料按问题分类。这种方法，要避免论述时缺乏重点，各问题之间相互照应不够的缺陷，一定找出其间贯穿的主线。当然，还可以有其他种种归纳的方法，关键是要根据该专题本身的特点来设计。

有些初治史者，看了很多材料，就是总结不出自己的观点。其中的原因当然非止一端。但大部分人经过一段时间的训练，自然会慢慢有所改进。初学者要想较快地改变这种状况，比较实际的做法是，每从事一个专题的研究或资料搜集前，先把这方面的研究成果和现在所知该事件、人物的基本情况了解透彻，包括前人在这方面的各种不同意见和争议，目前未解决的问题等，这样带着问题去查阅文献资料，就比较容易发现问题和形成自己的观点。

不但如此，在研究某一专题时，还应尽量开阔视野，尽可能把握好该专题的大背景并了解与之相关的时间与人物，以便通过与周边事物的联想比较来触发灵感。这就是我们常说的比较和联想的方法。因为，孤立地看待一人一事，其特点往往不明显，而通过与周围人物事件的纵横比较，常常会有助于凸现本专题所涉人物事件的特点。

在分析历史事件或人物时，要注意从各类文献的综合记载中，去把握该专题的中心及其代表性的因素（人或物）；在分析影响某一历史事件或过程的因素时，既要看到其一般情况下的复杂性和多元性，也要剖析其主导性的一面。比如在研究近现代人物的思想时，经常可以发现他们的思想十分庞杂，有时甚至包含了多种阶级的思想因素，从而与我们常用的"阶级分析方法"发生冲突，因为人物思想的复杂性大家比较容易接受，但说一个人同时表现出几种阶级的思想，似乎不可思议，因为在一般情况下，人不可能在阶级立场上脚踏两头船的。但如果注意到中国近现代是一个急速变革的社会转型期，这一现象就有可理解的一面。随着某些人物在转型期中社会地位和思想的变化，其前后甚至同时表现出阶级思想或倾向的多元性还是可能的。因此，只有用这种动态的观念考察社会大变动时期的思想，才能避免片面性，使自己的研究尽可能符合历史的真相。关于这方面的问题，可参看梁启超的《中国历史研究法》第六章"史迹之论次"。

需要注意的是，把从文献中提析出来的观点发表为文章时，必须照顾到其内在的逻辑性，因为在大多数情况下，观点的形成是一个逐步在点上产生并积累的过程，但在写成论著时，必须考虑到整体的结构和其中心主题的一贯性，以一种合乎逻辑也即具有内在整体联系的方式将其推演出来。这样做，不但是为了保持文章的内在和谐和说服力，也有利于读者的接受。而对那些游离在主题之外的观点，无论多么精彩，都要暂时舍弃，或另成专题文章，或留待以后同类的材料和想法积累多了单独成文。

文献史料的类型很多，但各类文献因其产生的条件不同，也会形成各自的长短。在这方面，古人有过不少论述。如明王世贞将史料分为国史、野史和家史三类，认为三者各有所长，也各有其短："虽然，国史人恣而善蔽真，其叙章典、述文献，不可废也；野史人臆而善失真，其征是非、削忌讳，不可废也；家史人谀而善溢真，其赞宗阀、表官绩，不可废也。吾于三者，豹窥耳。有所见，不敢不书，以俟博洽者考焉。"① 清戴名世亦谓："夫史之所藉以作者有二：曰'国史'也，曰'野史'也。国史者，出于载笔之臣，或铺张之太过，或隐讳而不详，其于群臣之功罪贤否，始终本末，颇多有不尽，

---

① 王世贞：《弇山堂别集》卷二十"史乘考误"，中华书局 1985 年版，第 361 页。

势不得不博证之于野史。而野史者，或多徇其好恶，逞其私见，即或其中无他，而往往有伤于辞之不达，听之不聪，传之不审，一事而记载不同，一人而褒贬各别。呜呼，所见异辞，所闻异辞，吾将安所取正哉？"故在取舍时，当观"彼其人何人乎？贤乎否乎？其论是乎非乎？其为局中者乎？其为局外者乎？其为得之亲见者乎？其为得之逖听者乎？其为有所为而为之者乎？其为无所为而为之者乎？观其所论列之意，察其所予夺之故，证之他书，参之国史，虚其心以求之，平其情而论之，而其中有可从有不可从，又已得其十八九矣。"① 焦循还指出："家传碑铭，出诸子弟所请，每多誉辞，往往泛许通经，伪胪撰述，若第据传闻，不探蕴蓄，则赵宾之《易》，可淯施、孟矣。今夫政绩名德，必求诸舆论，乃公而可凭；经学文章，必覈之本书，斯切而匪泛。"②

以上诸家所论正史、野史和私人所撰家史的得失及应对之法，皆属经验之谈，应引起使用者的普遍注意。

此外，即使在文献史料都比较可靠的前提下，如何在研究过程中把控好史料取舍的度，仍是一个相当重要的问题。今试举例，就历史研究中对史料取舍和运用的常用的基本方法作具体说明。

（1）考证史实，宜揭出各类记载相矛盾或可互证之材料，比较而考其是非得失，从中求得比较合理且符合历史背景的过程。

如元修宋、辽、金三史，均以原先各政权所修"国史"为据，因修期短促而未遑对各本或其原材料作仔细对勘，致同一事件，往往有互相冲突处。清赵翼就认为：宋金战局，"各史纪载互异，若徒据一史必不能得其真也。惟此国自述其败，而后见彼国之真胜；否则别见于他传者，其胜败亦差得实；又或此国叙战胜之难，亦可见彼国拒战之力。"据此，他比勘宋、金二史，指出：

> 如张浚富平之败，五路丧师，固人所共知。然《金史·宗弼传》，是役也，宗弼陷重围中，韩常流矢中左目，自拔矢，以土塞创，更战，乃拔宗弼出。又《娄室传》，富平之战，宗弼左翼军已却，娄室以右翼兵力战，势复振，遂败张浚兵。是浚此战先胜而后败也（《宋史·张浚传》谓刘锜先力战败金兵，而《锜传》转不载）。宋吴玠和尚原之战，据《金史·宗弼传》，宗弼攻和尚原，抵险不可进，乃退军，遇伏兵起，且战且走，行三十里，将至平地，宋军阵于山口，宗弼大败，将士多战没。是吴玠之胜乃真胜也。又如金天眷三年（宋绍兴十年）宗弼再取河南，《金纪》但书五月河南平，六月陕西平。《宗弼传》亦不书战败之事。然是年六月以后，宋刘锜有顺昌之捷，岳飞有郾城、朱仙镇之捷，韩世忠有淮阳之捷，张浚有永城、亳州之捷，王德有宿州之捷，《金史》皆不书。或疑《宋史》各传特自为夸大

---

① 戴名世：《戴南山集》卷一"史论"，新文化书社1933年版，第12页。
② 焦循：《雕菰集·国史儒林文苑传议》//《雕菰楼文学七种》（上），凤凰出版社2018年版，第273页。

之词，而非事实。然《金史·宗弼传》谓，是时宋将岳飞、韩世忠等分据河南州郡，复出兵涉河东岚、石、保德之境，以相牵制。又《阿鲁补传》谓，宋将岳飞等乘间袭取许、颍、陈三州，旁郡皆响应。则《宋史·岳飞传》等所云克复京西州郡，并遣梁兴会太行忠义及两河豪杰，累战皆捷者，必非虚语。①

（2）确认史实时，当注重从逻辑上把握关键性证据的运用。

如陈寅恪在《元白诗笺证稿》中指出：元稹《连昌宫词》中"玄武楼成花萼废"一句，他本或作"玄武楼前花萼废"，两者之中，应以何者为准？经其查核《唐六典》和宋敏求《长安志》等记载，知唐代花萼楼方位非在玄武楼前，元稹为当时人，"岂能颠倒错乱至此，若斯之类，自属后人传写之误"②。从而对两者的是非作了精审的判断。

（3）叙事之作，即将原先不清晰或材料分散之史实作较完整之说明，可按时间过程排比各类相关史料，去其相互重复或冲突之处，取其互为补充者而又较可靠者连成一体。其取材原则在于平实连贯，巨细兼顾。

陈垣对南朝梁刘孝标事迹的考证便颇具典型。刘孝标为南朝著名文人，《梁书》有传。为世人熟知的只是其《广绝交论》（收入《文选》）等作，及为刘义庆《世说新语》作注，对其早年经历则不甚了了。但陈垣却发现他曾在大同云冈石窟寺参与过佛经翻译。据《开元释教录》，西域人吉迦夜在北魏孝文帝时译《大方广十地》等经五部，由刘孝标笔受。刘孝标何以会在北魏参与译经，《梁书》本传中原无交代。于是，他根据《梁书》本传提供的基本线索，知其原名法武（据其兄名法凤，则其名很可能为法虎，应是避唐皇先人"李虎"讳，改为法武），8 岁时，曾被人从青州（治今山东淄博市临淄镇北）掳掠至中山（今河北保定、定州一带），后为人所赎。据《魏书·献文纪》，知皇兴三年（469）五月"徙青州民于京师"，推测刘氏被掳即在此时。又从《南史》知刘氏徙至北魏都城时，"与母并出家为尼僧，既而还俗"，确证其一度为和尚。再从《文选·重答刘秣陵沼书》李善注引刘孝标自序，知其从北魏逃回江南，当在南齐永明四年（486），按此推算，时年为二十五，此后方改名峻，字孝标。则其参与译经，当在 25 岁之前出家时期。《开元释经录》所以标"刘孝标笔受"者，当系唐人改"法武"为后来名字。综上，陈垣得出结论说：

> 孝标逃还江南后，有两大著述：其一为《世说新语注》，引书一百六十余种，至今士林传诵。其一为《类苑》，一百二十卷，隋唐三志皆著录，南宋末陈氏撰《书录解题》时，始说不存。以今日观之，孝标之注《世说》及撰《类苑》，均受其在云冈石窟寺时所译《杂宝藏经》之影响。印度人说经，喜引典故，南北朝人为

---

① 赵翼：《廿二史札记》（王树民校证本），中华书局 1984 年版，第 612 页。
② 陈寅恪：《元白诗笺证稿》，三联书店 2001 年版，第 80 页。

文，亦喜引典故。《杂宝藏经》载印度故事，《世说》及《类苑》载中国故事。当时谈佛教故事者，多取材于《杂宝藏经》，谈中国故事者，多取材于《世说新语注》及《类苑》，实一时风尚。《南史》称，梁武帝每集文士，策经史事，加其赏赉。曾策"锦被"事，咸言已罄。帝试呼问峻，峻请纸笔，疏十余事，坐客皆惊。及峻《类苑》成，帝即命诸学士撰《华林遍略》以高之。其博洽见忌如此。其根底全植于云冈石窟寺为沙门时也。[①]

当然，历史研究中文献的取舍运用，还可以有其他类型的方法，需要通过不断的实践去体验和提高。

第三节　文献要旨的分析归纳训练

一、要点分析是文献运用的重要环节

文献要旨的提析与归纳，可以说是将其落实到运用的最后一个重要环节。有的初学者阅读摘录了不少资料，但仍不能形成自己的见解，或只能人云亦云，往往与这方面的能力较弱有很大的关系。在现代社会高度发展和网络资讯瞬息千里的条件下，人们获取史料的途径日益便捷，见识史料的眼界日益扩大。面对浩繁的文献，如何根据实际或研究专题的需要，从中高效率地筛选出相关资料，同样是一个不得不面对的问题。对此，我们的训练也只能从最基本的文献阅读做起，逐步养成细品文献原意，善于提析其要点，并加以条理化的能力。

如人们对章学诚《史德》篇要旨理解与发挥所反映出来的差异，便是一个值得思索的例子。不少人依据章学诚本人在该文前面所说的"德者何？谓著书者之心术也。夫秽史者所以自秽，谤书者所以自谤，素行为人所羞，文辞何足取重！"只是着眼从"道德"的角度去理解"史德"，往往以为其要旨不过在强调治史者应保持正直无私的"心术"。但却忽略了紧接此语所说的"魏收之矫诬，沈约之阴恶，读其书者先不信其人，其患未至于甚也。所患夫心术者，谓其有君子之心而所养未底于粹也"。即认为，像魏收和沈约这类"心术"明显有问题的人，大家心有防范，为害还不致太大。而对那些虽有"君子之心"而学养尚未达到纯粹高明境界的人，却更须警惕和自警。接着，又对此观点做了大段的理论论证。其文如下：

> 盖欲为良史者，当慎辨于天人之际，尽其天而不益以人也。尽其天而不益以人，虽未能至，苟允知之，亦足以称著书者之心术矣。而文史之儒，竞言才学识而

---

① 陈垣：《云冈石窟寺之译经与刘孝标》//《陈垣史学论著选》，上海人民出版社 1981 年版，第 261—265 页。

不知辨心术，以议史德，乌乎可哉？夫是尧、舜而非桀、纣，人皆能言矣；崇王道而斥霸功，又儒者之习故矣。至于善善而恶恶，褒正而嫉邪，凡欲托文辞以不朽者，莫不有是心也。然而心术不可不虑者，则以天与人参，其端甚微，非是区区之明所可恃也。夫史所载者事也，事必藉文而传，故良史莫不工文，而不知文又患于为事役也。盖事不能无得失是非，一有得失是非，则出入予夺相奋摩矣，奋摩不已而气积焉。事不能无盛衰消息，一有盛衰消息，则往复凭吊生流连矣，流连不已而情深焉。

凡文不足以动人，所以动人者气也；凡文不足以入人，所以入人者情也。气积而文昌，情深而文挚；气昌而情挚，天下之至文也。然而其中有天有人，不可不辨也。气得阳刚而情合阴柔，人丽阴阳之间，不能离焉者也。气合于理，天也；气能违理以自用，人也。情本于性，天也；情能汩性以自恣，人也。史之义出于天，而史之文不能不藉人力以成之。人有阴阳之患，而史文即忤于大道之公，其所感召者微也。

夫文非气不立，而气贵于平。人之气，燕居莫不平也，因事生感，而气失则宕，气失则激，气失则骄，毗于阳矣。文非情不得，而情贵于正。人之情，虚置无不正也，因事生感，而情失则流，情失则溺，情失则偏，毗于阴矣。阴阳伏沴之患，乘于血气而入于心知，其中默运潜移，似公而实逞于私，似天而实蔽于人，发为文辞，至于害义而违道，其人犹不自知也。故曰心术不可不慎也。

夫气胜而情偏，犹曰动于天而参于人也。才艺之士，则又溺于文辞以为观美之具焉，而不知其不可也。史之赖于文也，犹衣之需乎采，食之需乎味也。采之不能无华朴，味之不能无浓淡，势也。华朴争而不能无邪色，浓淡争而不能无奇味。邪色害目，奇味爽口，起于华朴、浓淡之争也。文辞有工拙，而族史方且以是为竞焉，是舍本而逐末矣。以此为文，未有见其至者；以此为史，岂可与闻古人大体乎？①

这段议论，读去理学家习气颇重，然观其着眼的重点显然不在一般"人伦道德"层面，而在从哲理上讨论治史者面临的"天人"关系，也即如何处置历史研究中主体和客体间关系的问题。在他看来，"史之义出于天，而史之文不能不藉人力以成之"，所以，"欲为良史者，当慎辨于天人之际，尽其天而不益以人也。尽其天而不益以人，虽未能至，苟允知之，亦足以称著书者之心术矣"。历史本是客观存在物的"天"，记载应尽可能做到客观公正，但问题在于治史者是具情感、有血有肉的"人"，于是，客观历史与人所书写的史著间便不能不存在某种张力。盖历史事件不免有是非得失，而史家对这些是非得失亦不免有价值判断，有价值判断而自然萌生爱憎等感情。一方面，这些情感因

① 章学诚：《文史通义·内篇·史德》//仓修良：《文史通义新编新注》，浙江古籍出版社 2005 年版，第265—266 页。

素有助于推升文气文情，从而加大"文"的感染力；但另一方面，情感如把握不当，走向偏端，必然又会妨碍人平心静气地观察事物，以致造成"史文即忤于大道之公"的结果。故"阴阳伏沴之患，乘于血气而入于心知，其中默运潜移，似公而实逞于私，似天而实蔽于人，发为文辞，至于害义而违道，其人犹不自知也。故曰心术不可不慎也"。至于那些以文词华丽或猎奇为尚的史文，更属"舍本逐末"之举，不足为训。章氏的高明处在于，他看到，要解决这一问题，仅诉诸一般所谓社会层面明辨是非的"德性"并不能奏效，因其涉及"以天与人参，其端甚微，非是区区之明所可恃也"，故更需一种对于本学科使命的理性自觉。这正是学术界肯定其史学理论超越前人，并已萌生某些近代意识的依据所在。

按照上述认识，我们可以把上文的要旨提析归纳为以下几条：① 章氏的《史德》篇是传统史家中最早关注历史研究中主、客体关系并对之展开理论探讨的作品。② 在历史研究过程中，治史者难免有是非判断并将由此而生的某些爱憎情感注入史文中，使史著更具感染力。但此种情感因素应严加控制，以免一旦走偏而丧失记事的公正性。③ 至于增饰华丽、弃真猎奇，更是背离了史家本分。④ 治史者应认清并保持主、客体间的平衡，如此，"虽未能至，苟允知之，亦足以称著书者之心术矣"。这样的基本认识，对于章氏"史德"说整体内涵的把握和该文献的征引，应该都会比较从容些。

二、书目提要撰写——一种提高文献分析归纳能力的便捷训练

提高文献要旨分析归纳能力的训练，可以有多种方式，而学习撰写书目提要无疑是其中相当有效的一种。

撰写书目提要，是传统目录学的基本方法之一，其规模最大且最具代表性的为清《四库全书总目提要》。现代辞书中也有不少属于这一类，如《中国学术名著提要》（复旦大学出版社，1999）和《中国学术名著大辞典》（汉语大词典出版社，2000—2001）等。好的书目提要，能以扼要精当的文字，把古今中外或某一专业领域主要和常用的书籍一一介绍给读者，使他们较快了解各种书籍的基本内容和价值，从而在茫茫书海之中，起一种导航的作用。

一条书目提要，文虽简短，却包含了作者简历及书籍内容、特点和得失等诸多信息要素，并可从中看出作者的学识和文字驾驭能力。从学习的角度看，提要的写作，本身就是一个认真阅读原书，增长知识和学习整体把握某项事物能力的过程。且每条提要的写作，花费时间不多，故布置练习时，可根据具体条件确定相应的作业量。

作为课程的练习，提要的撰写，最好选择一些尚无相关提要刊行的条目，也即近现代书籍为主，这样更有利于培养习者独立思考和解决问题的能力。其内容应包括：① 本书性质类别（概括语，如"中国通史""清史著作""中国经济史著"等）和篇幅（卷数）；② 作者简历（主要为学术经历和专长及重要成就）；③ 论著写作情况、基本框架

和内容（可适当摘引重要原文）、得失和特点、学术界评价及影响（应夹注出处），叙事平实，尽量少取偏于一端或尚未定论之说；④ 主要版本（初版、修改本和新中国重版情况）。每篇字数可在千字左右。至其行文，建议用词典体，简练而允许夹以浅显的文言，应避免"的了吗呢"等字的使用，并减少同一主语的反复出现。这样可使文字更显紧凑。

在提要撰写中，有两个环节的练习尤其重要：一是在介绍本书作者简历时，若其无现存传记，或生平事迹不清和留下的相关资料很少，应尽量通过各种途径搜寻，这本身就是一个学习和检验资料搜索能力的机会。二是通观全书时，既要了解其基本内容，用尽可能凝练的文笔概括其重要信息，又要注意发现并归纳其特点。这样，写出的提要才能达到文简事丰的要求。

以下根据书目提要撰写详略不同的要求，提供两条样稿，以为参考。

其一：

[蒙古源流] 蒙古史著作。原名《宝贝史纲》。作者萨囊彻辰（1604—?），明末清初蒙古鄂尔多斯乌审旗人。贵族出身，十一岁袭"萨囊彻辰·洪台吉"称号，十七岁起，在鄂尔多斯博硕克图济农及其儿子策凌和林沁手下任事，在漠南蒙古归顺后金皇太极后，退出政治舞台。其人博学而通内典。本书成于清康熙元年（1662），乾隆四十二年（1777）由蒙文译为满文和汉文。原书不分卷，后人或分为三部，或分为十章，汉译本为八卷。作者自称据《古昔蒙古汗等源流大黄册》等七种蒙、藏文资料写成。内以佛教传播附会蒙古族起源，历述蒙古各汗世系及作者本人经历之事，末列明和清初帝王世系，并附三百一十六行诗（汉译本已删）。其中最有价值者为元亡后蒙古地区政治、经济、喇嘛教传播、封建领地划分、各部间战争等记载，尤详于俺答汗及鄂尔多斯部事迹。明时蒙古各汗活动和王统世系，皆赖此书得以充实。但书中喇嘛教神学色彩较浓，记载亦时有误会失实处，汉译本更有错译等问题。其书早期有清内府抄本（今藏蒙古国国家图书馆）和武英殿刊本。汉译校注本较早有沈曾植等《蒙古源流笺证》，国外则有德、日、英、朝鲜等多种译本。2014年内蒙古大学出版的乌兰译注本，更将其研究推进到了新的水准。

主要参考资料： 沈曾植等《蒙古源流笺证》（屏守斋校补本，1932）、乌兰《〈蒙古源流〉研究蒙汉文本》（辽宁民族出版社，2000）。

其二：

[元代社会阶级制度] 元史著作。作者蒙思明（1908—1974），原名尔麟，又名弘毅。四川盐亭人。史学家蒙文通弟。早年在重庆、上海求学。1926年在沪加入

共产主义青年团。"四一二"政变后，避难至杭州，考入之江大学社会系，旋被捕入狱。经多方营救，于 1928 年春出狱，东渡日本，就读于东京大冈山日语补习学校。"五卅"惨案发生后，愤然辍学归国，在上海组织"留日学生抗日大同盟"，积极宣传抗日。次年秋，考入成都华西大学社会及历史系，专攻中国古代史。1933 年毕业留校任教。1935 年为躲避当局迫害，出走北平（今北京），考入燕京大学研究院历史部。1938 年毕业，获硕士学位，应聘至华西大学历史系任教。1944 年赴美国哈佛大学深造，从费正清主修中国近代史及外国史。1949 年获博士学位。次年归国，先后任华西大学教授、哲学系和外文系主任、文学院院长，四川大学教授、教务长等。另著有《魏晋南北朝的社会》（稿本未刊）、《总理各国事务衙门的组织与功能》等。

此书为作者在燕京大学的硕士毕业论文，成于 1938 年。全书五章，详细论述了元代社会阶级、阶层、种族等级结构及其演变情况。其要旨以为，元以前"宋代社会（包括南宋）之阶级形态，乃地主与贫民之对立；而此种阶级之构成，实以经济势力之强弱为决定因素"。女真入居中原，建立金朝，北方社会之阶级状态遂成一复合之双重形式，即于经济阶级外，复参入一层以政治权力为直接背景的种族问题。蒙古灭宋、金，建立元朝后，中土原有之社会组织、经济结构与经济阶级大部继续存在，与元人制定的蒙古、色目、汉人、南人四等"种族阶级"制并存不废。"此则元代政治、社会诸种问题有异于往昔者之所在也。（《元前社会原有之阶级》）。作者指出，所有阶级制度的形成不外二途："一曰凭政治之力，由上而下者也，其来也骤；一曰凭经济之力，由下而上者也，其至也渐。凡阶级制度之随政治力之建立以俱来者，亦必随政治力之消失以俱去；其由经济力之积累以形成者，则非经济结构完全改变时，其所形成之阶级制度，不容有变易也。（《两种阶级系统之冲突及其混合》）。依仗统治民族权力所建立的元代"种族阶级"制与以财力之强弱富贫为基础的"经济阶级"制度发生冲突的结果，使前者日趋遭到破坏并渐同化于后者，形成了以贵族官僚僧侣地主富商联合组成之上层阶级，拥有最多人数分为各种户计（以民户即农民为主，包括军户、站户、匠户、儒户、医户等）之中间阶级，由奴隶与佃户（前者以北方为多，后者以南方为多）所组成之下层阶级等三大基于经济而非种族的阶级。元末农民起义之爆发，其初亦因反抗经济压迫，而非以民族矛盾为主因。其后因元政府在镇压起义中极力加强对汉人的防范，煽起种族仇视情绪，于是民族斗争之色彩始浓，使起义"以阶级斗争发其端者，遂以种族斗争终其局焉"（《元代阶级制度之崩溃》）。

此书的特点：一、取材广泛。除《元史》《元典章》等基本史籍外，还大量利用了当时刚印行的元代官书《通制条格》残本和《四库全书珍本》中宋、金、元、明人文集。二、立论起点高。其研治元代社会阶级制度，注重从经济关系着眼，目的是要从中国这个"不同文化复合"的社会，去探求封建主义在元代继续演变的轨迹。通过大量史实的分析论证，说明了蒙古人对中土之百年统治，虽在制度、文物、刑法、习尚诸方面，不无若干之变革，而中国社会之结构、性质与发展，则决未被其更易与摧毁。三、内容丰富，考证严谨。其所讨论的中心虽为社会阶级制度，但范围所及，却包括当时的政治、法律、赋税、宗教、习俗等社会生活的一般状况。书中的注释达一千七百四十八条，大多带有考证性质，在不少方面纠正了前人的失误。当然，由于写作此书时主客观条件的局限，其在某些理论概念上尚有含糊不清之处，如将按社会经济地位划分的"阶级"与种族等级制度统称为"阶级"等，其中就存在"容易混淆阶级关系"的地方。对此，作者在 1962 年所写的再版自序中已作了说明。

此书问世后，颇受当日史坛称誉，认为其"取材既较丰富，组织亦极完整，立论尤其审慎"，"尤其对于元代社会能从动的方面去看出它转变的经过，更觉可贵"（《燕京大学学报》第二十三期，1938 年 6 月）。日本学者铃木正也称其为中国社会机构研究者的"必备必读之书"。

最早发表于 1938 年 4 月《燕京大学学报》专号第十六期。1962 年复经作者稍加修订，于 1980 年由中华书局重印出版。

主要参考资料： 陈世松《蒙思明》（任一民主编《四川近现代人物传》第 6 辑，四川大学出版社，1990）、《元代社会阶级制度·自序》（中华书局，1980）。

教学中，以上两式，简略者可用于一人撰写多条书目提要，以熟悉并提高对各类不同专题材料的归纳处理能力；稍详者则可每人试写一条，重在训练对某专题的整体梳理和表达，以及逻辑能力。

三、文献运用的规范化

文献运用的规范化是一个技术问题，同时也是一个治学的态度问题。有些人喜欢写文章，但却不愿"采铜于山"，而是经常走"捷径"，从别人的论著中抄录一点，又不去核对原材料，错了也不知道；或者用了他人的研究成果和观点，却不在文中注明，有的还采取了投机取巧的方式，抄录别人的文字，往往不超过三行，然后夹入自己的几句话，再抄几行。这种学风文风都是不可取的。这种情况的产生，当然有种种环境上的原因，但正如有学者所说，实际上也反映了"我们的学术训练体制和方法的缺失"，许多培养专业人才的高校和研究机构，"长期以来没有将学术规范列入史学训练的范围，在对学生进行历史知识教育和治史技能培养的同时，忽略了学术规范的训练"[1]。近些年来，此事已引起了有关方面的重视，每一位投身学术研究的人，都应引以为戒，自觉地

---

[1] 李剑鸣：《世界史研究的规范化问题刍议》，《世界历史》1999 年第 2 期。

把了解和遵守学术规范作为其学术实践的一部分。

文献的运用和征引不外两种方式，一是"暗引"，即在不失原意的前提下转述某些文献的论述或记载，但不注明出处。这种情况，往往是这类材料比较常见，差不多已成社会或学术界的共识，且不属论文所要论证的新观点，转述的内容一般也不是研究性的结论，而以叙述性的文字为主。但如转述部分文字较长，最好也说明一下参考论著（或多种）的名称。二是"明引"，即征引皆注明出处。"明引"的方式又可分为三种：① 整段引用，引文全用引号标出。② 引文虽用引号标出，但非整段文字，而是夹入论文的行文间，与正文融为一体。③ 意引，即转述某文献记载的大意，注明出处，但不用引号标出。

在史学界，对于文献的运用和征引有一套约定俗成的规范，主要有这样几点：

（1）能引第一手资料的尽量引第一手资料，也即找到某段史料今天所能看到的最原始出处，除非因某种客观原因无法看到第一手资料，而采取转引的，如有些手稿，别人已引，但自己无缘得见；有些善本，因收藏单位的规定，一时无法看到等。

（2）所有征引文献、包括所采用的他人研究成果与结论，都应注明出处。

（3）注文书写顺序，先作者名，次文献名（包括卷数、篇名），次刊印单位、刊印时间、版次、页码。如有其他补充说明，可附在后面。

（4）出注的位置，大致有三种，一是脚注，放在引文当页的最下端；二是尾注，集中放在篇尾、卷尾或书尾；三是夹入正文中，用括号标出，这种方法在正规的学术论著中较少采用。

（5）在书的最后，最好还应附上论著中引用的主要中外文献书目，建议至少分两大类开列，即文献（原始文献或近于原始文献者）和参考论著（对研究主要对象现有的研究论著），以备读者参考。

思考题：

1. 为什么要进行史料的辨伪和考证？前人在这方面有哪些经验？

2. 文献运用应注意哪些问题？你感觉难处理的主要是什么？

3. 为什么要讲究文献运用的规范化？它包括哪些具体内容？

参考书目：

1. 清赵翼：《廿二史札记》（王树民校证本），中华书局，1984.

2. 孙钦善：《清代考据学》，中华书局，2018.

3. 《四库全书总目提要·史部》，中华书局，1965.

后记

自 1990 年代末起，为加强历史专业学生的文献学技能训练，我尝试着给中国史相关学科的硕、博士生开设了一些有关文献学方法及其运用的专题讲座，后逐渐将其充实为一门历史系高年级学生的基础课。近几年来，又被列为学校文科生的专业基础训练课。本教材便是在此课程讲义多年使用和改进的基础上，修订编就的。

历史文献是传统文化的重要载体，也是我们坚定历史自信、文化自信，坚持古为今用、推陈出新，把马克思主义思想精髓同中华优秀传统文化精华贯通起来的基础性资源。而历史文献学专业人才的培养，与这些文化遗产能否得到良好的守护和批判继承实关系匪浅。目前高校有关历史文献学的教材不少，但总体看，其论述大多集中在中国古代传世文献方面，而较少及于其他类型的文献。从内容看，有的偏重于基本理论方法，有的偏重于某一方面的知识和具体操作。对文献学方法的讨论，往往不出版本、目录、校勘、标点、训诂等传统范围。

本教材以讨论历史文献学的方法运用训练为主，目的在于引导历史学本科高年级学生和硕士研究生较快了解并学会搜集、阅读理解和运用文献性史料的基本方法。依据目前文史学科发展的一些新趋势，主要突出了以下几点：① 除扼要简述原有文献学基本知识外，偏重于说明近 20 年来历史文献的新发现、重要史料集，以及文献收集和利用的新趋势。② 所述历史文献除古文献外，还根据近年历史研究发展的特点，较多涉及中国近现代史文献、文化人类学田野调查资料和新发掘出版的档案资料及其处理方法等。③ 着眼发展素质教育，注重培养学生专业技能和实际工作能力，在教学中加大注入实践训练的比重，同时适当增加了对近年日益受到重视和流行的档案发掘、口述史学和网络资源运用等的介绍，以边教边学边练习的方法推进这一目标的实现。

希望本教材的编写能为文史专业学生提供一个文献学技能训练的框架，而在实际教学过程中，教师仍可根据各自教学对象的差异（如本科生、研究生，或文史哲等不同专业）作适当的变通，或选用部分章节实施教学，或抽换其中的举证和练习资料。

本书的编写分工如下：引言、第一章、第二章、第三章第一节和第三至五节、第五章、第六章由本人执笔；第三章第二节和第四章由王传执笔。全书由本人负责统稿。

本书在编著过程中，参考了不少同行的相关论著，在此一并致谢！

胡逢祥

2021 年 5 月 19 日